Gerhard Lützkendorf • Überlebenskampf

Gerhard Lützkendorf

Überlebenskampf

Flucht 1946 – Der Weg in die Freiheit

Biographie

FRIELING

Bibliografische Information der Deutschen Nationalbibliothek
Die Deutsche Nationalbibliothek verzeichnet diese Publikation in der Deutschen Nationalbibliografie; detaillierte bibliografische Daten sind im Internet über http://dnb.d-nb.de abrufbar.

Rheinstraße 46, 12161 Berlin
Telefon: 0 30 / 76 69 99-0
www.frieling.de

ISBN (print) 978-3-8280-3429-7
ISBN (ebook) 978-3-8280-3430-3
1. Auflage 2018
Umschlaggestaltung: Michael Beautemps

Inhalt

Vorwort

Viele Jahre sind vergangen, seit Willy Denk und ich im Sommer 1946 aus einem sowjetischen Kriegsgefangenenlager in Leningrad entkamen.

Nach zwei kurzen Inhaftierungen auf dem Weg zur Grenze nach Polen glückte uns die gut und lange vorbereitete Flucht aus der Sowjetunion. In Ostpreußen wurden wir von einem polnischen Grenzsoldaten erneut gefangen genommen, nach Wochen konnten wir nochmals flüchten, diesmal aus dem Staatssicherheitsgefängnis im Warschauer Stadtteil Praga.

Auch nach so vielen Jahren kann ich die Zeit zwischen 1945 und 1946 nicht vergessen. Es vergeht fast kein Tag, an dem ich nicht an irgendeine Begebenheit aus diesen Tagen und die Ereignisse von damals zurückdenke. Sicherlich habe ich viel davon auch unwissentlich verdrängt oder vergessen.

Meine Lieben, die diese Geschichte kennen, drängten mich immer wieder, sie niederzuschreiben. So will ich heute, mehr als 70 Jahre später, einige meiner wichtigsten Erinnerungen festhalten.

Manchmal kann ich gar nicht glauben, was ich unwissender Jugendlicher als Soldat in Ostpreußen und in der Gefangenschaft erlebt habe und welchen Gefahren ich ausgesetzt war.

Viele Ereignisse von damals übersteigen mein Fassungsvermögen noch heute, aber man erträgt viel, wenn es ums Überleben geht.

Unsere Flucht war eine Verzweiflungstat, die nur deshalb gelang, weil wir unsere Handlungen so gut aufeinander abstimmten. Natürlich hatte ich immer wieder auch großes Glück, nicht zuletzt mit einem so guten und fähigen Fluchtpartner wie Willy Denk aus

Wien. In russische Kriegsgefangenschaft geriet ich Mitte Februar 1945, circa 25 Kilometer vor Königsberg. Die Siegesparade über Hitlerdeutschland erlebte ich mit den Ausbildern am 24. Juni 1945 auf dem Roten Platz in Moskau.

Den Beginn unserer Flucht kann ich nicht mehr auf den Tag genau bestimmen, es muss aber Anfang Juli 1946 gewesen sein. Belegt ist nur, dass ich nach meiner Rückkehr und einer 14-tägigen Quarantäne am 10. September 1946 beim Einwohnermeldeamt meiner Heimatstadt Zwenkau bei Leipzig registriert wurde.

Damit war ich aus der Wehrmacht entlassen und wieder ein freier Mann.

Berlin 2017, Dr. Gerhard Lützkendorf

1. Gefangenschaft

Auf dem Rückzug in Richtung Königsberg Anfang Februar 1945 hatten sich einundzwanzig von ihren Einheiten abgeschnittene Wehrmachtssoldaten aus verschiedenen Waffengattungen völlig erschöpft, übernächtigt und ausgehungert im Keller eines allein stehenden Gehöfts zusammengefunden. Von draußen war der starke Artillerie- und Granatwerferbeschuss der sowjetischen Armee zu hören. Vor einer Woche noch hatte meine Kompanie der Armeereserve nach erneuter Aufstockung durch „Volkssturm", andere ältere Wehrmachtsangehörige und Hitlerjungen, die noch nie an der Front gewesen waren, aus fünfundachtzig Soldaten bestanden, fast alle ohne militärische Ausbildung. Jetzt waren noch acht „Kämpfer" von dieser Einheit übrig, alle anderen waren verwundet, vermisst oder gefallen. Aus den Kellerfenstern sahen wir die Infanteristen der Roten Armee in circa 800 Metern Entfernung links und rechts an unserem Versteck vorbeilaufen. Auf Widerstand stießen sie nicht mehr, sodass sie sich zielstrebig auf Königsberg zubewegten. Einige Soldaten meiner Einheit verlangten eine Entscheidung von mir als ranghöchstem Soldaten, wie wir uns weiter verhalten sollten. Wir hatten folgende Möglichkeiten: uns in Richtung Königsberg bis zur Frontlinie durchschlagen oder aber den Versuch wagen, nach Westen durchzubrechen.

Allerdings gab es vor Königsberg vermutlich keine Frontlinie mehr, denn die Wehrmacht hatte sich in unserem Frontabschnitt aufgelöst. An Waffen besaßen wir nur einige Maschinenpistolen und Gewehre, jedoch fast keine Munition dafür. Wir waren schon seit acht Tagen von jeder Versorgung abgeschnitten, hatten Hunger und Durst und nahmen alles zu uns, was wir an Essbarem finden konnten. An Hygiene war schon lange nicht mehr zu denken. Die andere Alternative, geäußert von einem Soldaten, den ich nicht kannte: uns ergeben und den Russen stellen; ein Unteroffizier zog seine Pistole und wollte den Vaterlandsverräter, wie er ihn nannte, sofort erschießen. In einem Handgemenge wurde der Unteroffizier von einigen älteren Soldaten entwaffnet. Er drohte, uns nach Erreichen der Frontlinie vor ein Kriegsgericht stellen zu lassen. Dabei kamen mir Bilder von aufgehängten Wehrmachtsangehörigen in Erinnerung, die ich kurz hinter der Front gesehen hatte. Vor der Brust trugen sie eine Tafel mit der Aufschrift „So werden Deserteure bestraft". In sicherem Abstand zur Gefechtslinie, also überall hinter der Front, versuchten Feldjäger und NSDAP-Amtsträger in ihren braunen Uniformen uns mit Durchhalteparolen von den baldigen Wunderwaffen und dem nahen Endsieg zu überzeugen. Glaubten diese Funktionäre wirklich, was sie da sagten? Es war eine zwiespältige, aussichtslose Lage, in der wir uns befanden, die Zukunft machte mir Angst.

Gefangenschaft kam für mich nicht infrage, die Propaganda und die Bilder von Nemmersdorf, wo die sowjetischen Truppen bei ihrer erstmaligen Einnahme von deutschem Boden in Ostpreußen unvorstellbare Grausamkeiten an der zurückgebliebenen deutschen Bevölkerung begangen haben sollten, hatten sich uns eingebrannt. Wir sahen einem ungewissen, bedrohlichen Schicksal entgegen. Oder gab es für uns doch noch eine Zukunft bei den Russen? Ich hatte doch seit meiner Einberufung und auch an der Front Glück gehabt: Ich lebte noch und hatte eine schwere Verwundung wie durch ein Wunder überstanden.

Die Vorstellung, in sowjetische Gefangenschaft zu geraten, erschien mir grauenhaft, aber ich wusste keinen anderen Ausweg, denn gegen die Übermacht der Russen zu kämpfen war Irrsinn. Obwohl ich so jung war, dachte ich auch an Selbstmord. Das war nicht verwunderlich angesichts der letzten Wochen, in denen so viele Kameraden gefallen waren oder vermisst wurden. Ich hatte doch nur meine Pflicht getan, mehr schlecht als recht, über die Zukunft nicht weiter nachgedacht. Den Glauben an einen Sieg hatte ich schon lange verloren.

Sollte das hier mein Ende sein? Oder was würde nach einer Gefangennahme mit mir geschehen, gab es überhaupt eine Möglichkeit zu überleben?

Wir berieten gerade, wie wir weiter vorgehen könnten, als im Haus Schüsse und Schreie zu hören waren. Dann kam plötzlich eine Salve aus einer Maschinenpistole, die bei uns im Keller einschlug. Ich glaubte, meine letzte Stunde hätte bereits geschlagen.

Schließlich stand ein russischer Soldat an der Treppe und rief: „Rucky Wersch“[1] – Hände hoch. Den Lauf einer Maschinenpistole auf uns gerichtet verstanden wir den Sinn der Worte sofort.

Wir legten die Waffen nieder und ergaben uns. Was für eine Zukunft würde mich und die anderen erwarten? Würden wir erschossen oder nach Sibirien deportiert werden? Ich hatte große Angst, alle möglichen Gedanken wirbelten mir durch den Kopf, ich konnte in diesem Augenblick nicht klar denken. Unseren Aufenthaltsort im Keller konnten wir nur nach und nach verlassen, denn die zweite Aufforderung des Soldaten an der Treppe lautete: „Uhry!“ Durch die Abnahme der Uhren und anderer Wertsachen wie Ringe, Ketten und weiterer nützlicher Dinge verzögerte sich die Räumung des Kellers. Was den Soldaten nicht brauchbar erschien, wurde einfach weggeschmissen. Daraufhin versteckte ich meine Uhr und hatte damit mein erstes Tauschobjekt gerettet, andere Wertsachen fanden sich in der Eile nicht. So entdeckten

---

1 **Руку вверх.**

sie bei mir nur halbe Erkennungsmarken, die ich gefallenen Kameraden abgetrennt hatte, um ihren Tod für die Hinterbliebenen zu bestätigen.

Diese Blechteile wurden mit großem Juchhe weggeschmissen. Der russische Soldat, an dem ich mit erhobenen Armen vorbeiging, hatte über zehn Uhren an seinen Handgelenken hängen. Draußen bot sich uns ein Bild des Grauens: Die Schüsse, die wir im Haus hörten, hatten zwei Kameraden getroffen; sie waren wenige Minuten zuvor nach oben gegangen, um nach etwas Essbarem zu suchen. Jetzt lagen sie im Todeskampf vor uns und dem einen spritzte noch ein langsam versiegender Blutstrahl aus dem Hals. Diesen Anblick werde ich nie vergessen. Man ist so hilflos und kann nichts tun, denn jeden, der nach oben gegangen wäre, um zu helfen, hätte sicherlich das gleiche Schicksal ereilt. Ich war die nächste Zeit teilnahmslos und nahm vieles nur im Unterbewusstsein wahr.

Dieser Zustand hielt aber nicht lange an: Mir wurde klar, dass ich nun Gefangener war und mich nicht gehen lassen durfte, von nun an musste ich einmal mehr ums Überleben kämpfen.

Meine ersten Tage in Gefangenschaft brachten meine bereits getrübte Meinung über Kampfkraft und Kameradschaft vollkommen durcheinander. Nur wenige Meter hinter der Front sahen wir eine kilometerweit gestaffelte Aufstellung von Artillerie, Panzern und anderen Angriffswaffen. Die deutsche Wehrmacht hatte einer solchen Übermacht an Soldaten und Kriegsgerät nichts entgegenzusetzen, wir hatten zuletzt nicht einmal mehr genügend Munition für unsere Schusswaffen gehabt. Unsere Scheinangriffe waren nicht einmal Nadelstiche gegen eine solche Übermacht an Menschen und Material. Die Russen hätten sicherlich noch schneller in unseren Frontabschnitt vorrücken können, wenn unsere Einheit in ihrer Hauptangriffsrichtung gelegen hätte.

In der ersten Gefangenensammelstelle hieß es: „Nichtdeutsche vortreten!“ Ich verstand diese Aufforderung nicht, denn wir hatten doch bis zuletzt gemeinsam die Stellung gehalten. Was für eine Überraschung: Von den einundzwanzig Gefangenen blieben neben mir gerade einmal sechs weitere übrig, die anderen waren auf einmal Polen, Tschechen, Österreicher und andere Staatsangehörige. Danach wurden wir an eine Wand gestellt, vor uns russische Soldaten mit Gewehr im Anschlag. Natürlich dachten wir, dass wir jetzt erschossen würden, wie es uns die Propaganda in Zeitungen oder Rundfunk immer wieder eingetrichtert hatte. Einer versuchte wegzurennen, er kam nicht weit, eine Salve aus einem Maschinengewehr – und er war sofort tot. Mir selbst war alles gleichgültig. In dem Moment hatte ich keine Angst, denn ich war so erschöpft vom tagelangen Schlaf- und Essensentzug und am Ende meiner Kräfte. Ich nahm alles wie in Trance wahr.

Ich war innerlich so abgestumpft durch die vergangenen Wochen, in denen ich täglich den Tod um mich hatte. Nun würde es mich auch erwischen.

Die Anspannung löste sich aber schnell, nachdem ein Frontfotograf die Szene mit seiner Kamera eingefangen hatte. Es ist ein sehr erniedrigendes Gefühl, wenn man alles so wehrlos über sich ergehen lassen muss. Der Fotograf wollte nur gute Bilder von den besiegten „Fritzen“ machen, wie wir fortan genannt wurden, und diese wahrscheinlich lukrativ an den Mann bringen.

Auf der nächsten Sammelstelle trafen wir auf einige Hundert andere Gefangene. Es begann ein gewaltvoller Marsch durch die Kälte, wobei wir unter freiem Himmel übernachten mussten. Alle, die wegen der eisigen Temperaturen und anderer Schwächen das Marschtempo nicht einhalten konnten und zurückblieben, wurden erschossen. Auf dem Weg lernte ich das kyrillische Alphabet und alle wichtigen russischen Schimpfwörter, die uns an den Kopf geworfen wurden. So ging unser Marsch circa 130 Kilometer über Friedland, Wehlen bis nach Georgenburg, jetzt Mojonka bei Insterburg, ins Kriegsgefangenenlager. Es war meine erste feste Unterkunft seit Wochen, nur hätte ich mir eine andere gewünscht ... Wir wurden in Pferdeställen der Trakehner Pferdezucht untergebracht. Ich war so erschöpft und übermüdet, dass ich nur noch schlafen wollte. Selbst die eine Scheibe Brot, die wir als Abendessen ausgehändigt bekamen, hatte ich nicht gegessen und stattdessen in den Brotbeutel gelegt. Damit keiner diesen Schatz stehlen konnte, hatte ich den Beutel als Kissen zum Schlafen benutzt. Als ich früh aufwachte, war der Brotbeutel an der Seite aufgeschlitzt und die Scheibe Brot und einige andere persönliche Dinge, darunter auch die Uhr, von einem Mitgefangenen geklaut worden.

Danach wurde ich sehr misstrauisch gegenüber allen Mitgefangenen. Kameradschaft konnte man hier nicht erwarten, jeder war sich selbst der Nächste, jeder wollte überleben, und da gelten andere Gesetze. Der Stärkere und Klügere und sicherlich auch der Skrupelloseste überlebte am ehesten.

Auf dem kargen Strohlager wurde mir nach der ersten durchschlafenen Nacht erst richtig bewusst, dass ich mit meinen neunzehn Jahren wieder einmal überlebt hatte. Aber ich hatte meine Identität verloren und fühlte mich sehr einsam.

Was ist schlimmer?, fragte ich mich: Gefangenschaft, wie ich sie jetzt erlebte, oder schwere Verwundung mit dem nahenden Tod vor Augen? Ich suchte nach einer Antwort, fand aber keine, es war alles so unheimlich leer in mir. Was würde mir die Zukunft in der Gefangenschaft noch alles bescheren, würde ich die Gefangenschaft überhaupt überleben? Dabei fiel mir ein, was ich schon alles überstanden hatte.

Nach meiner Einberufung zur Wehrmacht im Herbst 1943 nach Allenstein in Ostpreußen zum Infanterieregiment Nr. 1, einer kurzen Grundausbildung und der Vereidigung auf Führer und Vaterland wurde unsere Kompanie zur weiteren Ausbildung in eine Nachrichteneinheit als Fernmelder und Funker versetzt. Aber ich wurde nicht in Deutschland, sondern hinter Baranowitschi, in die Nähe der alten Grenze Polen–UdSSR, ausgebildet. Es war eine lange Bahnfahrt bis dorthin, die immer wieder unterbrochen wurde. Die Ursachen konnten wir sehen: Links und rechts der Bahngleise lagen von den Partisanen gesprengte Lokomotiven und Waggons. Wie stark mussten die 15 Partisanen sein, um der deutschen Armee solche Schäden zufügen zu können? Mir kamen immer mehr Zweifel an der Unbesiegbarkeit unserer Armee. In Zeitungen und Nachrichten wurde über solche Vorkommnisse nicht berichtet, dort war immer nur von Siegen die Rede.

Die Ausbildung gestaltete sich für mich nicht sehr schwierig, denn ich beherrschte durch meine berufliche Vorbildung als Betriebselektriker und das folgende Elektroingenieurstudium sowie einer Funkerausbildung bei der HJ die nötigen Grundkenntnisse eines Funkers. Vielmehr fragte ich mich, warum wir uns in einem eroberten Land befanden, gleichzeitig aber eingeschlossen waren. Was sollten wir hier? Die Vorgesetzten konnten mir auf meine Fragen keine vernünftige Antwort geben. Es war sehr unangenehm, von der Außenwelt abgeschottet zu leben. Dazu kam ein hoher Holzzaun, der das Ausbildungslager umgab. Wir waren gefangen in einem fremden Land. Nachts wurde Wache geschoben, um nicht von Partisanen angegriffen zu werden, es blieb aber immer friedlich um unser Ausbildungslager.

Kurz vor der Beendigung der Ausbildung als Funker und Fernmelder wurde ich mit noch weiteren vier Kameraden nach dem Morgenappell vom Offizier unserer Einheit in sein Dienstzimmer gebeten. Mit wenigen Worten teilte er uns mit, dass wir die Ausbildung gut bestanden hätten. Als Auszeichnung dafür würden wir zur weiteren Ausbildung versetzt. Am nächsten Tag erhielten wir unseren Marschbefehl zu einem Offiziersanwärter-Lehrgang nach Ostpreußen.

Die zurückgebliebenen Kameraden wurden mit Marschbefehl zu Einheiten an die Front versetzt. Auf der Rückfahrt nach Ostpreußen hatte ich den Eindruck, die Anzahl der neben den Gleisen liegenden Waggons hätte sich erheblich vergrößert.

Das neue Ausbildungslager bestand aus Baracken in einem Waldgrundstück, weit weg von menschlichen Behausungen. Es war eine harte Ausbildung: Ob Taktik, Angriff, Waffenlehre, Minenlegen, Tarnen im Gelände oder Schießen mit erbeuteten Waffen unserer Gegner – wir lernten alles, was für die Führung einer Einheit nötig ist. Nach Beendigung dieser sehr strapaziösen Ausbildung und einer Beförderung lag der Marschbefehl für jeden Einzelnen von uns zu seiner neuen Einheit schon vor.

Doch es kam ganz anders: Am nächsten Tag wurde uns mitgeteilt, dass wir zur Sicherung der deutschen Grenze als Einheit an einen wichtigen Frontabschnitt verlegt würden, um den Vormarsch der sowjetischen Truppen zu stoppen und Gelände zurückzugewinnen. Die Marschbefehle wurden uns abgenommen, und so kam ich schneller als gedacht zu meinem ersten Fronteinsatz an der Grenze in Ostpreußen, wo nicht weit davon die Rote Armee im Herbst 1944 erstmals deutschen Boden betreten hatte.

Der Krieg war also schon von Moskau über Stalingrad bis an die deutsche Grenze gekommen, es gab keine Siege mehr, sondern nur noch Durchhalteparolen.

Unser Befehl hieß: angreifen, das vor uns liegende Gelände zurückerobern und die Stellung der Russen einnehmen. Danach die neue Stellung ausbauen und den Angriff so weit wie möglich weiter vorantreiben. Es verlief also alles so, wie wir es nicht gelernt hatten: Der Angriff erfolgte auf freiem Gelände ohne Möglichkeit auf Deckung. Auch eine Unterstützung des Angriffes durch Panzer oder Artillerie gab es nicht. Wir hatten auf unserem Offiziersanwärter-Lehrgang im Sandkasten Krieg gespielt, es war alles so einfach, doch wehe wenn die taktischen Gegebenheiten des Geländes und das Zusammenwirken der einzelnen Waffengattungen nicht richtig eingeschätzt wurden. Wenn ich einen derartigen Angriff im Sandkasten vorgeschlagen hätte, wäre mir die Nichtbeherrschung der einfachsten Kriegsregeln vorgeworfen worden. In der Praxis jedoch war der Befehl klar und lautete: Angreifen und so viel Gelände wie möglich gewinnen. Das konnte nur schiefgehen, ohne Artillerievorbereitung angreifen, das war kein Angriff, sondern ein Vorgehen auf freier Fläche. Nach circa 400 Metern war der Angriff zu Ende und von unserem Lehrgang waren nur noch einige wenige am Leben und diese auf dem Rückzug. Alle anderen waren gefallen oder verwundet. Ich spürte auf einmal einen Schlag in der Brust und konnte den rechten Arm nur noch unter Schmerzen bewegen. Am Hals blutete ich stark.

Ich fiel blutend zu Boden, alles fühlte sich so eigenartig an. Ich lag sicherlich schwer verwundet im Niemandsland. Sollte es noch Überlebende des Angriffs gegeben haben, waren diese wahrscheinlich in unsere Ausgangsstellung zurückgeflüchtet, um dem Tod oder der Gefangenschaft zu entgehen.

Im Unterbewusstsein nahm ich wahr, dass der Gefechtslärm vorüber war. Alles war auf einmal so ruhig und ich fühlte mich einsam und verlassen. Ich sah nur noch Verletzte und Tote. In meiner Nähe lag ein Schwerverwundeter, der schrie und dessen Schreie immer leiser wurden.

Was war mit mir geschehen? Welche Verwundung hatte ich, würde ich gefunden werden?

Die Luft zischte laut pfeifend über meinen Rücken in meinen Körper, die Haut wurde davon aufgeblasen. Dazu kam, dass ich den rechten Arm nicht mehr bewegen konnte, am Hals blutete ich aus einer Fleischwunde. Später sagte man mir im Lazarett, ich hätte mehr Glück als Verstand gehabt. Ein kleiner Splitter hatte die Wunde am Hals verursacht und nur um Haaresbreite die Hauptschlagader verfehlt.

Meine erste Reaktion bestand darin, dass ich mich umdrehte und mit dem Rücken auf die Erde rollte, um die Zufuhr der Luft unter die Haut etwas zu verlangsamen. Wie sich später herausstellen sollte, hatte ich ohne medizinisches Wissen richtig gehandelt. Die Rückenwunde wirkte wie ein Ventil, weshalb zwar Luft durch den Rücken in die Lunge einströmte, aber nicht mehr entweichen konnte.

Die Luft im Brustfellraum hatte rasch an Volumen zugenommen und presste nun das Herz und die Gefäße sowie den Lungenflügel zusammen. Ich war schon aufgeblasen wie ein Frosch und wartete nur noch auf das Ende, hatte aber keinerlei Angst. Die Schmerzen waren unerträglich und mir wurde schnell klar, dass das die letzten Minuten meines Lebens sein würden, würde mich nicht in letzter Sekunde jemand finden. Später habe ich mich immer wieder gewundert, wie ruhig und gelassen ich diese aussichtslose Lage ertragen habe, nur bedacht darauf, das Eindringen der Luft in meinen Körper etwas zu verlangsamen.

Ich dachte gelassen ans Sterben und überlegte in Ruhe und bei vollem Bewusstsein, wie lange es wohl noch bis zum frühen Ende dauern würde. Vielleicht regierte mich in diesem Moment aber auch die alte Weisheit „Die Hoffnung stirbt zuletzt“.

Innerlich hatte ich mich wohl schon vom Leben verabschiedet. Ich hatte bisher das Unheil nur bei anderen gesehen, sollte das Sterben letztlich so leicht sein? Der nicht weit von mir entfernt Schreiende war verstummt.

Ich dachte an die schönen Stunden in meinem bisherigen kurzen Leben zurück, es war alles so still um mich herum. Meine Eltern würden die Mitteilung bekommen, dass ich als Held für Führer und Vaterland gefallen war. So ein Unsinn: Ich war kein Held, hatte nur das Pech wie viele andere auch, in diesem unsinnigen Krieg so jung zu sterben.

In diesem Moment erkannte ich unsere Sanitäter, die Verwundete suchten. Ich nahm meine letzte Kraft zusammen, um sie auf mich aufmerksam zu machen. Ich machte ein schwaches Handzeichen, da ich nicht sprechen konnte. Sie entdeckten mich und verbanden meinen Hals. Am Hals hatte ein kleiner Splitter die Haut gestreift, diese Fleischwunde blutete sehr stark, der Hals und das Gesicht, alles war voller Blut. Die Sanitäter packten mich an Händen und Füßen und warfen mich auf einen Handwagen. Ich stieß einen Schrei aus. Neben dem offenen Pneu waren noch zwei Rippen zerfetzt. Instinktiv versuchte ich, auf dem Leiterwagen neben anderen Verwundeten liegend eine Stelle einzunehmen, damit die Luftzufuhr unter meine Haut etwas unterbunden und das Aufblähen verlangsamt wurde. Vielleicht schaffe ich es noch bis zum Feldlazarett, dachte ich.

Wie kann man das alles aushalten? Man nimmt alles nur im Unterbewusstsein und somit gelassen wahr. Mit dem Leben hatte ich bereits abgeschlossen. Wann und wie das Ende kommen sollte, war einem in diesem Moment gleichgültig. Warum sollte ausgerechnet ich überleben? Ich hatte ja schon so viele Sterbende gesehen, für die es keine Hilfe mehr gegeben hatte.

Ich schaffte es jedoch tatsächlich bis zum Lazarett. Auf dem Operationstisch sagte der Feldarzt einen Satz, den ich fortan nicht mehr vergessen sollte: „Wie habt ihr denn den bis hierher gebracht?“ Der Splitter in der Lunge wurde sofort ohne Narkose entfernt, an Schmerzen kann ich mich dabei nicht erinnern. Die

Pneu-Öffnung wurde verschlossen, die beschädigten Rippen wurden nicht weiter behandelt. Zwei Sanitäter packten mich wieder an Händen und Füßen, um mich erneut auf eine Trage zu schmeißen. Mein Stöhnen ließ sie kalt, einer sagte trocken, ich solle mich nicht so haben. Vor dem Feldlazarett lag ich nun mit anderen Verwundeten, um uns herum nur Tote. Danach hieß es: Abtransport zum Bahnhof. Dort stand aber kein Lazarettzug zur Verfügung, also wurden wir kurzerhand in Güterwaggons verfrachtet. Auf dem Weg nach Pillau wurde mehrmals kontrolliert, ob die Verletzten noch transportfähig waren, jedes Mal wurde ich mit einigen anderen ausgeladen, um nach einigen Tagen die Reise unter immer gleichen Schmerzen fortzusetzen. Im Hafen von Pillau wurde ich auf das Lazarettschiff Leipzig gebracht. Meine erste Schiffsreise auf einem so großen Dampfer hatte ich mir anders vorgestellt. In Stettin angekommen ging es weiter mit dem Zug nach Glogau ins Lazarett.

Schon das Ausladen aus dem Lazarettzug erfolgte diesmal behutsamer, und ich bekam ein eigenes Bett. Von den anderen Verwundeten wurde ich bestaunt, denn so einen aufgeblasenen Körper hatten sie sicherlich noch nie gesehen. Bei der ersten Visite stellte ich mich schlafend: Ein Arzt erklärte den Schwestern die Art meiner Verwundung. Er bemerkte dazu, dass dies sein erster derartiger Fall sei, denn eine solche Verletzung überlebe nur selten einer. Ich hätte großes Glück gehabt und würde durchkommen.

Diese Verletzung könne nur ein junger, noch widerstandsfähiger Körper überstehen, fügte er an. Ich konnte mir ein Lächeln nicht verkneifen. Die Ärzte interessierten sich auch zum ersten Mal für meine beschädigten Rippen und die Schulter und legten mir die nötigen Kompressen an. Beim Wechseln des Verbands am Hals bemerkte der Arzt kopfschüttelnd: „Der hat ja zweimal Glück gehabt! Wenn der Splitter ein bis zwei Millimeter weiter ins Fleisch eingedrungen wäre, hätte dieser die Halsschlagader getroffen."

Trotz aller Beschwerden fühlte ich mich auf einmal nahezu geborgen, obwohl mein Zustand nicht sehr rosig war. Ich kann mich nicht mehr an vieles aus den ersten Tagen erinnern. Ich wurde durch die zahlreichen Tabletten, Spritzen und Absaugungen in einem Trancezustand gehalten. Nur eins blieb mir für immer in Erinnerung: die vielen Spritzen jeglicher Nadeldicke.

Nach einigen Wochen begann mein Lebensmut wieder voll zu erwachen und ich wurde von der Intensivstation in eine Baracke des Krankenhauses verlegt. Zuvor hatte ich noch ein Gespräch mit dem mich behandelnden Arzt. Dabei schilderte ich ihm, wie viel Zeit vergangen war und was ich getan hatte, bis ich nach meiner Verwundung ins Feldlazarett kam. Und ich zitierte den mir unvergesslichen Satz des Militärarztes: „Wie habt ihr denn den bis hierher gebracht?“ Der nun behandelnde Arzt schüttelte den Kopf und sagte: „Sie haben alles richtig gemacht und Ihr Leben damit gerettet.“

Die Verlegung in die Baracke hatte nur den Nachteil, dass ich dort nicht nur den Kampf gegen die Verwundung, sondern auch einen gegen Wanzen und Flöhe führen musste. Ich lernte sehr schnell von meinen Bettnachbarn, wie man sich gegen das Ungeziefer wehrt.

Nachdem es mir wieder etwas besser ging, besuchte ich so oft ich konnte Kinovorstellungen, es waren die ersten seit meiner Einberufung. Ich hatte dabei manchmal auch angenehme Begleitung – meine kleine Freundin, die Krankenschwester, die mich in diesen Tagen der Genesung sehr aufopferungsvoll gepflegt hatte. So hatte ich auch in den schweren Tagen meiner Verwundung etwas Zerstreuung. Wir genossen die Tage, alles war so friedlich um uns herum. Ich verpasste keine Vorstellung und sah meinen ersten Farbfilm, „Die Frau meiner Träume“, mit Marika Rökk und Wolfgang Lukschy in den Hauptrollen. Vor der Leinwand konnte ich den Krieg und die Grausamkeit kurzzeitig vergessen. Die Propaganda hatte diese Methode der Ablenkung schon richtig eingeschätzt, diese schönen, heiteren Bilder und der Refrain des Liedes ließen einen die brutale Gegenwart für kurze Zeit ausblenden.

In der Nacht ist der Mensch nicht gern alleine,
Denn die Liebe im hellen Mondenscheine,
Ist das Schönste, Sie wissen, was ich meine …

An das große Leid der Schwerstverwundeten durfte man nicht denken, es war zum Teil sehr schlimm, was man täglich mit ansehen musste. Neben mir lag beispielsweise einer ohne Hände und Beine. Ich werde nie vergessen, wie seine Frau zu Besuch kam. Zuerst schien sie nicht verstehen zu können, doch dann umarmten sie und küssten sich. Ich hatte das Gefühl, dass sie froh war, dass er noch lebte, und sie begann, ihn zu füttern. Was muss das für eine Liebe zwischen den beiden gewesen sein!

Es war nicht zu begreifen, wie doch das Schicksal mit dem Einzelnen umging. Warum nur dieser Krieg und dieses Leiden?, fragte man sich immer wieder.

Der nächste Tag in der Gefangenschaft begann mit dem Antreten zum Zählappell nach dem Wecken und mit der Bekanntgabe der Lagerordnung: Alle Befehle der Lagerleitung wären strikt zu befolgen, jeder Fluchtversuch würde hart bestraft. Danach ging es zu einem Waschraum, wo wir unsere Uniform oder das, was davon noch übrig geblieben war, ablegten. Die Haare an allen Körperteilen wurden entfernt, die Kleidung wurde genauso wie ich selbst entlaust. Dies war auch bitter nötig, denn in den letzten Wochen hatte ich keine Wäsche gewechselt und auch sonst keine Zeit und Gelegenheit gehabt, mich von den lästigen Läusen zu befreien. Nach der Behandlung suchte ich meine Sachen, fand sie aber nicht. Ein Bewacher blaffte mich an: „Nimm, was dir passt, oder geh nackt." Also nahm ich die nächstbesten Kleiderstücke und war wieder ein Gefreiter. Als ich zu meiner Pritsche zurückkehrte, fragte mein Nachbar lachend, wer mich denn degradiert hätte. Ich erzählte ihm die Begebenheit, musste aber zugeben, dass ich mich nach der Säuberung trotz Degradierung viel wohler fühlte als zuvor.

Danach erfolgte die erste Vernehmung. Wer war in der Waffen-SS gewesen?, wollte man wissen. Keiner meldete sich. Wir mussten alle unsere Arme hochheben, denn wie ich nun erfuhr, wurde den Zugehörigen ihre Kennnummer in die Achselhöhle tätowiert. Einer wurde zur Seite genommen. Ihn habe ich nicht wiedergesehen. Ich dachte an meinen besten Freund, Winfried, der sich freiwillig zur Waffen-SS gemeldet hatte. So konnte er sich die Einheit aussuchen und hatte schönere Uniformen und die neuesten Waffen, das kam auch bei vielen Mädchen gut an. Er war aber bis zu seiner Einberufung vollkommen unpolitisch. Wo und wie sein Einsatz erfolgte, wusste ich nicht.

Wir wurden weiter verhört. Es waren wohl über vierzig verschiedene Fragen, die wir zu beantworten hatten. Es wurde beispielsweise erfragt, in welcher Einheit und wo man gedient hatte. Bei mir gab es größeres Interesse an meiner Ausbildung als Funker, danach ging es um meine berufliche Tätigkeit im Benzinwerk Böhlen. Sie wollten alles Mögliche über die Produktion und den Standort wissen.

Zwei Tage später wurde ich nochmals der gleichen Prozedur unterzogen, es wurde alles noch tiefer hinterfragt, dabei wurden Fragen teilweise wiederholt, um vorhandene Widersprüche in den Angaben aufzudecken.

Um meine Fähigkeiten als Funker zu beweisen, wurde ich in

einen Raum geführt, wo deutsche Funkgeräte im Einsatz waren. Zuerst forderte man mich auf, eines der Funkgeräte in Betrieb zu nehmen. Dies ging nicht auf Anhieb, woraufhin ich den Fehler finden sollte. Nach kurzem Suchen hatte ich herausgefunden, dass eine Sicherung defekt war. Mit einem Lächeln übergaben mir die Soldaten eine neue Sicherung, die ich einbaute. Das Gerät war nun funktionsfähig. Danach wurde meine Schnelligkeit beim Morsen überprüft: Dazu wurde mir ein Text vorgelegt, den ich in Klartext, also unverschlüsselt, in Morsezeichen zu geben hatte. Die Offiziere schienen mit mir zufrieden. Dann musste ich einen Text aufnehmen, was weniger leicht und schnell zu lösen war. Auf einmal legten sie mir deutsche Armee-Chiffrierunterlagen der Cäsar-Verschlüsslung vor, deren Anwendung ich bei meiner Ausbildung als Funker gelernt hatte. Die Cäsar-Verschlüsslung stellt aus Klartexten durch Verschieben des Alphabets veränderte Buchstaben her, die Gegenseite kennt den Schlüssel und kann den Klartext ohne Probleme wiederherstellen. Ich sollte die Verschlüsslung eines Texts vornehmen, danach musste ich einen anderen Text entschlüsseln, was mir leichtfiel, da ich die Arbeit immer noch beherrschte.

Jeden Tag nach Beendigung der Befragung wurde ich nochmals verpflichtet, über das soeben Gesprochene Stillschweigen zu bewahren.

Das Angenehmste an diesen zwei Tagen war, dass ich im Vergleich zu den anderen reichlich und gutes Essen bekam. Nach getaner Arbeit ging es aber wieder auf die Pritsche in den Pferdestall.

Ich wusste nicht, warum man sich so viel Mühe mit mir gab, ich hatte doch kein besonderes Wissen über Geheimnisse oder anderes Wichtige, was für den Feind von Bedeutung gewesen wäre.

2. Ausbildung

Am nächsten Tag tauchte ein Soldat im Schlafsaal auf und rief meinen Namen. Als ich mich meldete, winkte er mir zu und sagte: „Dawei! – Komm!“ Ich wurde ins Verwaltungsgebäude geführt. Dort wartete schon der Vernehmungsoffizier auf mich, nach einer kurzen Darstellung der Kriegslage fragte er mich nach meiner Meinung. Ich sagte wie schon bei meiner Vernehmung, dass es Irrsinn sei, gegen eine solche Übermacht weiter Krieg zu führen. Danach teilte er mir mit, sie hätten nach meinen Aussagen beschlossen, dass ich ab jetzt einer Sondereinheit der Roten Armee unterstellt wäre und zu meiner Sicherheit einen Decknamen bekäme. Man brachte mich in den Raum, wo die Befragungen durchgeführt worden waren. Hier hielten sich schon drei weitere Mitgefangene auf, die wahrscheinlich genau wie ich Funker der Wehrmacht gewesen waren und das Auswahlverfahren bei den Vernehmungen bestanden hatten. Ich war sprachlos, denn ich wusste nicht, was mit mir geschehen würde. Was sollte ich machen? Da mir nichts anderes übrig blieb, ließ ich alles auf mich zukommen.

Die Vernehmungsoffiziere führten uns anschließend zu bereitstehenden Armeefahrzeugen, in die wir einsteigen mussten. Das Tor des Kriegsgefangenenlagers wurde von den Wachen sofort ohne Kontrolle geöffnet, und ab ging die Reise ins Ungewisse.

Nach stundenlanger Fahrt, die wir schweigend verbrachten, erreichten wir Vilnius. Vor einer großen Villa hielten russische Soldaten Wache, nach einer kurzen Verständigung mit unserem Offizier wurde das Tor für unsere Fahrzeuge geöffnet. Die erste Überraschung: Ich bekam ein eigenes Zimmer, auf dem Bett lagen ein nagelneuer Anzug, Unterwäsche, Schuhe und sogar ein Schlips. Die Kleidungsstücke stammten den Etiketten nach aus deutscher Produktion. Die nächste Überraschung: nach Wochen erstmals wieder ein Bad, so wohl hatte ich mich nach dem Waschen schon lange nicht mehr gefühlt. Meine verdreckte Uniform und alles, was ich sonst noch hatte, wurde im Hof verbrannt. Es hätten doch noch Läuse oder anderes Ungeziefer in den Kleiderstücken sein können. Im neuen Anzug sah ich aus wie ein Zivilist, ich konnte es selbst kaum glauben, was für ein Gefühl!

Es gab in der Unterkunft auch eine Funkstation. Dort wurden unsere Funk- und Morsekenntnisse an Wehrmachtsgeräten erneut eingehend getestet. Nach einer kurzen Ruhepause wurden uns die Verhaltensregeln nochmals eingetrichtert: Über alles hier hätten wir zu schweigen und auch untereinander keinerlei Gespräche zu führen. Sonst drohten harte Strafen und es ginge sofort zurück in ein Lager für Staatsfeinde. Ich begriff nicht richtig, was mit mir geschah, ich glaube, ich nahm alles nur unbewusst wahr, konnte keinen klaren Gedanken fassen. Sollte das wieder einmal eine Überlebenschance für mich sein? Dann sollte ich das Beste aus der jetzigen Situation machen, der Krieg wäre ja doch bald vorbei. Ich konnte mich mit niemandem austauschen, dabei hatte ich so viele Fragen. Allen voran: Was genau wollten die Russen von mir?

Einen Tag später war in unserer schönen Unterkunft in Vilnius großer Aufbruch angesagt. Ich hatte das Gefühl, dass es nun weiter in eine andere Stadt ginge. Die sowjetischen Offiziere waren sehr aufgeregt und packten schnell ihre Gegenstände und Habseligkeiten zusammen. Ganz plötzlich erging an uns die Aufforderung, uns sofort vor das Haus zu begeben und in die schon beladenen Fahrzeuge einzusteigen. Wir mussten uns in die Fahrzeuge zwängen, denn sie waren mit Unmengen Gepäck hoffnungslos überladen. Beim Einsteigen sah ich aus den Augenwinkeln, was da transportiert wurde: Es waren größtenteils Wohnungseinrichtungsgegenstände wie Teppiche, Vasen, Kleinmöbel, Geschirr, Textilien und andere Sachen.

Wohin die Fahrt gehen sollte, hatte uns noch keiner gesagt. Ich hoffte nur, die unbequeme Fahrt zu unserer neuen Unterkunft würde nicht stundenlang dauern. Die gute Stimmung der Offiziere zeigte mir aber, dass sie sich auf unseren Bestimmungsort freuten. Für mich aber ging es einem unbekannten Ziel und einer unbekannten Zukunft entgegen.

Erst nachdem wir unterwegs haltgemacht hatten, erklärte uns der Führungsoffizier, dass es zum Flugplatz und von dort nach Hause gehe. Ich war geschockt, aber zum Überlegen, wo dieses Zuhause und mein neues Gefangenenlager sein würden, blieb keine Zeit.

Als wir auf dem Flugplatz am Rande der Stadt ankamen, fuhren wir ohne Kontrolle direkt aufs Rollfeld, wo schon ein Flugzeug für uns bereitstand. Wir wurden mitsamt den Fahrzeugen in die Maschine verladen. Auch im Flugzeug war es sehr eng, denn jeder Quadratmillimeter des Laderaums wurde ausgenutzt. Mit Zwischenlandungen erreichten wir am Abend einen Militärflugplatz in der Nähe von Moskau. Die sowjetischen Offiziere waren in Hochstimmung, denn für sie war der Kriegseinsatz erst einmal zu Ende.

Von meinem ersten Flug weiß ich heute nur noch, dass es viel fettes Essen und reichlich Wodka gab. Die ungewohnte Kost bekam mir gar nicht, ich musste mich erbrechen – also nicht eben die besten Erinnerungen an diese erste Flugreise. Das Entladen der Fahrzeuge und der Möbelstücke ging mithilfe von Soldaten und ohne jede Kontrolle auf dem Flugplatzgelände sehr schnell vonstatten.

Wir wurden von einem Offizier in deutscher Sprache in Empfang genommen: Er erwarte von uns, dass wir in unserer täglichen Ausbildung mit viel Fleiß bei der Sache wären. Denn nur so könnten wir unseren Beitrag für den schnellen Sieg über Hitlerdeutschland leisten. Dann gingen wir auf Fahrt durch verschneite Landschaften und Dörfer zu der neuen Unterkunft. Wie schon in Vilnius nahm ich alles wie in Trance wahr. Was würde mit mir geschehen? Wo würden sie uns hinschaffen?

Nach längerer Fahrt hielt unsere Kolonne vor einem Grundstück, das von einem grün gestrichenen hohen Holzzaun umgeben war. Die Wachen am Eingang öffneten nach einer kurzen, aber herzlichen Begrüßungszeremonie die Tore des Komplexes, und ich war nicht weit von Moskau in meinem neuen Zuhause angekommen. Die Höhe des Holzzaunes und des sich darüber befindlichen Stacheldrahtes zeigte mir, dass es ein sehr gut bewachter Gebäudekomplex war. Wie ich etwas später herausfand, befand ich mich außerhalb des Ortes Timilino, in unmittelbarer Nähe von Moskau. Nachdem ich aus dem Jeep geklettert war, versuchte ich, mich im russischen Winter und in meiner neuen, ungewohnten Umgebung zurechtzufinden.

Viel Zeit blieb mir im Augenblick dazu nicht. Ich bemerkte auf dem verschneiten Gelände zahlreiche hochgewachsene Birken, dazu einige Wohngebäude sowie kleinere Unterkünfte. Mehr konnte ich in der Dunkelheit nicht erkennen, denn es ging sofort in das größere Holzhaus, wo uns unser neuer Vorgesetzter begrüßte.

Er stellte sich als Sohn eines deutschen Emigranten vor und hatte den Dienstrang eines Hauptmannes der Roten Armee. Wenn nötig, sollten wir ihn mit Dienstgrad oder Herr Walter anreden. Nach dieser kurzen Einführung erfolgte ein Vortrag über die siegreiche Sowjetarmee und den heldenhaften Kampf des Sowjetvolkes gegen den Faschismus unter Führung des genialen Genossen Stalin. Nun musste ich noch mehrere Verpflichtungserklärungen über die Geheimhaltung meiner Tätigkeit unterschreiben, die aber nur auf Russisch vorgelegt wurden. Auf meinen Einwand hin, den Text auch auf Deutsch zu lesen zu bekommen, wurden mir lächelnd die Hauptpunkte aufgezählt:

- Treue zur Sowjetunion und den Generalissimus Stalin.
- Alle Befehle und Anweisungen sind zu erfüllen.
- Alle gewonnenen Erkenntnisse und Informationen unterliegen der Geheimhaltung.
- Jede Verbindung zu Dritten ist verboten.
- Persönliche Aufzeichnungen sind verboten.
- Zuwiderhandlungen werden nach dem Militärrecht bestraft.

„Du unterschreibst jetzt, dass du uns helfen willst, den deutschen Faschismus mit zu besiegen." Jeder von uns musste sich dieser Prozedur einzeln unterziehen, um nicht vom Tun der anderen beeinflusst zu werden. Ich konnte mir bei dieser Gelegenheit einen Decknamen aussuchen. Nach kurzem Überlegen wählte ich den Namen Heinz Kohl. Der Vorschlag wurde angenommen.

Heinz erinnerte mich daran, wie vergänglich alles war, wie schnell die Zukunft einer jungen Familie durch den Krieg zerstört werden konnte.

Während unserer gemeinsamen Lehrzeit im Benzinwerk Böhlen hatte er eine Liebschaft, mit siebzehn Jahren wurde er vor unserer gemeinsamen Einberufung zur Wehrmacht Vater eines kleinen Mädchens. Natürlich wurde vorher noch schnell geheiratet. Ich war Trauzeuge. Was für ein schönes Paar, was für ein gelungenes Fest, alle waren glücklich. Unsere Ausbildung als Funker verbrachten wir noch in der gleichen Einheit, doch am Ende der Ausbildung wurden wir getrennt. Ich wurde Offiziersanwärter und er sofort an die Front geschickt. Einige Wochen später schickten mir meine Eltern seine Todesanzeige: „Als Held für Führer und Vaterland gefallen". Mein Deckname sollte ein kleines Andenken an Heinz sein und mir bewusst machen, wie der Krieg ein so junges Glück so schnell vernichten kann. Ich nahm mir vor, wenn ich die Kriegsgefangenschaft überstehen sollte, Kontakt zu seiner Witwe aufzunehmen.

Nach meiner Heimkehr konnte ich Anfang 1947 in Erfahrung bringen, dass seine Witwe als Maschinistin im gleichen Betrieb wie ich tätig war. Ich fand heraus, in welchem Betriebsteil sie arbeitete, nun suchte ich sie an ihrem Arbeitsplatz auf. Was für ein freudiges Wiedersehen nach so langer Zeit! Die Freude bestand vor allem darin, dass ich den Krieg überstanden hatte und wir uns wiedersahen. Das Gespräch war am Anfang nur von der gemeinsamen Erinnerung an Heinz bestimmt, doch dann erzählte sie mir, wie schwer es für eine junge Mutter alleine war, ohne Heinz als Vater, der sein Kind nie gesehen hatte. Und gleichzeitig berichtete sie voller Stolz, wie gut sich die kleine Tochter entwickelte. Ich spürte dennoch, wie einsam sie war und wie schwer sie es hatte, das Leben in der Nachkriegszeit mit einem Kleinkind zu meistern. Ich versuchte, ihr zu helfen, wo es ging, mit Nahrungsmitteln und anderweitig. Die Erinnerung an Heinz machte uns sehr zu schaffen. Warum hatte gerade er sterben müssen? …

Nach der kurzen Einweisung erfolgte erneut der Hinweis, dass wir keine Verbindung zu den anderen Mitankömmlingen aufnehmen dürften, auch nicht nach Dienstende. Ab sofort dürfte nur noch der Deckname verwendet werden, ich war somit von nun an Heinz.

Mir wurde mein Zimmer zugewiesen, in dem sich ein Bett, ein

Tisch, ein Schrank sowie zwei Stühle befanden. Was für ein Privileg für einen ehemaligen Kriegsgefangenen, oder was war ich jetzt? Gleichzeitig bekam ich den Dienstplan für den nächsten Tag. Schließlich wurden wir in den Waschraum beordert, wir sollten duschen und neue Kleidung anziehen. Ich fühlte mich auf einmal richtig wohl. Nach einem kleinen Abendmahl mit etwas Wodka war ich hundemüde und nahm den Toast auf den Generalissimus Stalin nicht mehr richtig wahr. In meinem Zimmer schlief ich sofort ein, ohne mir noch einmal Gedanken über meine Zukunft gemacht zu haben.

Als ich aber am nächsten Morgen aufwachte, dachte ich zunächst, ich hätte alles nur geträumt. Aber die Kommandotöne auf dem Flur belehrten mich schnell eines Besseren ... Mir wurde klar, dass ich an meiner Lage nichts würde ändern können, ich sollte die Dinge auf mich zukommen lassen und nicht so viel nachdenken. Und ich musste meinen Gesundheitszustand verbessern, um alles noch Bevorstehende zu überstehen. Der Krieg würde sowieso bald vorbei sein. Und wie es dann weitergehen würde, wussten nur die Götter.

Der Tag begann immer mit unerbittlicher Wehrertüchtigung, die mich an meine Offiziersanwärter-Ausbildung erinnerte. Ich biss die Zähne zusammen und gab nicht auf. Die aufgebauten Hindernisse waren nicht einfach und immer mehrmals zu überwinden, ein effektives Krafttraining. Mir wurde schon nach einigen Tagen bescheinigt, dass ich gute Zeiten im vorgegebenen Limit schaffte.

Danach begann unsere Ausbildung als Funker und Aufklärer.

Im Schulungsraum hingen Landkarten von Deutschland in seinen neuen Grenzen. Bei den Schulungen über die Kriegslage wurden uns die Siegesmeldungen der Roten Armee überbracht und der große Führer Stalin gewürdigt. Überall wurden seine

Feldherrnfähigkeiten in Bildern und Parolen gefeiert. Aber auch der erste Leiter des sowjetischen Geheimdienstes nach der „Großen Sozialistischen Oktoberrevolution“ im Jahre 1918, Felix Edmundowitsch Dserschinski, war überall zu sehen, und darunter die Losung „Tscheka – der bewaffnete Arm der Armee der Diktatur des Proletariats“.

Sein Buch mit dem Titel „Tagebuch eines Gefangenen“, das er 1908 im berüchtigten Moskauer Gefängnis Nr. 2 geschrieben hatte, sollte uns zeigen, wie die Bolschewiken gekämpft und gelitten hatten.

Mein Betreuer erklärte mir mehrmals, was Dserschinski alles für die Zerschlagung der Feinde des Sozialismus getan hatte. Mit den neuen sowjetischen Helden konnte ich aber nicht viel anfangen, alles war mir fremd und unheimlich.

Jede eingenommene Stadt wurde mit reichlich Wodka begossen, wie etwa Königsberg am 9. April 1945. Ich sah das Ende des Krieges immer näher rücken. Aber gleichzeitig wurde uns das große Leid der Sowjetbevölkerung vor Augen geführt und was der deutsche Faschismus für Verbrechen begangen hatte und noch begehen würde. Wie wenig wusste ich doch von diesen Grausamkeiten, ich konnte es kaum fassen. Aber die Fotos und Berichte überzeugten mich doch von den Gräueltaten der Nazis.

Ich lernte eine neue Welt kennen. Mein Betreuer erzählte mir mit Stolz, wie sich die Versorgungslage in den Jahren vor dem Krieg immer weiter verbessert hätte und der Wohlstand des einzelnen Sowjetmenschen nach dem Grundgesetz des Sozialismus steige: „Jeder nach seinen Fähigkeiten, jedem nach seiner Leistung.“ Dann der hinterhältige Überfall der deutschen Faschisten auf die friedliche UdSSR, die immer alle ihre Verpflichtungen des Nichtangriffspaktes mit dem Deutschen Reich eingehalten hatte. Nach diesem Wortbruch und feigen

Verrat der Faschisten gäbe es jetzt nur ein Ziel: den Faschismus völlig zu vernichten.

Welches Schicksal hätte ich genommen, wenn es mir gelungen wäre, mich nach Königsberg durchzuschlagen, um weiterzukämpfen?, ging es mir durch den Kopf. Hatte ich mit meiner Gefangennahme vor Königsberg vielleicht sogar Glück gehabt?

In meiner Einsamkeit versuchte ich, mich durch viel Lesen von meinen Grübeleien über meine ungewisse Zukunft abzulenken. Von meinem Betreuer bekam ich auch die Verfassung der UdSSR von 1936. Darin war zu lesen: „Die Verfassung garantiert – im Interesse der Festigung der sozialistischen Gesellschaft – die Redefreiheit, die Pressefreiheit, die Meetings- und Versammlungsfreiheit, das Recht auf Vereinigung in gesellschaftlichen Organisationen, die Unverletzlichkeit der Person, die Unverletzlichkeit der Wohnung und das Briefgeheimnis, das Asylrecht usw."

Ein Land mit einer so humanen Verfassung – nach der faschistischen Propaganda, die ich bisher zu hören bekommen hatte, konnte ich das kaum glauben. Doch ich hatte nicht viel Zeit zum Nachdenken.

Die fast täglichen Siegesmeldungen zeigten mir, wie schnell das Ende des Krieges kommen würde. Immer mehr bekannte Städtenamen wurden genannt und als vom Faschismus befreit bezeichnet. Frankfurt/Oder am 24. April 1945 etwa oder das Aufeinandertreffen der Russen mit den Amerikanern bei Torgau am 25. April 1945. Als am 27. April 1945 die Siegesmeldung über die Einnahme der polnischen Stadt Danzig verkündet wurde, fragte ich meinen Betreuer, wieso da von einer polnischen Stadt gesprochen wurde.

Er lachte nur und sagte: „Hast du denn die Landkarte an der Wand nicht richtig verstanden? Dort waren doch die neuen Grenzen schon eingezeichnet."

In der großen Bibliothek fanden sich Bücher von Platon, Karl Marx, Friedrich Engels, Wladimir Iljitsch Lenin, Josef Stalin, Heinrich Mann, Heinrich Heine, Alexander Sergejewitsch Puschkin, Dostojewski und vielen anderen in Deutschland verbotenen Schriftstellern.

Beim Lesen des Romans „Die Brüder Karamasow“ von Fjodor Michailowitsch Dostojewski gingen mir im 3. Abschnitt, der „Großinquisitor“, viele Gedanken durch den Kopf. Wie einfach es doch für Alleinherrscher war, ihre gewonnene oder vererbte Macht, also ihre Ideologie, als allein gültige Meinung durchzusetzen. Ich verstand immer besser, wie viel Wahrheit in Dostojewskis Werk lag und wie leicht Menschen beeinflusst werden können. Liegt es nicht im menschlichen Wesen, zu glauben, alles sei so schön und einfach? Zum Wissen muss man schon ein ungläubiger Thomas sein, der die Wunde untersucht.

Er wollte nicht nur mit eigenen Augen die Auferstehung sehen, sondern auch die Wunden tasten.[2] Wie oft hat das Suchen nach neuen Glaubensauslegungen in der Kirchengeschichte schon zum Schisma[3] geführt.

Nur einige Beispiele: Der Donatismus[4] sah sich als Gemeinschaft von perfekten Heiligen ohne Sünder. Das morgenländische Schisma, die Trennung der Römischen und Orthodoxen Kirche. Die Reformation von Martin Luther und die Entstehung anderer Spaltkirchen. Ich will damit nur sagen, dass es immer unterschiedliche Glaubensrichtungen oder Ideologien geben wird. Alle glauben, im Recht zu sein und *das* Seelenheil für die Menschheit gefunden zu haben ...

Niccolò Machiavelli dagegen schreibt in seinem Werk „Der

---

2 Neues Testament, Johannes, Kap. 20,24-25.

3 Griechisch „Spaltung“.

4 Donatus von Karthago, 315 n. Chr.

Fürst“, jenseits aller moralischen Bedenken stehe der machtpolitische Erfolg des Herrschers im Vordergrund seiner Entscheidungen. Trifft das nicht fast immer, also auch jetzt, zu? Glauben wir nicht zu viel, weil wir zu wenig wissen?

Glauben kann aber auch Halt geben. In einer solchen Lage befand ich mich gerade. Ich glaubte fest, dass Willy und ich es schaffen würden, komme, was wolle.

Von Heinrich Heine las ich zu dieser Zeit zum ersten Mal viele seiner schönen Gedichte wie zum Beispiel:

„Enfant perdu – Verlorenes Kind“

Verlorener Posten in dem Freiheitskriege,
Hielt ich seit dreißig Jahren treulich aus.
Ich kämpfte ohne Hoffnung, daß ich siege,
Ich wusste, nie komm ich gesund nach Haus.
„Wo?“
Wo wird einst des Wandermüden
Letzte Ruhestätte sein?

„Deutschland. Ein Wintermärchen“
Im traurigen Monat November wars,
Die Tage wurden trüber …

Aber auch Platons wichtigstes philosophisches Werk „Der Staat“, geschrieben 370 v. Chr., versuchte ich zu verstehen. Plötzlich wurde mir klar, wie frühzeitig sich schon die großen Dichter und Denker darüber Gedanken gemacht hatten, die Welt zu verbessern. Wenn ich es richtig verstanden habe, geht es Platon um folgende Fragen: Was ist Gerechtigkeit an sich, und wie kann man sie erreichen? Der Staat hat dazu optimal gerechte

Bedingungen für seine Bürger zu schaffen. Diese Gerechtigkeit müsste sich in der Verfassung des Staates widerspiegeln. Ich erinnere mich, beim Lesen dieses Buches von meinem Ausbilder beobachtet worden zu sein, der stolz anmerkte: „Wir setzen in der UdSSR die Grundgedanken der Gleichheit durch und haben dies in der Verfassung verankert." Das alles hätten sie der Weitsicht des Genossen Stalin zu verdanken, ergänzte er im Nachsatz.

Ich dachte auch immer wieder an das Gedicht „Nur wer die Sehnsucht kennt" von Johann Wolfgang von Goethe. In den ersten Tagen der Kriegsgefangenschaft hatte mir ein Mitgefangener in Insterburg ein kleines Büchlein zu lesen gegeben, das er gerettet hatte. Und es hat mir in meiner hoffnungslosen Lage sehr gute Dienste geleistet.

In Gefangenschaft gab ich die Hoffnung auf Freiheit nie auf, denn die Hoffnung stirbt zuletzt.

Nur wer die Sehnsucht kennt,
Weiß, was ich leide!
Allein und abgetrennt
Von aller Freude,
Seh ich ans Firmament
Nach jeder Seite.

Ach! Der mich liebt und kennt
Ist in der Weite
Es schwindelt mir, es brennt
Mein Eingeweide
Nur wer die Sehnsucht kennt,
Weiß, was ich leide!

Meine freie Zeit nutzte ich also zum Lesen der mir bis dahin unbekannten Literatur. Was hatten uns die Machthaber des Dritten Reiches nicht alles verboten und warum. Langsam wurde mir klar: Wir waren verdummt worden. Darüber hinaus zeigten mir die sozialutopischen Werke, etwa „Utopia" des englischen Staatsmannes Thomas Morus oder Francis Bacon und Tommaso

Campanellas „Sonnenstaat“, dass es die Sehnsucht nach einer Idealgesellschaft schon immer gegeben hatte, doch keiner hatte sie bis jetzt erreicht. Es wird solche Utopien immer wieder in jeder Generation geben, auch Karl Marx wollte dafür den Menschen verändern, sicherlich ein Experiment, das nicht gelingen konnte.

Es gab aber auch eine sehr große Auswahl an Schriften über alte Spionagefälle. Diese musste ich als Pflichtliteratur lesen und den Lehrern, die gut Deutsch sprachen, meine Analyse über das Vorgehen oder die Fehler der Agenten vortragen.

Natürlich ging es darum, dadurch das Verhalten der Agenten zu studieren und ihre Strategien und Taktik zu lernen. Man sollte auch eigene Ideen zur Vermeidung der begangenen Fehler unterbreiten. Jeder einzelne Fall wurde so lange analysiert, bis der Ausbilder mit den Schlussfolgerungen zufrieden war. Wenn ich bei den Fehleranalysen nicht schnell genug war, wurde auch sicherlich nötige Kritik geäußert, doch auch bei vorgebrachten Verbesserungsvorschlägen wurde ich gelobt.

Ich erinnere mich beispielsweise an den Roman von einer der bedeutendsten Frauen der deutschen Filmgeschichte, Thea von Harbous „Spione“ aus dem Jahr 1928, in dem eine schöne Frau versucht, an Staatsgeheimnisse zu kommen. Der englische Geheimdienst setzte seinen Agenten Nr. 326 zur Aufklärung an. Die Gegenseite versuchte, ihn zu eliminieren.

Oder der Roman von Eric Ambler, „Die Stunde der Spione“, in dem realistisch und spannend die Schmuggelpfade zwischen Italien und Jugoslawien und die Verstrickungen eines einfachen Touristen mit dem Geheimdienst einer bürgerlichen Gesellschaft beschrieben werden.

Auch die sogenannte Dreyfus-Affäre des Hauptmanns im französischen Generalstab, der wegen Landesverrat zu lebenslanger

Haft verurteilt und nach Jahren freigesprochen wurde, zeigte, wie Intrigen gegen Unschuldige gesponnen werden.

Aber auch Filme über Spionagefälle und andere Themen wurden im Lager vorgeführt. Ich erinnere mich noch an den Film mit Greta Garbo als Tänzerin „Mata Hari" und deutsche Spionin, die als Geliebte dem russischen General Schubin in Paris wichtige Geheimnisse entlockt und der deutschen Abwehr übergibt. Sie flog 1917 auf und wurde zum Tode verurteilt.

Natürlich durfte auch nicht das Auftreten von Georgi Dimitrow beim Prozess zum Reichstagsbrand in Berlin fehlen. Er hatte ja durch sein standhaftes Auftreten vor Gericht den Minister Hermann Göring und den Faschismus der Lüge überführt.

Bei all diesen Geschichten dachte ich manchmal darüber nach, wie ich mich selbst bei einer Flucht verhalten würde und was ich besonders zu beachten hätte. Man konnte ja nie wissen, wozu das Gelernte noch zu gebrauchen war.

In Erinnerung sind mir auch die Bücher von Plinius dem Älteren, seine Enzyklopädie fasste vor allem das naturkundliche Wissen seiner Zeit zusammen. Bei den Arzneien aus Pflanzen und Tiersubstanzen berichtete er auch von der Anwendung einer Geheimtinte, so benutzte er den Milchsaft der Tithymalus-Pflanze zur Herstellung der Schreibflüssigkeit. Der geschriebene Text wurde, sobald die Tinte getrocknet war, unsichtbar. Erhitzte man den beschriebenen Papyrus über Feuer, konnte man die Schrift wieder lesen. Die Pflanze ist unter dem Namen Wolfsmilch bekannt. Der lateinische Name Euphorbia wurde mir vom Ausbilder erklärt: Euphorbus war Leibarzt von König Juba II., 30 v. Chr. bis 25 n. Chr. Die Pflanze findet auch in der Naturmedizin Anwendung. Auch allgemein bekannte Zitate finden sich in seinem Werk „Naturalis historia", so zum Beispiel:

„In vino veritas“
– Im Wein liegt die Wahrheit.

„Nulla dies sine linea“
– Kein Tag ohne Richtschnur, ohne Sinn.

„Sutor, ne ultra crepidam“
– Schuster, bleib bei deinen Leisten.

Der Dichter Ovid empfiehl den Römerinnen, Milch für geheime Liebesbriefe zu verwenden und darauf Kohlepulver zu streuen; Obstsäfte, Zwiebelsaft, Essig, Natriumcarbonat-Lösung und anderes kann man auch verwenden.

Ich habe unter Anleitung viele Versuche mit den einzelnen „Tinten“ durchgeführt. Wir verwendeten dabei nur einfachste und leicht zu beschaffende Substanzen. Es gehörte doch etwas Übung dazu, bis das jeweilige Verfahren mit der jeweiligen Substanz gut und schnell gelang, ohne Spuren zu hinterlassen und trotzdem die Lesbarkeit für den Empfänger zu gewährleisten.

Die gesamte Einrichtung der Ausbildungsstätte machte auf mich den Eindruck, als würde sie schon viele Jahre für eben diese Zwecke benutzt. Sicherlich hatten schon viele vor mir hier eine ähnliche Grundausbildung für den Einsatz als „Kämpfer für den Frieden“ erhalten.

Die Hauptthemen der Tagesablaufpläne waren beispielsweise:

- das immer schnellere fehlerfreie und sichere Geben und Aufnehmen von Morsezahlen
- technische Unterweisung an den Funkanlagen
- Herstellen der Einsatzbereitschaft des Funkgerätes auch unter schwierigen Bedingungen

- Kennenlernen von wichtigen deutschen Dokumenten und der dazugehörigen Stempel für die Legenden
- Waffenkunde deutscher Waffen (war leicht!)
- Spionageliteraturauswertung, Gedächtnistraining, Legendenbildung
- Haltung bewahren in schwierigen Situationen
- praktische Stresstests
- Überlebenstraining in Theorie und Praxis
- Industrie-Gebäudeerkennung im Gelände und nach Karte
- Fallschirmsprung-Training

Im Schulungsraum der Funkausbildung war ein Schaltpult mit Mikrofon und Abhöranlage vor uns aufgebaut, der Ausbilder saß somit vor unseren Lernkabinen und konnte uns immer beobachten. Damit war abgesichert, dass wir angehenden Funker der Sowjetarmee keinerlei Kontakt untereinander hatten. Anderseits konnte der Ausbildungsoffizier jedem Einzelnen seine Anweisungen geben und damit die Ergebnisse der Aufgaben gut kontrollieren. Nur allgemeine Informationen wurden der gesamten Gruppe mitgeteilt.

Die wichtigste Tätigkeit, die wir ausübten, bestand für uns darin, das Geben und Empfangen der Morsesignale in immer schnellerem Tempo und ohne Fehler in den Übungszellen zu erlernen. Wenn Fehler auftraten, gab es weniger Freizeit, dafür Nachhilfe, bis die nötige Schnelligkeit erlangt war. Da kam es auch vor, dass man nach Fehlern nur noch alleine im Raum saß. Ich hatte das Glück, wegen guter Leistung sehr oft als Erster den Raum verlassen zu können. Das war sehr schön, denn so konnte ich meine wenige Freizeit voll genießen. Dabei konnte ich mir immer noch keinen Reim darauf machen, was um mich herum geschah und was man mit uns vorhatte. Ich fand keine befriedigende Antwort, nur eins war sicher: durchhalten und abwarten, wie es weitergeht. Es war sicherlich besser, hier zu sein, als in einem Kriegsgefangenenlager in Sibirien zu arbeiten.

Am Anfang fehlte mir noch die nötige Schnelligkeit beim Geben der Morsesignale, ich musste mich erst auf das russische Funksystem umstellen. Das war für mich eine sehr große Herausforderung. Bei der Wehrmacht hatte ich einerseits eine sehr hohe Schnelligkeit im Geben und Empfangen der Morsesignale erreicht, aber als wir in den Schulungsraum kamen, bekam jeder für sich seine eigene Kabine. Darin befand sich aber keine normale Morsetaste, wie ich sie kannte, sondern eine Klappertaste (ich nannte sie so, weil damit nur Ziffern durch Hin- und Herbewegen eines Zeigers gegeben werden konnten). Ich musste eine vollkommen neue Fingerhaltung erlernen, und diese Umstellung auf die neue Technik fiel mir am Anfang sehr schwer. Aber auch hier galt: Übung macht den Meister. Die Verschlüsslung der Texte bereitete mir in der Anfangszeit der Umstellung ebenfalls große Schwierigkeiten, weil das russische Morseverfahren wie schon gesagt keine Buchstaben, sondern nur Zahlen verwendet. Neben dem Funken ging es vor allem um das Verschlüsseln und das Entschlüsseln von Texten. Dabei wurden meistens Bücher von bekannten Autoren verwendet, sicherlich um seriös und unverdächtig zu wirken. Derjenige, der die Nachricht sendet, und der Empfänger haben das gleiche Buch. Der Sendende benutzt Textseiten des Buches zum Verschlüsseln, der Empfänger kennt den Code und kann die Nachricht entschlüsseln.

Nachdem wir ein wenig Übung mit der uns ungewohnten Technik hatten, wurde uns unser neues Arbeitsgerät präsentiert. Ein Funkgerät in der Größe 10 mal 10 mal 12 Zentimeter. Während meiner Ausbildung hatte das sehr störanfällige Tornister-Funkgerät ein Gewicht von über fünfundzwanzig Kilogramm. Das kleine sowjetische Funkgerät wog dagegen nur 1,5 Kilo und war nach dem damaligen neuesten Stand der Technik gebaut.

Nach einer kurzen Einweisung durch den Offizier über Hauptfunktion und Wirkungsweise des kleinen Gerätes bekamen wir die Schaltpläne ausgehändigt, um mit ihrer Hilfe die einzelnen Stromflüsse im Gerät nachvollziehen zu können. Dies fiel mir nicht weiter schwer, da ich das nötige technische Grundwissen hatte. Die Bedienung des Funkgerätes war sehr einfach und die weitere Ausbildung erfolgte nur noch an diesem Gerät. Jetzt erinnerte ich mich wieder: Beim zweiten Verhör sollte ich einfache Schaltpläne erklären. So wollten die Russen überprüfen, ob ich tatsächlich Kenntnisse auf dem Gebiet der Elektrotechnik besaß, wie ich im Gefangenenlager angegeben hatte.

Trotz meiner Vorkenntnisse dauerte es eine Weile, bis ich die Schaltung des Funkgerätes halbwegs beherrschte. Die Schwierigkeit bestand darin, dass man neben der Schaltung auch noch jedes einzelne technische Teil und seine Parameter erkennen musste. Am schwierigsten war es jedoch, wenn ich das Funkgerät in seine Einzelteile zu zerlegen hatte und in Taschen und anderen Gegenständen verstecken musste. Danach musste ich das Funkgerät wieder zusammenbauen, sodass es voll funktionsfähig war. Nachdem ich das beherrschte, musste ich die gleiche Übung mit verbundenen Augen absolvieren. Das war natürlich eine noch größere Herausforderung: Das Zerlegen ging noch, aber beim Zusammenbau ging am Anfang nicht alles glatt. Ich verwechselte Widerstände und Kondensatoren und andere Teile.

Es verging viel Zeit, bis es mir gelang, diese Übung zu meiner und der Zufriedenheit der Ausbilder zu meistern. Es ging darum, sich die kleinsten Unterschiede der einzelnen Geräteteile zu merken. Bei einer Nachtübung dann zerlegte der Ausbilder das Funkgerät, und ich musste es wieder zusammenbauen. Es dauerte Stunden, aber es gelang. Erst dann konnte ich meinen Standort per Funk übermitteln und wurde völlig durchgefroren aufgegriffen, aber Übung macht den Meister. Solche Tätigkeiten lenkten ab, und man konnte für kurze Zeit vergessen, in welcher Lage man sich gegenwärtig befand.

Darüber hinaus lernten wir, welche Ausweise, Dokumente und Stempel in welcher Situation und bei welcher Tätigkeit Gültigkeit hatten. Es war gar nicht so einfach, die verschiedenen Möglichkeiten auseinanderzuhalten. Einmal war ich Wehrmachtsangehöriger auf Urlaub, einmal ein vom Kriegsdienst Freigestellter. Die Frage war, wie ich mich bei Ausweiskontrollen zu verhalten hätte. Da hatte ich ja schon einige praktische Erfahrung ...

Nach meiner Entlassung aus dem Glogauer Lazarett in Schlesien im September 1944 bekam ich einen Marschbefehl zu meiner früheren Einheit, die sollte sich im Raum Debrecen in Ungarn befinden. Zuerst fuhr ich nach Budapest, dann weiter in Richtung Debrecen. Ich suchte mehrere Tage, bis ich von Feldjägern gestellt wurde. Diese wollten mir zuerst nicht glauben, dass ich schon tagelang auf der Suche nach meiner alten Einheit war. Schließlich bekam ich aber doch noch auf den abgelaufenen Marschbefehl die nötigen Stempel und konnte die Suche nach meiner Einheit fortsetzen. Die vagen Hinweise der Feldjäger sollten mir dabei helfen. Nach einigen Tagen griffen mich die Feldjäger erneut auf, diesmal teilten sie mir mit, dass meine Armeegruppe nach Ostpreußen verlegt worden sei. Ich bekam einen neuen Marschbefehl nach Braunsberg zur Offiziersanwärter-Weiterbildung. Ich fuhr zurück nach Budapest, blieb dort einige Tage und bekam eine Verlängerung des Marschbefehls, zuerst einmal nach Wien. In Wien angekommen suchte ich die Dienststelle, die meinen Marschbefehl mit den nötigen Stempeln versehen musste, dazu bekam ich

Marschverpflegung für drei Tage. Nach einer Übernachtung überlegte ich, wie ich weiter vorgehen sollte. Im Gespräch mit anderen Soldaten traf ich auf einen, der auch nach Ostpreußen wollte. Er wäre sich aber nicht sicher, ob die Fahrt über Posen noch möglich sei, denn die Frontlinie wäre unübersichtlich.

So kam ich auf die Idee, es mit einer Weiterfahrt über Leipzig zu versuchen. Ich setzte mich also in den Zug nach Leipzig, um Ostpreußen zu erreichen. Nach stundenlanger Fahrtzeit mit einigen Unterbrechungen wurde ich wieder von Feldjägern kontrolliert, die mir erst nach langen Erklärungen den Stempel und die Weiterfahrt gewährten. Trotz allem erreichte ich so den Hauptbahnhof in Leipzig und war glücklich.

Ich erkannte den zerstörten Bahnhof kaum wieder und musste mich erst einmal zurechtfinden. Es gab nämlich zum Verlassen des Bahnhofes keinen normalen Weg mehr. Aus dem Hauptbahnhof gelangte ich nur noch über unterirdische Notausgänge auf Trampelpfaden, die durch Trümmerhaufen führten.

Die Bahnanlagen und die Haupthalle waren durch die Bombenangriffe komplett zerstört. Das war ein unheimlicher Anblick, der mich mehr an Niederlage als an Sieg erinnerte. Ich irrte erst etwas herum, bis mir ein Feldjäger, nachdem er meine Papiere geprüft hatte, den Weg zur nächsten Meldestelle für Wehrmachtsangehörige zeigte. Diese war nicht weit vom Hauptbahnhof entfernt und befand sich neben der Oper, in den ehemaligen Grünanlagen. Als ich dort ankam und die Verlängerung meines Marschbefehls verlangte, wurde ich erst einmal anderen Feldjägern übergeben, denn der Weg von Ungarn über Leipzig nach Ostpreußen war für sie zuerst nicht nachvollziehbar, und sie verlangten eine Erklärung. Ich gab an, dass man mir in Wien die Empfehlung gegeben hatte, über Leipzig zu fahren, weil dies die sicherste Fahrtroute sei, und das hätte ich getan. Ich würde doch den Frontverlauf und die

Sicherheit der Fahrstrecken nicht kennen. Meine gespielte Unwissenheit überzeugte sie. Nach langen Verhören war man sich noch unschlüssig, gab mir aber doch die nötigen Stempel und Marschverpflegung und erteilte mir für drei Tage Ruhe bis zur Weiterfahrt. Stunden später war ich zu Hause und machte Urlaub! Was für ein unverhofftes Wiedersehen mit den Eltern und Bekannten. Das erste Wiedersehen nach meiner Einberufung, was waren das für schöne Stunden! Ich hörte aber auch, wer von meinen Schulfreunden schon gefallen oder vermisst war. Und das trübte die so heitere Stimmung doch gewaltig.

Doch zurück zum Lehrplan in meinem neuen Sondergefängnis, oder soll ich lieber Agentenschule sagen? Es ging auch um die Frage, wie ich mich in einer mir fremden Umgebung anpasse, ohne aufzufallen und enttarnt zu werden. Der Hauptgrund für die Enttarnung von Kundschaftern war oft ihr leichtfertiges Verhalten in der Stadt oder auf freiem Gelände gewesen. Für alle Situationen und Gelegenheiten müsste deshalb immer eine glaubhafte Legende zur Hand sein. Es dürften keinerlei Spuren hinterlassen werden, die zur Enttarnung führen könnten. Eine andere Identität anzunehmen bedarf einerseits einer langen Vorbereitung, um bei einem unvorhersehbaren Zwischenfall authentisch zu wirken, andererseits aber auch schneller Entscheidungen, wenn es die veränderte Lage erfordert. So muss das Verhalten eines Wehrmachtsangehörigen seinem Dienstgrad, seiner Kleidung und seinem Benehmen entsprechen, ebenso bei einem Arbeiter oder Ingenieur, auch die Einrichtung der Wohnung und sein ganzer Habitus müssen auf die neue Identität ausgerichtet sein. Der Lebensstil muss der Umgebung angepasst und so unauffällig wie nur möglich gehalten werden. Alkohol oder alles, was die Reaktionsfähigkeit mindert, ist zu vermeiden. Sollte man doch einmal in eine Kontrolle geraten, gilt es, äußerlich Ruhe zu bewahren, auch wenn es im Innern ganz anders aussieht, und blitzschnell zu überlegen, welche Antworten man geben könnte, um seine wahre Identität zu tarnen.

Auch sollte man immer solche Entscheidungen treffen, die der Gegner nicht erwartet. Panik ist dabei das größte Problem. Schnelles Weglaufen ist verräterisch, dagegen helfen Ruhe und selbstsicheres Auftreten meist weiter. Gleichzeitig sollte man die Umgebung nach einer guten Unterschlupfmöglichkeit absuchen, um schnell abtauchen zu können. Die weitere Vorgehensweise sollte man sich genau und ruhig überlegen. Es gilt, Zeit zu gewinnen, bis sich die Lage beruhigt hat. Erst wenn man glaubt, dass die Luft wieder rein ist, kann man sich erneut der gestellten Aufgabe widmen.

Es kam eine Erinnerung auf. Tarnung im Gelände vorzunehmen war nicht immer einfach, denn das hatte man mir schon bei der Offiziersanwärter-Ausbildung beigebracht. Meine schwierigste Aufgabe war es damals, mich als Birkenstamm zu verkleiden. Man musste dafür genügend Birkenrinde für den gesamten Körper schälen und sich danach an die Kleidung heften, um dann als getarnter Artillerieposten stundenlang auszuharren.

Mit der Kleinbildkamera, die gerade 1 mal 1 mal 7 Zentimeter maß und die mir bei der russischen Ausbildung als Funker übergeben wurde, lernte ich, unbeobachtet gute Bilder zu schießen und Dokumente abzulichten. Viel interessanter war es jedoch, in welchen Verstecken (Koffern, Taschen, Jacken, Büchern) man die Kamera ohne Probleme benutzen konnte.

Eine wichtige Aufgabe bestand darin, „tote Briefkästen“ einzurichten. Wir mussten uns immer wieder neue Varianten ausdenken, wie wir geheime Nachrichten, zum Beispiel Filmmaterial oder Dokumente, an sicheren Orten hinterlegen und für den richtigen Empfänger kenntlich machen konnten.

Aber auch das Türöffnen mit einem Dietrich und anderen Werkzeugen wurde ausprobiert.

Die Ausarbeitung von Legenden war sehr schwer und wurde so lange geübt, bis es in einem simulierten Verhör vom Ausbilder als gut befunden wurde.

Uns wurden somit Verhaltensregeln eingetrichtert, wie man beim Einsatz aus den pragmatischen Beobachtungen und psychologischen Erkenntnissen die richtigen Maßnahmen zur Erfüllung der gestellten Aufgaben ziehen sollten.

Ich fühlte mich manchmal wie ein Analysand, der eine Behandlung bei Sigmund Freud erhielt.

Persönliche Kontakte mit den russischen Ausbildern gab es fast nicht. Unter uns Deutschen waren sie nicht erwünscht. Nach einem anstrengenden Tag konnte man sich beim Lesen in der vielseitigen Bibliothek entspannen.

Deshalb war ich überrascht, als ein gemeinsamer Saunabesuch angekündigt wurde. Ich wusste nicht, was eine Sauna war, und war gespannt, was da auf mich zukommen würde. Am Rande des Geländes befand sich eine unscheinbare kleine Hütte, die ich bisher gar nicht richtig wahrgenommen hatte. Wir sollten uns im Vorraum der Hütte ausziehen und nur ein Badetuch mitnehmen, dann gingen wir in den Saunaraum. Welche Überraschung – die Hitze im Inneren war fast unerträglich, nach einiger Zeit wurde Wasser auf die heißen Steine gegossen und jeder bekam einige Birkenzweige in die Hand gedrückt. Mit diesen Birkenzweigen peitschte ich mich, nachdem ich die Russen lächelnd beobachtet hatte. Nun versuchte ich also, es genauso wie unsere Ausbilder zu machen. Es war angenehm, wie sich die Haut rötete. Dann schlugen wir uns unter Lachen und Fluchen gegenseitig. Nach angenehmen 20 bis 30 Minuten war der Saunabesuch beendet, und alle

Saunierer veranstalteten gut gelaunt eine Schneeballschlacht vor der Sauna. Diese Abkühlung war nach der Hitze sehr angenehm. Bei solchen fröhlichen Ereignissen vergaß ich zeitweise, wo ich mich befand. Jetzt wusste ich, was eine Sauna ist, und nahm jede Möglichkeit wahr, diese wieder zu besuchen. Neben der körperlichen Ertüchtigung stand täglich ein Krafttraining als Ausgleich zu unserer Schulung auf dem Plan. Der harte, auf Ausdauer und Härte angelegte Ausgleichssport erinnerte mich stark an meine Ausbildung als Offiziersanwärter, bei der es ähnlich streng zugegangen war. Nach einem solchen anstrengenden Tag war der Saunabesuch eine regelrechte Erholung.

Nach einigen Wochen wurde uns eines Tages mitgeteilt, dass wir am nächsten Tag nach Moskau in den „Zentralen Maxim-Gorki-Park für Kultur und Erholung" fahren würden, in den schönsten Park für die Werktätigen des Sowjetlandes. Was für ein Gefühl: Vor Kurzem war ich noch als Kämpfer für den deutschen Endsieg in Ostpreußen stationiert gewesen, jetzt befand ich mich auf dem Weg nach Moskau zu einem Erholungspark – als ein Deutscher, der von der Roten Armee zu Spionagezwecken ausgebildet wurde.

Das hatte ich mir in meinen kühnsten Träumen nicht vorgestellt. Auf der Fahrt nach Moskau machten wir halt, und es wurde uns an der „Wolokolamsker Chaussee"[5] die Stelle gezeigt, wo der deutsche Vormarsch gestoppt wurde. Man konnte sich nur schwer vorstellen, dass die deutsche Wehrmacht schon bis nach Deutschland zurückgedrängt worden war. Was für ein Unheil hatte der Krieg angerichtet! Ich fühlte mich an Napoleon erinnert, der auch versucht hatte, Russland zu besiegen, und so schmählich gescheitert war, genauso würde es Deutschland in der jetzigen Ausein-

5 Die Wolokolamsker Chaussee wurde von Heiner Müller künstlerisch verarbeitet.

andersetzung ergehen. Nach einer kurzen Gedenkminute für die Gefallenen fuhren wir weiter.

Der Gorki-Park liegt am rechten Ufer der Moskwa, seine Fläche beträgt etwa 1,2 Quadratkilometer.

Ich war überrascht von dem fröhlichen Treiben, es machte auf mich nicht den Eindruck, als ob noch Krieg gegen Deutschland geführt würde.

Die Fußwege im Park waren zu Eisbahnen umfunktioniert. Ich genoss die ausgelassene Stimmung. Eine weitere Überraschung: Unser Ausbilder fragte uns lächelnd, ob wir denn nicht auch Schlittschuh laufen möchten. Das ließen wir uns nicht zweimal sagen und gingen zur nächsten Ausleihstation. Ich hatte das Schlittschuhlaufen noch nicht verlernt und konnte gut mithalten, wenn wir über die Wege sausten. Besonders beeindruckt war ich von dem vielfältigen Kulturprogramm: Tanz vor vielen Bühnen und an allen Ecken Imbissstände. Was für ein Treiben, ich konnte nicht glauben, wie friedlich die Welt für viele noch war, doch ich genoss die fröhliche Stimmung. An den Imbissständen bekamen wir die landesüblichen Köstlichkeiten: Pelmeni[6] in feiner Fleischbrühe und Sahne oder Soljanka. Für kurze Zeit fühlte ich mich nicht wie ein Kriegsgefangener, sondern wie in einer anderen Welt.

Aber ich war nicht nur zum Vergnügen hier. Nach dem Schlittschuhlauf führte uns unser Weg ins Ausstellungsgelände des Parks, wo eine große Menge von der Sowjetarmee erbeuteter feindlicher Kriegstechnik, die zu dieser Zeit verwendet wurde, ausgestellt war. Vor den Hallen auf der Freifläche waren außerdem die schweren deutschen Waffen aller Waffengattungen und Flugzeuge zu sehen. In einer großen Halle wurde alles andere deutsche Kriegsmaterial gezeigt, es war überwältigend. Vieles kannte ich aus meiner Aus-

---

6 Russische Teigtasche.

bildungszeit als Offiziersanwärter. Nach einer ersten Besichtigung kam ich aus dem Staunen nicht mehr heraus: Was gab es nicht alles zur Vernichtung, welche Vergeudung von Wissen, Material und Arbeitskraft, nur um zu töten oder Macht über andere zu erlangen. Was für ein Irrsinn! Dazu noch dieser unsägliche Rassenwahn, wozu hatte man uns nur benutzt?

Nach der offiziellen Besichtigung wurden wir in einen für die Öffentlichkeit nicht zugängigen Komplex geführt, hier waren noch weitere feindliche Unterlagen und amtliche Dokumente aus Deutschland und den besetzten Gebieten zu sehen. Die Vielzahl der Unterlagen, Stempel, Formulare, Soldbücher, Verordnungen und Anweisungen war in mehrere Abteilungen untergliedert, auch mir bekannte Funkeinrichtungen waren zu sehen.

Nachdem die Besichtigung abgeschlossen war, bekamen wir unabhängig voneinander Aufgaben gestellt. Wir mussten die Echtheit der vorgelegten Unterlagen erkennen. Ich konnte zur Zufriedenheit meines Ausbilders alle Fragen über den Einsatz der Dokumente richtig beantworten, hatte die Prüfung also bestanden. Bisher hatten wir in der Ausbildung nur einen kleinen Teil der Dokumente zu Gesicht bekommen, aber durch die Vielzahl der Unterlagen und der einhergehenden Möglichkeiten war die Aufgabenstellung im Museum viel schwerer. Bei der Prüfung hatte ich aber die richtigen Unterlagen für meine angenommene Identität finden können. Immer wieder galt es, Dokumente oder Stempel für bestimmte Situationen anzuwenden, immer neue Varianten wurden erdacht, es war viel zu beachten; Fehler wurden sofort korrigiert und ausgewertet unter genauer Darlegung der Folgen bei einer möglichen Kontrolle. Spätestens jetzt wurde mir deutlich, welche Gefahr die Nichtbeachtung von Vorschriften mit sich bringen konnte.

Der Ausbilder gab mir noch einen guten Ratschlag: „Wenn du

illegal unterwegs bist, merke dir immer einen Ort, den du vor einiger Zeit hinter dir gelassen hast. Bei einer plötzlichen Kontrolle kannst du diesen für deine Identität oder deinen erdachten Arbeitsort benutzen.“ Diesen Hinweis sollte ich mir merken. Er hat mich später zweimal vor dem frühzeitigen Ende unserer Flucht bewahrt.

Der Krieg ging dem Ende entgegen. Hitler war nicht mehr am Leben. Deutschland hatte bedingungslos kapituliert. Wie aber würde es mit mir weitergehen?

Dann kam die Mitteilung: Der Tag des Sieges wird im ganzen Land als Feiertag gefeiert. Das Überraschende war, dass auch wir unsere guten Sachen anziehen und uns im Schulungsraum einfinden sollten. Dort fand eine kurze Siegesfeier mit reichlich Wodka statt. Danach erfolgte der Befehl, dass wir zur Siegesfeier nach Moskau fahren würden.

Was für eine Freude bei den Armeeangehörigen! Auf der Fahrt nach Moskau wurden nur russische Freiheitslieder gesungen, in Moskau gelangten wir mit unseren Sonderausweisen bis zum Roten Platz. Den ganzen Tag bis tief in die Nacht waren wir von einer siegestaumeligen Menge umgeben, überall erschallten Hochrufe auf „Väterchen Stalin, den Retter des Landes“. Einerseits verspürte ich Freude über das Ende des Krieges, andererseits drängten sich Fragen auf: Wie geht es weiter, was wird aus mir, was bleibt von Deutschland übrig? So stand ich auf dem Roten Platz in Moskau unter Tausenden Russen, die mit Freude das Ende des Krieges feierten, doch ich fühlte mich sehr einsam und etwas hilflos. Was hatte dieser Krieg doch für Unheil angerichtet! Würden die Sieger nun den Plan der Teilung Deutschlands und die neuen Grenzen im Osten so verwirklichen, wie ich es an den Wänden in unserem Schulungsraum gesehen hatte? In den Beschlüssen der Alliierten von Teheran und Jalta vom 4. bis 11. Februar 1945 hatten sie die bedingungslose Kapitulation Deutschlands, die Entnazifizierung und Entmilitarisierung beschlossen. Ich fand keine Antworten …

Nun begannen weitere Vorbereitungen für unseren Einsatz: Absetzen im unbekannten Gebiet, danach Orientierung in der ungewohnten Umgebung, das vorgegebene Ziel finden, Funkgerät instand setzen und funken. Die ersten Übungen zum Erlernen eines Fallschirmabsprungs waren nicht einfach, aber eine Abwechslung: Beinhaltung beim Abrollen des Körpers, Springen aus verschiedenen Höhen sowie andere schwierige körperliche Aufgaben wurden immer wieder durchexerziert.

Das Bedienen und Handhaben der Minikamera musste ebenso erlernt werden, um in jeder Situation gute Aufnahmen machen zu können. Auch das Verstecken der Bildkassetten unter allen möglichen ungünstigen Bedingungen wurde geübt. Bei einem Aufenthalt 1952 in Moskau erwarb ich im Kaufhaus GUM lächelnd eine solche Kamera für meinen Privatgebrauch, als Erinnerung an meine Gefangenschaft.

3. Kriegsgefangenenlager

Eines Tages im August 1945 wurde ich zum Kommandanten befohlen. Dieser teilte mir mit, dass die Einheit nach Beendigung des Krieges aufgelöst würde. Für mich hätte sich damit der vorgesehene Einsatz erledigt. Ich würde zurück ins Kriegsgefangenenlager geschickt. Ich sollte sofort die Zivilkleider ausziehen und die schon bereitliegende Wehrmachtsuniform anlegen. Ich musste nur noch die Verpflichtungserklärungen unterschreiben, keinem etwas über meine bisherige Tätigkeit mitzuteilen. Jede Zuwiderhandlung würde nach den Gesetzen der UdSSR hart bestraft.

Am nächsten Tag wurde ich kurz von meinem Führungsoffizier verabschiedet. Nochmals wies er mich darauf hin, dass ich ab sofort die Zeit bei der Einheit, alle Tätigkeiten und das erworbene Wissen zu vergessen habe, bei Zuwiderhandlung drohte er mir mit harten Strafen. Aber eine gute Mitteilung gab es doch noch: Ich sollte meinen Decknamen ablegen und in meine wirkliche Identität zurückkehren, ich konnte also meinen Namen wieder verwenden. Ich wurde im Jeep befördert, mit dem ich einige schöne Stunden und Ausflüge in den letzten Monaten verband. Nun jedoch ging es ins Ungewisse, ich wusste nicht, wohin die Reise führte und was mich erwartete. Nach einigen Stunden Fahrt machten wir halt vor einem bewachten Eingangstor mit Stacheldrahtzaun.

Der mich begleitende Offizier verschwand, nachdem er sich ausgewiesen hatte, durch eine kleine Pforte im Zaun.

Als er nach kurzer Zeit zurückkehrte, befahl er mir, auszusteigen und zu folgen. Von einem zweiten Soldaten wurden wir in die Eingangsbaracke des Kriegsgefangenenlagers geführt, dort erfolgte die Übergabe meiner Dokumente an den Offizier des Lagers. Vorher hatte er mir nochmals die Legende über meinen bisherigen

Aufenthalt in der Kriegsgefangenschaft eingeschärft: Ich hätte zuletzt eine Antifa-Schule besucht und käme nach deren Abschluss zurück in dieses Lager. Deshalb meine Verlegung in den Kursantenbereich[7] des Kriegsgefangenenlagers 27/3 in Krasnogorsk, über meine weitere Verwendung sollte dort entschieden werden. Noch ein kurzes Zunicken, und ich war Lagerinsasse – und der Offizier verschwunden.

Ich wurde einem deutschen Mitinsassen übergeben, dieser stellte sich als Lagerältester vor, danach begaben wir uns in den Aufenthaltsraum. Er gab mir einige Hinweise zum Tagesablauf und führte mich zu meinem neuen Schlafplatz. Die ersten Tage musste ich mich erst einmal in meiner neuen Lage zurechtfinden, alles war neu für mich, es gab gute Verpflegung und ein eigenes Bett. Viele der Kursanten hatten russische Kriegsauszeichnungen, sie besaßen Ausweise, konnten damit das Lager jederzeit verlassen und sich außerhalb des Lagers frei bewegen. Von dem eigentlichen Kriegsgefangenenlager war dieser Teil durch einen hohen Zaun abgeschirmt.

Viele der Kursanten warteten schon auf die Heimreise nach Deutschland. Sie wollten beim Neuaufbau des vom Faschismus befreiten Landes helfen, zum größten Teil waren sie Mitglied des „Nationalkomitees Freies Deutschland“. Die Zeitung des Komitees lag auch überall aus, so bekam ich erste Nachrichten über das aktuelle Geschehen in Deutschland und die Verbrechen des Faschismus. Wie waren wir doch belogen worden! Manchmal wollte ich es nicht glauben, denn die Wahrheit war so grausam, und man hatte es einfach nicht gewusst.

Es war eine besondere Atmosphäre unter den Kursanten. Auf der einen Seite gab es die ehemaligen Kämpfer der Roten Armee,

---

7 Russisches Wort für Schüler.

welche zeigten, dass sie zu den Siegern der Geschichte gehörten. Sie waren Emigranten aus Deutschland oder ehemalige Wehrmachtsangehörige, die sicherlich nach einer ähnlichen Ausbildung wie ich den Fronteinsatz gesund überstanden hatten.

Auf der anderen Seite standen andere Wehrmachtsangehörige, die eine Sonderstellung als hohe Offiziere genossen oder andere Gründe aufwiesen, um nicht im normalen Kriegsgefangenenlager untergebracht zu werden.

Ich war so einsam und beobachtete, wie die Generäle der Wehrmacht ihren Tagesablauf genau geregelt hatten, zum Teil noch mit einer Ordonnanz. Es war so lächerlich, wenn sie eine Zeremonie daraus machten, ein Stück Brot zu essen, bei strammer Haltung und strikter Einhaltung der gelernten Essmanieren. Die Scheibe wurde vor dem Essen auf einem Brett in sechzehn gleiche Teile geteilt, es war alles so komisch. Ich konnte mich in die neue Umgebung nicht einordnen und sonderte mich ab.

Nachdem sich einige nach Deutschland verabschiedet hatten, keimte in mir neue Hoffnung auf: Sollte ich auch so ein Glück haben und so schnell nach Hause kommen? Ein Kuriosum des Lagers waren auch einige Musiker, die gehofft hatten, im Winter 1941 zur deutschen Siegesfeier in Moskau spielen zu dürfen. Stattdessen gehörten sie sicherlich mit zu den ersten Kriegsgefangenen.

So lebten wir bei guter Verpflegung, lasen und spielten Karten. Ein Tag war wie jeder andere, keiner sprach über sich, alles war geheim, es war eben das Sonderlager 27/3.

Eines Tages wurde ich zu einem Offizier bestellt, der mir eröffnete, dass meine Quarantäne nun beendet wäre. Ich käme jetzt zu den anderen Kriegsgefangenen. Damit waren meine Träume beendet, und die Gefangenschaft begann von Neuem.

Es war eine gewaltige Umstellung: Zuerst einmal musste ich zum Frisör, denn meine Haare waren etwas gewachsen.

Im Lager gab es nur Glatzen, auch alle anderen Körperhaare wurden entfernt. Danach ging es zum Entlausen, obwohl ich keine Läuse hatte. Meine Anmerkung, ich wäre sauber, wurde geflissentlich überhört. Schließlich wurde mir mein Liegeplatz zugewiesen: Auf der Pritsche konnte man nur seitlich zusammengepfercht liegen, mehr Platz war für mich nicht vorhanden. Als Verpflegung gab es ein Stück Brot und Wassersuppe. Was für eine Umstellung! Wieder kahl geschoren, keine Bekannten und Freunde, ganz allein.

Ich erinnerte mich, als ich auf der Pritsche lag, an den Hinweis des Offiziers, der mich ins Lager entlassen hatte. Er bemerkte noch, such doch das Antifa-Komitee[8] auf, dort kannst du bei der Umerziehung der Faschisten mitwirken. Nach einigen Tagen suchte ich die Räume des Antifa-Komitees auf.

Ich wurde freudig wie ein verlorenes Schaf aufgenommen,[9] sie zeigten mir die gleichen Bildtafeln von Deutschland mit den Besatzungszonen, die ich von meiner Ausbildung schon kannte, und viele Agitationsschriften und Bilder.

Sie erklärten mir, ihre Aufgabe bestehe in der Umerziehung von uns ehemaligen Wehrmachtssoldaten zu guten Kämpfern für den Frieden. Sie wollten mich sofort in den Antifa-Kurs eingliedern.

Bei der Aufnahme meiner persönlichen Daten kam auch die Frage, in welchen Lagern ich bis jetzt die Gefangenschaft verbracht habe. Die Wahrheit konnte ich nicht sagen, denn ich hatte mich ja verpflichtet, keinem darüber Auskunft zu geben. Kurze Bemerkung, ich komme aus dem Kursantenbereich des Lagers.

Da war Funkstille.

Ich glaube, sie sahen in mir auf einmal einen Konkurrenten, oder war ich einer, der in Ungnade gefallen war?

---

8 Antifaschismuskomitee des „Nationalkomitees Freies Deutschland".

9 Lukas 15,4–6; Matthäus 18,12–13.

Sie wollten unsere Zusammenarbeit nochmals überdenken.

Ich hatte genug von ihnen. Es gab keine weitere Begegnung.

Am Morgen ging es zum Appell, danach marschierten wir in die Fabrik. Die Haupttätigkeit bestand darin, ankommende Güterzüge mit demontierten Teilen aus den Zeiss-Jena-Werken zu entladen und in den leeren Hallen zu lagern. Die ehemaligen Optikfabrikanlagen waren 1941 beim Vormarsch der Deutschen evakuiert und in den Ural transportiert worden. Was würde aus den leeren Fabrikanlagen in der Heimat werden, was sollte dort ohne diese Maschinen und Anlageteile, die hier zum Teil auf dem Schrottplatz landeten, gefertigt werden? Es stimmte einen nachdenklich, denn diese Anlagen könnten doch auf ihren alten Standorten für die schnelle Produktion dieser Weltmarke „Zeiss Jena" sorgen. In der Geschichte bestimmten eben schon immer die Sieger die Spielregeln, wie es weitergeht. Grenzen wurden verändert, Menschen umgesiedelt und die Gefangenen wurden zu Arbeitssklaven ohne Rechte. Ein Beispiel dafür ist die Aufteilung des Osmanischen Reiches Anfang des 20. Jahrhunderts mit dem Vertrag von Sèvres vom 10. August 1920. Dieses Abkommen bedeutete die Aufteilung unter den Kolonialmächten, die Unterdrückung ganzer Völker und ihrer Religionen.

Als die Entladung beendet war, wurde jemand gesucht, der Ahnung vom Metallgießen und Formen hatte. Da sich keiner meldete, sagte ich, ich hätte während meines Ingenieurstudiums zwei Semester Formen und Gießen als Elektriker belegt und dabei in einer Gießerei praktische Erfahrungen auf diesen Gebieten erworben.

Ich wurde daraufhin mit dem Aufbau und der Inbetriebnahme der Gießerei beauftragt und bekam noch zwölf Mitgefangene zur Unterstützung zugewiesen. Bei der Vorbereitung der Inbetriebnahme der Induktionsöfen musste ich feststellen, dass die Temperaturregeleinrichtungen fehlten. Daraufhin wurde mir gesagt, dass es dann auch ohne diese gehen müsse, was dabei zu Bruch ginge, würde weggeschmissen, es wäre ja genügend Ersatz vorhanden. In der neuen Gießerei wurden insbesondere Spritzgussgehäuse für Kameras hergestellt; auch hier stellte ich bei der Inbetriebnahme fest, dass die Gleichrichter fehlten. Es war schon ersichtlich, dass die wichtigen Temperaturmessgeräte und Regelanlagen an den Präzisionsmaschinen absichtlich ausgebaut oder geklaut worden waren. Diejenigen, die dies getan hatten, waren sehr mutig und haben viel riskiert, um die Verwendung der Anlagen in der UdSSR zu erschweren. Bei meiner neuen Tätigkeit ergab sich ein guter Nebenerwerb: Eine Frau brachte mir eine Herdplatte und dazu Ringe mit, mit der Bitte, daraus eine neue Platte und Ringe zu gießen. Peu à peu entwickelte sich so ein kleiner Handel, auch andere kleine Artikel stellte ich für den täglichen Bedarf schwarz her. Viele der Dinge, die ich herstellte, eigneten sich als Tauschobjekt für etwas Essen. Der Hauptanteil der Einnahmen ging allerdings an unsere Aufseher.

Montag, 24. Dezember 1945, Heiligabend – mein erstes Weihnachten in Gefangenschaft. Ich lag nach der Arbeit durchgefroren und hungrig auf meiner Ruhestätte. Anders konnte ich diese Pritsche nicht nennen, denn ein Umdrehen war nicht möglich. Wir schliefen wie die Heringe in einer Dose zusammengedrängt, und ich starrte vor mich hin. Ich schwelgte in Erinnerungen an schöne Stunden in meinen Kinderjahren, die, so schien es mir, so lange zurücklagen.

Ich hatte ein sonderbares Gefühl der Verlassenheit und Einsamkeit. Sollte das etwa alles gewesen sein? Ich war ein wenig sentimental …

Was kam einem in einer solchen Situation so alles in Erinnerung: schöne Tage mit Freunden zum Beispiel, bei einer Fahrradrundfahrt quer durch den Harz mit meinem Schulfreund Wolfgang Rudolf. Die erste Etappe über 140 Kilometer führte uns nach Stolberg. Wir waren von der Fahrt sehr erschöpft und verbrachten einige Tage in Stolberg, bewunderten sein bekanntes sehenswertes mittelalterliches Stadtbild und andere Schönheiten der Stadt.

An die Tage in Stolberg erinnerte ich mich jetzt genau. Wir fanden in der Keksfabrik Witte Beschäftigung.

Das Holzhacken war nicht schwer, aber viel wichtiger, hier konnten wir Ausgehungerten so viele Kekse essen, wie wir wollten. Beim Abschied bekamen wir noch reichlich Keksausschuss als Wegzehrung geschenkt. Aber auch die Vorweihnachtszeit: gemeinsames Stollenbacken bei der Großmutter, das Kosten des Teiges, die Vorfreude auf die Geschenke – es war immer eine so schöne und friedliche Zeit. Jetzt war ich einsam, verlassen und fühlte mich krank. Nachdem ich wieder normal denken konnte, fasste ich einen Plan: Aus dieser Hilflosigkeit gab es nur einen Ausweg: Ich musste überleben, koste es, was es wolle. Ich durfte mich nicht aufgeben, musste alles versuchen, um nicht noch kränker zu werden, und einen Weg finden, die Gefangenschaft so schnell wie nur möglich zu beenden.

Das Lager war durch Neuzugänge, die sich im Kessel Kurland erst nach dem Krieg ergeben hatten, überbelegt. Eines Tages bei starker Kälte wurden wir beim Appell mit Namen aufgerufen und in neue Marschblöcke eingeteilt. Die Nicht-Aufgerufenen traten ihren Gang zur Fabrik an. Unser Marschblock ging nicht zur Fabrik, sondern in Richtung Bahnhof. Dort standen schon die vereisten Viehwaggons für unseren Abtransport bereit. Wir wurden schlimmer untergebracht als Tiere, die Waggons waren völlig überfüllt, Verpflegung und Toiletten waren nicht vorhanden, ebenso wenig Platz zum Hinlegen. Die Fahrt ging sehr langsam voran, bei jedem Halt wurden die Toten nach Anweisung der Bewacher aus dem Zug geworfen. Wohin die Reise ging, wussten wir nicht. Am Ziel angekommen, erkannten wir Leningrad als unsere neue Zwangsheimat. Unsere Unterkunft war ein nicht fertiggestellter mehrstöckiger Wohnkomplex, in den einzelnen Zimmern waren bis zu dreißig Gefangene untergebracht. Dazu hatte man Holzgestelle in drei Etagen so eingebaut, dass es für den Einzelnen fast keine Bewegungsmöglichkeit gab. Beim ersten Arbeitseinsatz im Zentrum von Leningrad hatte ich den Eindruck, dass die Kriegszerstörung bei Weitem nicht so stark war wie in deutschen Städten, zum Beispiel in Leipzig. Unsere Aufgabe bestand darin, in den Frostboden Gräben für Kabel und andere Leitungen zu hauen, denn im Sommer war dies wegen des zu hohen Grundwasserspiegels nicht möglich. Das war schwerste körperliche Arbeit und wir wurden immer wieder angetrieben, doch mit den schlechten Arbeitsbedingungen und Werkzeugen konnten wir nicht die vorgegebenen Arbeitsnormen erbringen. Da halfen auch Schläge mit dem Gewehr nicht, wir hatten keine Ausdauer und Kraft in der Kälte, denn die Mangelernährung mit Wassersuppe und einer Scheibe Brot hatte uns zu sehr geschwächt. Zwei Wochen später wurden wir zu einem neuen Arbeitsort abkommandiert, zu den „Kirow Werken“ (früher: „Putilowskij Werke“).

Wir marschierten in einer Kolonne von circa 180 Gefangenen. Hier warteten schon die demontierten Teile eines deutschen Kraftwerkes auf ihren Einbau.

Bei der Arbeitseinteilung bekam ich aufgrund meiner Vorkenntnisse mit zwölf anderen Gefangenen die Aufgabe, die 1941 nach dem Einfall in die UdSSR ausgelagerten Hochspannungsanlagen des Kraftwerkes wiederaufzubauen. Für mich keine schwere Arbeit und Aufgabe, denn solche Tätigkeiten hatte ich schon während meiner Lehre ausgeführt. Bald wurde ich zum Chef gerufen, um ihm die deutschen Zeichnungen zu erklären, denn die russischen Normen waren mit den deutschen nicht vergleichbar. Mit diesem Vorteil suchte ich mir die Arbeiten so aus, dass ich noch genügend Zeit fand, um erstes Material für eine eventuelle Flucht zu beschaffen, wie Straßenpläne oder Teile davon und andere Informationen aus Zeitungen. Ich musste doch den Standort des Gefangenenlagers so gut wie nur möglich kennen. Ohne die guten Vor-Ort-Kenntnisse brauchte man eine Flucht gar nicht erst zu beginnen, es wären sonst nur Hirngespinste. Meine Fluchtvorbereitungen hatten also schon begonnen.

Ich konnte die Gefangenschaft ab Anfang Mai 1946 nicht mehr ertragen, wurde immer schwächer, bekam erste Ansätze von Wasser in den Beinen und anderen Erkrankungen.

Die Ungerechtigkeit und Schikane durch andere Ländergruppen, sogenannte Polen, Tschechen, Rumänen und andere, war sehr stark. Sie verstanden uns sehr gut, wenn sie nur wollten, da sie, wie wir, ihren Dienst in der Wehrmacht getan hatten. Sie wollten sicherlich ihren Frust, dass sie nun auch zu den Verlierern gehörten, an uns Deutschen auslassen, außerdem hatten sie es mithilfe ihrer Sprachkenntnisse verstanden, alle wichtigen Innenposten im Lager zu besetzen.

Während Offiziersfrauen täglich schwere Taschen mit Lebensmitteln aus dem Lager trugen, mussten wir hungern. Im Gefangenenlager gab es einige schwere Zwischenfälle mit Toten.

Einmal alle vierzehn Tage durften wir in einer Gruppe von dreißig Gefangenen den Waschraum des Lagers besuchen. Der Waschraum war durch einen gesicherten Gang vom Lager getrennt, sodass eine Flucht von hier nicht infrage kam. Als wir einmal friedlich und gesäubert auf dem Rückweg waren, wurden wir vom

Wachturm aus ohne Grund beschossen. Wir gingen alle in Deckung, bis das Maschinengewehrfeuer aufhörte und nur noch die Schreie der getroffenen Kameraden zu hören waren. Neben mir lagen zwei, denen nicht mehr zu helfen war.

Durch diese Begebenheit und die vielen Todesfälle reifte in mir der Plan zur Flucht aus der Gefangenschaft. Ich versuchte, mir Klarheit über den Standort des Lagers zu verschaffen, und recherchierte erstmals einen möglichen Fluchtweg. Der erste Gedanke war natürlich, den Lagerzaun zu überwinden oder vom Waschraum aus zu fliehen. Ich eruierte deshalb den günstigsten Zeitpunkt und die ungesichertste Stelle im Zaun. Alle meine Fluchtwege hatten allerdings wegen der besetzten Wachtürme und der gesicherten Zäune nur wenig Aussicht auf Erfolg.

Wer sich zu einer Flucht aus der UdSSR-Gefangenschaft entscheidet, ist verzweifelt und sieht keinen anderen Ausweg mehr. Die Lage erscheint hoffnungslos, und man sieht das eigene Ende voraus, wie es schon viele andere vor einem erfahren haben. Auch wenn man bereits gescheiterte Fluchtversuche miterlebt hatte, so hielt einen das nicht vom einmal gefassten Entschluss ab. Ich wollte und konnte nicht so weiterleben. Wenn andere auch bei ihrem Fluchtversuch scheiterten, bei mir, so war ich fest entschlossen, musste er durch gut überlegte Vorbereitungen gelingen.

Wenige Tage zuvor durften wir nach der Rückkehr vom Arbeitseinsatz nicht sofort wegtreten. Es erschien der Lagerkommandant, der im barschen Ton den Befehl gab, in Marschordnung zu verharren. Es wurde uns mitgeteilt, dass ein Gefangener geflohen sei. Wir müssten so lange ausharren, bis er gefasst sei. Einige fielen um und blieben liegen. Nach mehreren Stunden wurde ein fast Lebloser vor unsere Reihen geworfen. Der Lagerkommandant meinte nur lapidar: „Jedem, der versucht zu fliehen, wird es genauso ergehen." Ich habe den unbekannten Kameraden nie wiedergesehen.

Goethes Gedicht ging mir in dieser Zeit nicht mehr aus dem Sinn: „Nur wer die Sehnsucht kennt, weiß, was ich leide, allein und abgetrennt von aller Freude."...

Ich hatte nicht nur Sehnsucht nach Freiheit, ich konnte die Gefangenschaft nicht mehr ertragen und war sehr verzweifelt. Um etwas an dem Zustand zu ändern, konnte ich nicht mehr nur tatenlos danebenstehen, sondern musste etwas unternehmen. Gleichzeitig hatte ich große Zweifel, ob eine Flucht überhaupt glücken würde.

In einer so ernsten persönlichen Lage ist der Wille zu überleben die einzige Hoffnung.

Ich hatte auch das Buch „Du contrat social" von Jean-Jacques Rousseau[10] verschlungen. Mir ist folgende Maxime in Erinnerung geblieben: „Auf seine Freiheit verzichten, heißt auf seine Menschenwürde, Menschenrechte, selbst auf seine Pflichten verzichten."

Also immer wieder nach Fluchtmöglichkeiten suchen.

Ich war beim Wiederaufbau des werkseigenen Kraftwerkes aus deutschem Reparationsmaterial damit beschäftigt, im ehemaligen und dem zukünftigen 15000-Volt-Hochspannungsschaltraum Aluminiumschienen anzubringen, als mich ein Mitgefangener aus einem anderen Kommando ansprach: Er habe gehört, ich wolle fliehen. Von mir kam keine klare Antwort.

Er stellte sich als Willy Denk aus Wien vor und sagte: „Lieber das Risiko einer Flucht auf sich nehmen als dieses Leben weiterführen." Das war eine klare Aussage. Dabei machte er auf mich

10 Wegbereiter der Französischen Revolution 1712–1778. Du contrat social – Vom Gesellschaftsvertrag. Der Mensch wird frei geboren.

sofort einen sympathischen und glaubhaften Eindruck. Ich hatte das Gefühl, dass er kein Blender war, auch seine Wiener Art – einerseits fröhlich, aber andererseits klar und zielstrebig – gefiel mir sehr. Bisher hatte ich immer nur an eine alleinige Flucht gedacht, aber mit Willy an meiner Seite würde vieles einfacher sein.

Trotz dieser ersten Sympathie wollte ich erst prüfen, ob mein Eindruck auch stimmte. Ich musste erst herausfinden, woher er von meinen Fluchtplänen wusste, es konnte ja auch eine Falle sein. Ich hatte nur zwei Mitgefangenen gegenüber etwas angedeutet. Es waren zwei Bekannte aus meiner Heimatstadt, Karl-Heinz Pfund (wir gingen in die gleiche Schulklasse) und Werner Becker, den ich über meine alte Arbeitsstelle als Lehrling im Benzinwerk kannte. Ich musste also herausfinden, ob sie Willy Denk kannten. Dabei stellte sich heraus, dass er früher mit Karl-Heinz in der Fischereibrigade gearbeitet hatte. In dieser Zeit war er mit korrupten sowjetischen Bewachern bei der Verteilung des Fischfangs in Streit geraten, so landete er wie ich in den Putilowskij Werken, der größten Waffenschmiede in Leningrad.

Damit war mir klar geworden, dass ich keinem mehr von meinem Vorhaben erzählen durfte, auch nicht meinen Bekannten, außer Willy Denk. Es galt, jede Einzelheit so gut wie nur möglich zu planen, um Erfolg zu haben.

Ich versuchte, alle mir bei meiner Ausbildung bei der Roten Armee vermittelten Kenntnisse über Tarnung und das Verhalten als Agent in Feindesland in Erinnerung zu rufen und für meine Flucht zu nutzen. Meine Ausbilder sollten nicht enttäuscht sein, ich war doch immer schon ein guter Zuhörer. Ich hatte bereits im Vorfeld viel über die Flucht nachgedacht, aber jetzt mussten wir gemeinsam den genauen Ablauf planen.

Willy und ich nutzten jede Möglichkeit zu Gesprächen, etwa auf dem Weg zur Arbeit oder in der Freizeit, und entwickelten die ersten konkreten Pläne für die Flucht. Daraus ergaben sich aber weitere schwierige Probleme und offene Fragen. Die drängendste war: Wie sollten wir am besten vorgehen? Alle unsere Ansätze waren noch zu unrealistisch, zu romantisch und utopisch und deshalb auch nicht umsetzbar.

Wir durften uns nicht von Wunschvorstellungen leiten lassen, sondern mussten realistische Fluchtperspektiven entwickeln. In dieser Zeit wuchs unser beiderseitiges Vertrauen und Verstehen ständig, wie oft mussten wir lachen, wenn wir uns etwas Neues ausgedacht hatten, aber gleichzeitig waren wir sehr ernst, wenn wir über die Gefahren sprachen, die eintreten konnten. Ich hatte auch die Aufgabe, meine russischen Sprachkenntnisse etwas zu verbessern.

Deshalb einigten wir uns so: Zuerst einmal würden wir bestimmen, wo und später dann wann die Flucht beginnen sollte. Gleichzeitig musste ein gangbarer Fluchtweg aus der Stadt und bis zur Grenze erarbeitet werden.

In dieser Zeit gelang es mir, unseren russischen Ingenieur von Willys Fachkenntnissen zu überzeugen, daraufhin wurde er am gleichen Arbeitsort wie ich in der Hochspannungsanlage eingesetzt. Jetzt konnten wir uns auf dem Weg zum Arbeitseinsatz und im Tagesverlauf ständig und unauffällig über die Vorbereitung unserer Flucht austauschen.

Wir spielten mit dem Gedanken, die Flucht auf dem Weg vom Lager zum Arbeitsort zu beginnen, denn Zählungen fanden nur beim Verlassen des Lagers und bei der abendlichen Rückkehr statt. Wir entschlossen uns aber schnell dagegen, weil der Weg stark bewacht wurde. Willy schlug vor, es zu versuchen, wenn zufällig eine Straßenbahn neben uns halten sollte und wir einfach aufspringen konnten. Ein guter Gedanke, aber meiner Meinung nach nicht realisierbar.

Daraufhin dachten wir über andere Varianten nach: eine Flucht aus dem Lager oder von unserem Arbeitsort. Das Lager kam nicht infrage, denn diese Möglichkeit hatte ich schon lange ausspioniert und ich war dabei zu keinem befriedigenden Ergebnis gekommen. Ich legte Willy meine bisherigen Erkenntnisse dar und zeigte ihm die Stellen, die für eine Flucht geeignet wären. Dabei stellten wir fest, dass wir unabhängig voneinander fast zum gleichen Ergebnis gekommen waren. Wir lachten darüber, und mir war klar, dass wir gut zusammenpassten, wenn es darum ging, Entscheidungen zu treffen. Dieses gegenseitige Verstehen – oder wie man auch sagt: die richtige Chemie – ist unverzichtbar, um bei einem solchen Vorhaben schwierige Situationen zu bestehen. Wir kamen überein, dass die Flucht aus dem Gefangenenlager nur als letzter und schlechtester Ausweg infrage käme. Die Gefahr war hier zu groß, gleich am Anfang der Flucht gefasst zu werden.

Es gab nur eine Möglichkeit, und die bestand darin, die Flucht von unserem Arbeitsort aus zu beginnen.

Doch wo dort genau? Unser damaliger Einsatzort war gut gesichert. Im Werk wurden Panzer und andere Waffen für die Rote Armee hergestellt. Die Fabrik galt als Waffenschmiede des Landes, wie schon zur Zeit des Zaren. Wir hätten mehrere Sicherheitszonen und die Mauer überwinden müssen, deshalb kamen auch die Putilowskij Werke nicht infrage. Wir überlegten hin und her, und schließlich wurde uns klar, dass eine Flucht nur von einem anderen Einsatzort gelingen konnte. Dann widmeten wir uns dem Fluchtweg. Auch hier waren verschiedene Varianten denkbar:

Sich verstecken und erst nach Tagen, wenn die Luft rein ist, weiter Richtung Westen. Dagegen sprach, dass es keinen Unterschlupf gab, der nicht auch mit Spürhunden gefunden werden konnte. Damit ließen wir diesen Plan wieder fallen.

Flucht über den Handelshafen. Hier konnten wir nicht genug

Informationen über den Weg und die genauen Verhältnisse vor Ort sammeln, auch vermuteten wir dort umfangreiche Sicherheitsmaßnahmen, weshalb wir auch diesen Plan aufgaben.

Flucht zuerst mit der Straßenbahn, dann zu Fuß nach Westen und weiter per Anhalter. Mit wie vielen Personenkontrollen würden wir auf diesem Weg rechnen müssen, fragten wir uns. Vom Hörensagen wusste ich, dass es für jede Region Kontrollstellen gab, die nur mit gültigen Dokumenten passiert werden durften. Ich erinnerte mich auch, dass wir bei unseren Fahrten vom Ausbildungslager außerhalb von Moskau ins Stadtinnere immer einige Male an den eingerichteten Kontrollpunkten Dokumente vorzeigen mussten.

Das erschien uns ein machbarer Weg, aber wir kämen nicht schnell genug aus Leningrad heraus, es gäbe zu viele Möglichkeiten, aufgegriffen zu werden. Außerdem wären wir sehr lange Zeit unterwegs, es könnte Herbst werden, bis wir unser Ziel erreicht hätten. Trotzdem wollten wir diese Variante weiter prüfen.

Sicher würden die Ausfallstraßen aus Leningrad auch verstärkt kontrolliert werden, nachdem unsere Flucht entdeckt worden wäre.

Flucht über den Baltischen oder Warschauer Bahnhof. Dieser Weg schien uns die sicherste Ausgangsbasis zu sein, aber auch da müssten erst die Bedingungen stimmen. Schließlich hatte ich gelernt, in fremder Umgebung alles immer wieder zu prüfen, um Fehler zu vermeiden. Auf gar keinen Fall durfte Hektik aufkommen, denn sie führte schnell zu Fehlverhalten. Das wollten wir beherzigen.

Deshalb zogen wir auch nicht in den gleichen Schlafraum, sondern jeder blieb in seiner Unterkunft. Sollten wir auffliegen, kannten wir uns nur flüchtig von der Arbeit und wussten nichts von den persönlichen Ansichten und Absichten des anderen, und schon gar nichts von einer möglichen Flucht.

Eine persönliche Verbindung gab es auch nicht, vor der Gefangennahme war ich in Ostpreußen stationiert und Willy bei einer Einheit, die sich erst nach Kriegsende kampflos in Kurland ergeben hatte.

Wir kamen also nach langen Gesprächen zu dem Schluss, dass wir unbedingt unseren Arbeitsort verändern müssten. Gäbe es nicht einen für uns passenden Einsatzort in der Nähe einer uns bekannten Straßenbahnlinie, nach Möglichkeit nicht weiter als ein bis zwei Kilometer entfernt? Wenn wir einen solchen Einsatzort gefunden hätten, würde es darum gehen, wie wir dort zum Arbeitseinsatz kämen, ohne aufzufallen. Danach mussten wir erkunden, welcher Weg am schnellsten und zur günstigsten Zeit vom Arbeitsort wegführte.

Welche Verkehrsmittel könnten wir benutzen, um so schnell und so weit wie nur möglich vom Arbeitsort wegzukommen? Neben dem ersten Fußweg müsste mit der Straßenbahn die größte Strecke des Weges bis zum Bahnhof überwunden werden.

Für die weitere Planung der Flucht wären ein besserer Stadtplan und eine Landkarte mit den Eisenbahnstrecken darauf sehr wichtig. Damit könnten wir einerseits den besten Weg zum Bahnhof bestimmen und andererseits die genauen Eisenbahnverbindungen bis nach Königsberg nachvollziehen. Doch zunächst galt es, die Straßenbahnlinien und ihre Streckenführung zu erkunden.

Bekleidung und Aussehen müssten wir der Umgebung anpassen, wir müssten wie sowjetische demobilisierte Soldaten aussehen.

An die entsprechenden Anziehsachen wollten wir beim Wäschetausch gelangen. Nach dem Baden wurde saubere Wäsche verteilt, wenn man sich mit denen, die die Wäsche ausgaben, gut stellte, konnte man sich aussuchen, was man tragen wollte.

Das hatte Willy schon mit einem getan, der auf seinem Zimmer lag. Auf gar keinen Fall durften wir noch deutsche Uniform tragen.

Die regelmäßige Haarrasur an allen Körperteilen alle vier Wochen musste irgendwie verhindert werden, denn kahl geschoren waren nur Häftlinge, aber Rekruten der Armee durften so auf keinen Fall aussehen. Der Ausweg: Wir wären an diesem Tag etwas bettlägerig und könnten uns so vor der Prozedur retten.

Auf der Flucht müssten wir uns aber auch immer sauber halten, um nicht aufzufallen, deshalb benötigten wir zum Rasieren unbedingt eine Rasierklinge. Deren Beschaffung war aber nicht einfach. Ein russischer Arbeiter brauchte Elektromaterial, was ich aus dem Materiallager schwarz besorgen konnte, er gab mir dafür einige Rubel und eine Rasierklinge, für mich war dies ein gutes Tauschgeschäft und ein richtiger Schatz für die weitere Fluchtvorbereitung.

Weitere Rubel müssten wir uns ebenfalls noch verdienen. Ich fertigte schon immer neben meiner Arbeit Goldringe aus Messingmuttern mit farbigen schönen Plastikeinsätzen, ich musste jetzt unbedingt einige mehr davon produzieren, um sie unterwegs als Tauschobjekt benutzen zu können oder an russische Frauen noch vor der Flucht gegen Rubel zu verkaufen.

Wir waren uns darüber einig, alles, was die Herkunft als deutscher Kriegsgefangener verraten könnte, zu vernichten. Darunter fielen alle Schriftstücke, Bilder oder andere Erinnerungsgegenstände. Ich hatte keine solcher Gegenstände mehr, aber Willy wollte sich zunächst nicht von seinen Erinnerungstücken trennen, etwa einem Bild mit Frau und Sohn und anderen Dingen. Doch dann lenkte er ein und versicherte, die Erinnerungen demnächst vernichten zu wollen.

Immer wieder drehte sich das Gespräch auch um die Unsinnigkeit des Krieges und wie es möglich war, die Menschen so zu verdummen, dass sie am Anfang fast willenlos den Versprechungen ihres Führers glaubten. Nach unseren Erfahrungen kamen wir zu dem Schluss, dass wir betrogen worden waren und so viele junge Männer für eine unsinnige Ideologie in einen viel zu frühen Tod getrieben worden waren.

Würde die Menschheit aus diesem grausamen Abschlachten von Menschen die Lehren für die Zukunft ziehen und sich nicht mehr durch Ideologen verführen lassen?

Ich konnte nicht daran glauben. Es würde immer wieder Fanatiker geben, die ihre Gesinnung als die reine Wahrheit verkündeten, und Gefolgsleute, die blind vertrauten, was ihnen vorgegaukelt wurde.

Eins wurde uns im Austausch der Gedanken klar: Immer waren es Glaubens- oder Ideologiekriege, die so viel Unheil über die Menschheit gebracht hatten.

Es liegt sicherlich in der Natur des Menschen, sich leicht von Heilsversprechern und ihren utopischen Vorstellungen verführen zu lassen. Und die Mahner werden kaltgestellt oder beseitigt, wenn die neuen Führer die Macht errungen haben.

Aber was sollten diese Gespräche bringen? Wir konnten ja doch nichts ändern und hatten momentan persönlich nur ein Ziel: die Flucht so gut wie nur möglich vorbereiten, beginnen und glücklich beenden.

Jetzt begann die Hauptphase der Vorbereitung:

Nach langem Suchen gab es nur einen Arbeitsort, der für unser Vorhaben geeignet schien, es war ein mehrstöckiger Wohnungsrohbau, wo die Arbeiten an den Wohnungen im Krieg eingestellt worden waren. Jetzt sollten die Ausbauarbeiten durch die Kriegsgefangenen wieder aufgenommen werden. Wir hatten mitbekommen, dass für dieses Kommando die Arbeiter aufgestockt werden sollten und Fachkräfte gebraucht würden.

Als Elektriker und Installateure gesucht wurden, waren wir die Ersten, die sich für diese Tätigkeit meldeten. Wir wurden genommen und für den Innenausbau eingeteilt. Die neue Arbeitsstelle war nur 1000 bis 1500 Meter von der nächsten Straßenbahnhaltestelle entfernt. Einen Russen, der täglich mit dem Vorortzug zur Arbeit kam, fragten wir aus, in welche Richtung die entladenen Güterzüge nach Deutschland zurückführen. Er sagte uns, dass sie über Pskow Richtung Westen führten. Wie es dann weiterging, über Warschau oder Brest, konnte er uns nicht sagen. Das war nun auch der Weg, den wir in unserer ersten Phase nehmen wollten. Wir hatten auch schon erste Vorstellungen, welche Straßenbahnlinien zum Baltischen oder Warschauer Bahnhof wir wählen wollten. Diese Bahnhöfe lagen sehr eng beieinander und die Züge fuhren von da alle in Richtung Westen. Wir hatten auch herausgefunden, dass vom Baltischen Bahnhof nur Vorortzüge bis Luga, circa 165 Kilometer von Leningrad entfernt, fuhren. Die Züge vom Warschauer Bahnhof benutzten schon kurz hinter Leningrad die gleichen Gleise, aber bei Vilnius ging es weiter nach Warschau und Richtung Deutschland. Von Vilnius fuhren dann auch Züge Richtung Königsberg. Wir überlegten immer wieder, ob wir über Warschau oder Königsberg fahren sollten. Nach einigem Hin und Her entschieden wir uns für Königsberg. Die deutsche Bevölkerung könnte uns sicherlich helfen. Wir legten uns nicht fest, ob die Fahrt vom Baltischen oder vom Warschauer Bahnhof beginnen sollte.

Sicherlich wäre die Benutzung der Vorortbahn die einfachere Lösung, sie fuhr jede noch so kleine Station an und brauchte mehr Zeit für die Strecke, war aber sicherer, weil sie von mehr Menschen benutzt wurde.

Als Tarnung hatte ich mir etwas Besonderes ausgedacht: Willy lachte zuerst über meinen Vorschlag, willigte dann aber ein. Wir wollten Installationsmaterial in Ringen auf ein Rohr legen. Dazu sammelten wir auf unserer Baustelle die nötigen Materialien wie Flansche[11], Abdichtungsringe, Muttern, Fittings sowie kleine Rohrteile. Die kleinen Teile zogen wir auf Drähte und diese wiederum auf die Rohrstange, die wir über der Schulter tragen wollten. So beladen sahen wir aus wie richtige Installationsarbeiter auf dem Weg zur Arbeit. In dieser Aufmachung wollten wir die Flucht beginnen. Welcher Flüchtling nimmt schon Werkzeug mit sich, um damit seine Bewegungsfreiheit zu behindern?

Der Verkauf der goldenen Ringe spülte einige Rubel in die sehr schmale Fluchtkasse. Der allseitigen Haarrasur entgingen wir zweimal, nochmals konnten wir uns vor der Prozedur nicht drücken, es musste sich bald ein günstiger Zeitpunkt zur Flucht ergeben.

Die Beschaffung der Bekleidung gestaltete sich sehr schwierig. Ein Russe wollte für seine Frau Ringe, und im Tausch bekamen wir nach langen Gesprächen, was wir wollten. Jetzt sahen wir tatsächlich wie demobilisierte Russen aus, das Fluchen und Schimpfen auf Russisch hatten wir von unseren Aufsehern zur Genüge gehört.

Für den Zeitraum der Flucht hatten wir uns nach langer Diskussion eine Legende zu unserer Sicherheit ausgedacht. Damit wollten wir bei einer möglichen Ergreifung durch Soldaten oder durch die Bevölkerung nicht als deutsche Kriegsgefangene erkannt werden. Sie sollte uns auch helfen, wenn wir andere Schwierigkeiten während der Flucht bekommen sollten.

Am Ende unserer Gespräche einigten wir uns auf Folgendes: Aus mir wurde Igor-Gregor Lutschenkow, aus Willy wurde Serge-Peter Kassey. Wir beide wohnten und arbeiteten bis 1945 in Zagreb.

---

11 Lösbare Rohrverbindung.

Damit waren wir Jugoslawen, die in der UdSSR zwangsweise in einer Kolchose arbeiteten. Lachend redeten wir uns zur Probe mehrmals mit unserem neuen fremden Namen an. Wir hofften beide, dass wir diese Namen für unsere Legende niemals ernsthaft würden anwenden müssen.

Ich hatte schon immer eine bestimmte Verhaltensregel: Man kann über alles reden, große Pläne schmieden, auch alles niederschreiben, was man möchte, aber nur was man begonnen hat, kann man auch beenden. Deshalb musste nach der Vorbereitungszeit nun die Tat folgen.

4. Flucht – UdSSR

Man muss einen Traum haben, um aus der Erniedrigung der Kriegsgefangenschaft und dem Elend, in dem man sich befindet, zu fliehen. Das gesamte Handeln, alles war nur von diesem Traum beseelt, dessen Erfüllung so schnell wie nur möglich verwirklicht werden musste. Deshalb gab es jetzt für mich nur eins: nicht weiter Für und Wider erwägen, sondern handeln oder untergehen. Im Krieg hatte ich den Tod anderer erlebt, er war der tägliche Begleiter, der bis zu diesem Zeitpunkt um mich war und mich verfolgte. Die Flucht hatte auf einmal einen Sinn, ich wollte diesem unsicheren Zustand entfliehen. Ich wollte es meinen Gegnern nicht so leicht machen, mich zu vernichten. Ich wollte nur eins nicht: auf einem der vielen Leichenwagen landen.

Auf einmal dachte ich an meinen sagenhaften Aufstieg in meinen letzten Kriegstagen zurück, den ich nicht meiner Leistung, sondern den Umständen der Niederlagen und der Feigheit meiner Vorgesetzten zu verdanken hatte. Es gab für mich kein Zurück, denn da waren die Kettenhunde, so nannten wir die Feldgendarmerie, die jeden wegen Feigheit vor dem Feind umbrachte. Damit blieb nicht mal mehr ein „für Führer und Vaterland gefallen", sondern nur noch ein „verschollen" und „verscharrt". So hatte ich es mir schon oft in Situationen vorgestellt, in denen ich keinen Ausweg mehr für mich gesehen hatte.

Ich war damals so erschöpft und innerlich leer gewesen und hatte keinen klaren Gedanken an die Zukunft mehr fassen können. Jetzt wollte ich meine Zukunft selbst bestimmen, untergehen oder in Freiheit leben. Schluss mit dem Selbstmitleid, lieber handeln, die neuen Kettenhunde, die russischen Soldaten und Milizionäre, durften uns nicht finden.

Unsere Fluchtroute hatten wir oft überdacht, immer wieder Vor- und Nachteile überprüft. Nachdem ich in einer Mülltonne bei der Suche nach etwas Essbarem eine alte Landkarte gefunden hatte, einigten wir uns auf den Fluchtweg. Wir wollten versuchen, von Leningrad nach Königsberg und dann zur Grenze nach Polen zu kommen.

Die vorgenommene Überschlagsrechnung ergab, die Länge des Fluchtweges von Leningrad bis nach Königsberg betrug circa 1000 bis 1100 Kilometer. Diese Zahlen machten uns bewusst, was für einen langen Weg wir vor uns hatten, und manchmal kamen Zweifel auf, wie wir das schaffen sollten, aber es gab kein Zurück, lieber alles wagen als weiter dahinsiechen. Wir dachten darüber nach, ob wir den Weg bis zur Grenze nach Polen zu Fuß oder mit der Eisenbahn oder per Anhalter auf der Straße zurücklegen sollten. Die Berechnung ergab: Zu Fuß würden wir vierzig bis fünfundvierzig Tage benötigen, wenn alles gut verlief. Mit der Bahn könnten wir die Strecke nach unserer Einschätzung in sechs bis acht Tagen bewältigen. Ich berechnete die Zeit so: Entfernung durch Geschwindigkeit ergibt die Zeit, also circa fünfundvierzig bis fünfzig Stunden. Bei sechs bis sieben Stunden täglicher Fahrzeit würde unsere Einschätzung stimmen. Die Zahlen klangen so, als würden wir die Fahrt als freie Bürger im Personenzug zurücklegen. Leider würde unsere Fahrt ohne Fahrschein sicherlich etwas schwieriger werden und könnte auch länger als geplant dauern. Ein Problem beschäftigte uns immer wieder während der Fluchtvorbereitung: Wir waren der Meinung, dass der Erfolg sehr vom Wetter abhängen würde. Denn bei Regenwetter würden die vorgesehenen Übernachtungen im Freien nicht sehr angenehm sein. Deshalb prüften wir auch jedes Mal, wenn sich eine Gelegenheit zur Flucht ergab, wie die Wetterlage war.

Die günstigste Route würde uns also durch folgende Orte führen:

Luga – Pskow – Rēzekne – Daugavpils – Vilnius – Kaunas – Insterburg – Königsberg. Von da wollten wir uns zur Grenze UdSSR – Polen aufmachen. Wie wir die Grenze nach Polen überwinden wollten, war uns zu diesem Zeitpunkt ein vollkommenes Rätsel, ebenso der genaue Grenzverlauf. Nur eins war sicher: Die neue russische Staatsgrenze konnte nur etwa 100 Kilometer südwestlich von Königsberg liegen.

Wir verdrängten diese Fragen, die noch so weit weg schienen, es gab im Augenblick noch so viel anderes zu bedenken und zu erledigen, um unser Vorhaben auch zum Erfolg zu führen.

Vor uns lag also ein sehr, sehr langer Weg mit sicherlich vielen Gefahren, aber nichts konnte uns noch abhalten. Nur der beste Zeitpunkt zur Flucht musste noch abgewartet werden.

Und wir benötigten das sprichwörtliche Quäntchen Glück, um diesen von uns vorgesehenen Reiseweg ohne Ortskenntnisse auch auf Anhieb zu finden. Welche Überraschungen würden uns auf unserer Reise erwarten? Nur gut, dass man kein Hellseher ist. Aber ich vertraute auf meine gute Ausbildung, die ich als angehender „Kämpfer für den Frieden" bei Moskau genossen hatte, und eben etwas Glück.

Eins war mir aber klar: Würde die Flucht missglücken, wollte ich nicht so ein Ende nehmen, wie ich es bei dem mitgefangenen Kameraden erlebt hatte. Hatte ich nicht auch an der Front täglich mit dem Ende rechnen können, aber trotzdem nicht daran gedacht, obwohl es so nahe gelegen hatte? Hatte man die Todesgefahr nicht unbewusst verdrängt?

Ich hatte in meinen jungen Jahren als Angehöriger der Armeereserve in den wenigen Wochen an der Front so viel Elend erlebt. Innerhalb von wenigen Wochen war ich ein alter Hase und kannte die Grausamkeit des Krieges aus erster Hand. Im Zuge der Fluchtvorbereitungen kamen mir auch grausame Bilder aus der Frontzeit in Erinnerung, sie änderten aber nichts an meinem Vorhaben. Einige davon werde ich sicherlich niemals in meinem Leben vergessen:

Der Rest der Kompanie hatte sich zur Verteidigung gerade Schützenlöcher gegraben und diese lachend bezogen. Wir scherzten noch, wer am tiefsten und sichersten sein Drei-Mann-Loch gegraben hatte, da ging ein Volltreffer auf die Kameraden nieder, nur noch Fleischreste waren übrig, und diese Reste wurden verscharrt. Was für ein trauriges Lebensende! Und ich fragte mich: Bin ich der Nächste?

Auf dem Weg zum Gefechtsstand traf ich auf einen verwundeten Soldaten, der um Hilfe bat. Er gab mir zu verstehen, dass sein Unterschenkel getroffen worden sei, ich sah die Wunde am Knöchel, verband sie und nahm ihn huckepack. Auch ich hatte einmal so gelegen, und mir wurde auch geholfen. Mit dieser nicht eben leichten Last erreichte ich das Feldlazarett. Als ich ihn dort ablegte, sagte mir der Arzt, die Toten kämen vor das Lazarett, ich sollte nur die Erkennungsmarke noch teilen und dem Sanitäter übergeben. Der mir Unbekannte war auf meinem Rücken verblutet. Der Arzt zeigte mir noch die Verwundung, die zum Tod geführt hatte. Ein Splitter hatte die Arterie am Oberschenkel verletzt. Danach durfte ich den Toten auf den Haufen zu den anderen legen, so viele Tote auf einmal hatte ich noch nie gesehen. Für das Sanitätspersonal war dieser Anblick gegenwärtig alltäglich. Sie lagen auf einer Fläche von etwa zehn Metern übereinandergeschichtet, bestimmt mehr als hundert Tote. Dieses Erlebnis, diesen grausamen Anblick werde ich mein Lebtag nicht vergessen. Sicherlich wurden sie nie bestattet, und die Angehörigen erhielten nie Nachricht vom Schicksal ihrer Lieben, auch kein „gefallen für Führer und Vaterland“, diese Kameraden würden sicherlich als verschollen gemeldet.

Was war dies nur für ein Irrsinn, was müsste ich so jung noch alles erleben? So schnell kann das einzelne Leben ein Ende finden, es ist im Krieg nichts wert, die Generäle und Feldherren haben die Verluste an Mensch und Material schon eingeplant. Warum nur? Es ist nicht zu verstehen.

Auf dem Rückweg von einer Lagebesprechung im Bataillonsgefechtsstand musste ich in Deckung gehen, da es ein russischer Scharfschütze auf mich abgesehen hatte und den ersten Schuss zu meinen Gunsten verfehlte. Den weiteren Schüssen konnte ich nur entgehen, indem ich mich sofort in den Schnee warf. In einer Schneemulde fand ich eine gute Deckung. Es gab nur ein Problem, der Gegner war ein Scharfschütze. Jedes Mal, wenn ich mich bewegte, wurde geschossen. Im Laufe des Tages schmolz der Schnee, und ich lag im Eiswasser, halb erfroren und durchnässt. Erst in der Dunkelheit konnte ich steif und unterkühlt meinen Weg zu unserer Stellung fortsetzen. Trotzdem war ich wieder einmal heil davongekommen. Als ich mein Erlebnis den Kameraden erzählte, gab es Gelächter. Wer den Schaden hat, braucht sich um den Spott nicht zu sorgen.

Der Befehl, der mir erteilt worden war, lautete: Wir sollten eine Ausbuchtung der Front zurückerobern. Wir gingen also bei Sonnenaufgang zum Angriff über, bewegten uns aber nur einige Hundert Meter vorwärts, ohne auf starke Abwehr zu stoßen. Auf einmal kamen Tiefflieger, unsere Luftwaffe hatten wir schon wochenlang nicht mehr gesehen, Die Lufthoheit war zu 100 Prozent in russischer Hand, die Flieger formierten sich zu einem Kreis und schossen auf alles, was sich bewegte, ihre Ziele konnten sie bei ihrem Rundflug nach jeder Runde neu ausmachen. Ich hatte das große Glück, mich im Garten eines Gehöfts zu befinden, wo die ehemaligen Bewohner für ihren Schutz einen rechteckigen Schützengraben angelegt hatten. Dahin flüchtete ich mich. Ich schaute immer, aus welcher Richtung die Jäger kämen, und kroch jeweils an die Seite, die nicht beschossen werden konnte. Damit war ich einer der wenigen Überlebenden von diesem missglückten Angriff. Am Abend waren neben mir noch vier weitere Angreifer übrig, die den Rückzug überlebt hatten.

Als ich am nächsten Tag dem Bataillonskommandeur die Meldung machte, gratulierte er zum durchgeführten Angriff und meinte, es wäre doch ein Erfolg gewesen, schließlich hätten die Russen ja nicht angegriffen. Die Verluste durch die feindlichen Tiefflieger zählten nicht, und auch die Ausgangsstellung existierte noch. Es klang alles so zynisch und war nicht zu begreifen. Außerdem versprach er, die Einheit mit neuen Kräften aufzufüllen, voraussichtlich schon am nächsten Tag. Doch was war das für eine Verstärkung? In Wehrmachtsuniform gekleidete Hitlerjungen im Alter von fünfzehn oder sechzehn Jahren und ältere Soldaten. Ich fragte einen, wo sie herkämen. Seine Antwort: Bisher hätten sie Schrott aufbereitet und noch nie etwas anders gemacht, während des gesamten Krieges. Bevor ich sie in die vorderste Stellung führte, gab ich ihnen noch genaue Hinweise, wie sie sich bei Beschuss durch Stalinorgeln[12] zu verhalten hätten, denn ich wusste schon, wie die Salven liegen würden. Als der Beschuss eintrat, folgten aber nur wenige meinem Ratschlag und flüchteten nach unten und nicht wie von mir vorgeschlagen nach oben auf den Hügel. Es war grausam: Nur wenige überlebten diesen ersten Fronteinsatz. Es ist grauenhaft, so etwas mit ansehen zu müssen! Diese Bilder vergisst man sein Leben lang nicht mehr. Wie konnte man solche unerfahrenen „Soldaten" in den Kampf schicken? Es war so unverantwortlich, wo dieser unsinnige Krieg doch schon verloren war. Wir waren nur noch Kanonenfutter für den „Füh-

---

12 Raketenwerfer, die in wenigen Sekunden 16 bis 54 Raketen als Salve abfeuern können.

rer“ und seine Generäle, die noch 1945 vom baldigen Einsatz von Wunderwaffen und Endsieg redeten.

Meine Jugendjahre hatte ich mir einmal anders vorgestellt, mit diesen und noch vielen anderen unangenehmen Erlebnissen wird die Erinnerung immer belastet sein. Das, was ich in den Kriegsjahren erlebt habe, bleibt mir sicherlich für ewig im Gedächtnis. Die Ereignisse beschäftigen mich immer wieder, ich kann das Erlebte nicht hinter mir lassen. In dieser Lage hatte ich mit allem abgeschlossen, das eigene Leben war nicht viel wert, trotzdem kämpfte man weiter ums Überleben, ein Aufgeben gab es nicht, ich hatte ja bisher schon sehr viel Glück gehabt. Meine Einheit gehörte zur Armeereserve. Aber wo war eigentlich die Armee? Eine Frontlinie war nicht mehr vorhanden.

Wir wurden mit immer neuen Kämpfern, die jedoch nur alte Waffen aus dem Ersten Weltkrieg mitbrachten und ohne Ausbildung waren, aufgefüllt. Mit dieser Streitmacht vollführten wir einige Scheinangriffe, um die angebliche Kampfstärke der deutschen Wehrmacht zu demonstrieren. Was sollte dieser Irrsinn?

Wenige Tage vor meiner Gefangennahme bekam ich von meinem Bataillonskommandeur die Erklärung dazu: Er sagte, mit unseren Scheinangriffen sollten wir nur den Vormarsch auf Königsberg etwas aufhalten, die Verluste spielten dabei keine Rolle. Die gewonnene Zeit würde genutzt, um die Festung Königsberg bis zum Endsieg zu halten, denn die Wunderwaffen des Führers kämen bald zum Einsatz. Ich konnte nicht glauben, wie verbohrt doch einige immer noch bei der Einschätzung der Frontlage waren. Danach gab er mir noch den Befehl, immer wieder Scheinangriffe zu führen und danach Stellung zu halten oder uns nur langsam zurückzuziehen. Mit unserem mutigen Einsatz würden wir eine große Tat vollbringen, die nach dem Endsieg gewürdigt werden würde. Danach teilte er mir noch mit, dass er sehr krank sei und ins Lazarett nach Pillau müsse, den Hafen vor Königsberg, sein deutsches Kreuz in Gold trug er noch mit Stolz. Er zeigte mir sogar die vom Feldarzt unterschriebene Überweisung. Mit einem solchen Dokument war er vor den Feldjägern der Militärpolizei sicher. Seinen Bataillonsstab hatte er schon an die Front versetzt, er vernichtete noch Unterlagen, danach nahm er seine Kartentasche und verschwand.

Ich hatte in den letzten Tagen – wenn wir mal für einen Tag von der vordersten Front abgelöst wurden – einige erhängte Wehrmachtsangehörige gesehen, die Schilder trugen mit Aufschriften wie „Deserteure werden erhängt“. So verschwand unser Major, ich war mit meinem kleinen Haufen allein ohne Nachschub, wollte aber auch nicht am nächsten Baum hängen. Also traten wir nach einem kurzen Feuergefecht den Rückzug an. Wir kamen aber nicht weit und suchten nach einer günstigen Deckung, um dem Granatwerfer- und Stalinorgel-Feuer zu entgehen. So gelangten wir zu einem nahe gelegenen Gehöft, in dem schon andere Zuflucht vor dem Granatfeuer gesucht hatten und in dem uns schon bald die Russen aufspürten. Der weitere Verlauf ist ja bekannt …

Die Vorbereitung zur Flucht aus dem Lager war abgeschlossen. Zwar war unsere Unkenntnis über den Fluchtweg erschreckend, aber wir dachten nicht viel darüber nach, ich würde sagen, wir verdrängten solche Fragen bewusst. Mir ging es gesundheitlich nicht gut, ich war ja schon halb verhungert. Nur Werner Becker half mir manchmal mit etwas Suppe, die er sich zusätzlich als Porträtmaler für die Russen und als Karikaturist für die Wandzeitung verdiente.

Auf unserer neuen Arbeitsstelle setzten wir uns in der Mittagspause schon immer etwas abseits von den anderen zur Erholung. Die anderen Mithäftlinge des Arbeitskommandos hatten sich bereits an unsere Marotte gewöhnt und uns deswegen schon manchmal als Einzelgänger ausgegrenzt. Dies war aber unbedingt notwendig, um nicht sofort aufzufallen, sollten wir uns einmal nicht bei den anderen aufhalten.

Es war ein wunderschöner Sonnentag an einem Dienstag Anfang Juli 1946. Kein Wölkchen am Himmel, alles so friedlich um uns herum. Das schöne Wetter könnte ein gutes Omen für unser Vorhaben sein. Ich zog mich in der Mittagspause mit Willy Denk, wie wir es in letzter Zeit schon öfter getan hatten, etwas von den anderen zurück. Dabei legten wir das Installationsmaterial beiseite, welches zur Tarnung beim Fluchtversuch verwendet werden sollte. Wir wurden von den Bewachern zurückgerufen. Bedeutete das nochmals Verschiebung der Flucht?

Nur keine auffälligen Bewegungen, sondern so normal wie möglich – Что Делать – fragen.

Auf der Baustelle waren neue Fenster zur Vorbereitung der Häuser auf den Winter eingetroffen. Nachdem alle Fenster abgeladen und in den Etagen zum Einbau abgelegt worden waren, kam von den Soldaten der Befehl, einige als Brennholz zum Aufwärmen ihrer Mahlzeit zu zerkleinern. Wir wollten dies verhindern, aber sie lachten nur und drohten uns mit den Gewehren im Anschlag. Also führten wir den Befehl aus, zerkleinerten einige der neuen Fenster und zündeten sie an – das Aufwärmen der Mahlzeit für sie konnte beginnen. Wir mussten hungrig zusehen, wie es den Soldaten schmeckte. Ans Bewachen dachte gerade keiner von ihnen.

Nach der Rückkehr auf unseren Liegeplatz hieß es: Jetzt nur Ruhe bewahren! Innerlich war ich aufgeregt wie nie zuvor. Nur keine übereilten Handlungen begehen, die unseren Plan zum Scheitern verurteilen könnten.

Wie oft hatte ich schon gedacht, ich will fliehen, aber es kam nie zu einem Anfang. Jetzt gab es kein Zurück mehr, es musste der erste Schritt getan werden.

Dabei kam mir einer der weisen Sprüche von „Laotse[13] mit einem leichten Lächeln in Erinnerung: „Auch der längste Marsch beginnt mit dem ersten Schritt.“

Diese gut vorbereiteten ersten Schritte entscheiden mit über den Erfolg des Vorhabens ins Ungewisse. Es war da noch etwas in mir, was ich nicht beschreiben kann. Nur eins war jetzt gewiss, wir würden nicht mehr Kriegsgefangene sein. Wir würden uns in wenigen Sekunden auf der Flucht befinden, sie musste gelingen.

Ohne ein Wort, nur mit einem Blick verständigten wir uns. Wir hatten erkannt, dass nun ein günstiger Fluchtzeitpunkt gekommen war.

Wir nahmen das gehortete Installationsmaterial auf die Schultern und bewegten uns langsam, Deckung ausnutzend, nicht sofort in Richtung Straßenbahn, sondern in die entgegengesetzte Richtung, denn sollte nach unserem Verbleib gefragt werden, würden die Mitgefangenen die Aufseher in die falsche Richtung schicken. Erst als wir einen gehörigen Abstand zwischen uns und die übrigen Gefangenen gebracht hatten, nutzten wir den Windschatten der anderen Häuser, um ungesehen in die Nähe der Straßenbahn zu kommen. Ich hatte richtiges Herzklopfen und einen Schweißausbruch, alle Versuche, ruhiger zu werden, schlugen fehl, jetzt nur nicht unachtsam werden, sondern einen klaren Kopf bewahren, nichts Unüberlegtes tun, was uns verraten könnte.

Sollte die Belastung, der man ausgesetzt ist, doch größer sein, als ich es in der Vorbereitung bedacht hatte? Außerdem ging es mir durch den Kopf, dass wahrscheinlich viele Fluchtversuche gerade in diesem schwierigen Anfangsstadium durch Unachtsamkeit und Nichtbeherrschung der neuen Situation scheiterten. Deshalb

13 Laotse, 604 v. Chr.; Begründer des Taoismus.

wollte ich auf den ersten Metern in Freiheit noch wachsamer sein. Unvergesslich ist mir der Moment, als uns die ersten russischen Zivilisten auf dem Weg in die Freiheit begegneten. War unsere Tarnung gelungen, oder sahen wir doch noch wie deutsche Gefangene auf der Flucht aus? Es war komisch, aber uns schien keiner zu beachten. Nur wir beobachteten alle, die an uns vorbeiliefen, mit Argusaugen.

Es fühlte sich seltsam an: Bis vor wenigen Minuten waren wir noch Gefangene, jetzt mit Material beladene Arbeiter auf dem Weg in die Freiheit.

Das Erreichen der Straßenbahnhaltestelle und das Einsteigen waren eine Erleichterung. Wir hatten den ersten kleinen Schritt geschafft und den ersten Test bestanden, ob unsere Tarnung auch gut genug war, damit wir nicht erkannt wurden. Unsere Blicke trafen sich, und wir lächelten uns das erste Mal seit Beginn unserer Flucht verstohlen an. Sollte dieses Lächeln ein gutes Omen für den Erfolg unseres Vorhabens sein? Ich merkte auf einmal, wie verspannt ich war, und versuchte, lockerer zu werden.

Die Bahn war überfüllt, für die neuen Fahrgäste, verkleidet als Bauarbeiter, war dies ein Vorteil, es konnten bei diesem Gedränge keine Fahrscheinkontrollen stattfinden. Wir legten unsere Installationsmaterialien beiseite. Einige der mitfahrenden Russen in unserer Nähe bedankten sich dafür mit einem kurzen Nicken oder einem leisen „Spasiba“. Mir fiel, wie man so sagt, ein Stein vom Herzen, die Tarnung schien zu funktionieren, wir wurden als ihre Landsleute anerkannt. Was für ein Gefühl: Wir bewegten uns wie freie russische Bürger, hatten aber nur eins im Sinn: uns so unauffällig und normal wie nur möglich zu benehmen.

War der Anfang also gelungen? Er war sogar besser gelaufen, als ich gedacht hatte. Ich verspürte Erleichterung, wollte jetzt aber nur nicht übermütig werden.

Nach mehreren Haltestellen mussten wir nach unseren Informationen in eine andere Straßenbahnlinie umsteigen, um unser Ziel, den Baltischen Bahnhof, zu erreichen. Wir standen mit anderen Bürgern der UdSSR an der Haltestelle und boxten uns lautlos lachend in die Seite. Ich war durch den ersten Erfolg förmlich euphorisiert. Aus einem Papierkorb entnahm ich eine Zeitung, die Prawda, und steckte sie für alle sichtbar in die Tasche. Ein Flüchtling würde doch keine Zeitung mit sich herumtragen. Nach kurzer Wartezeit, während der wir uns völlig unbeobachtet fühlten, kam die ersehnte Straßenbahn mit der von uns erhofften Linienkennzeichnung.

Es war die Straßenbahn, die uns zum Baltischen Bahnhof befördern sollte, und wir stiegen ein. Leider war die Straßenbahn diesmal nicht voll besetzt, sodass wir sehr vorsichtig waren und uns immer in der Nähe der Tür aufhielten, um bei Gefahr schnell aussteigen zu können. Ich hatte durch die wenigen Fahrgäste auf einmal ein ungutes Gefühl, obwohl wir uns so unauffällig wie nur möglich benahmen. Nach einigen Haltestellen bemerkte ich plötzlich, dass ein Kontrolleur unseren Waggon bestiegen und begonnen hatte, am Anfang des Wagens die Fahrscheine der Insassen zu prüfen. Mit einem Fahrgast hatte er eine Auseinandersetzung und kam deshalb nicht weiter. Mit einem Nicken verständigten wir uns über die drohende Gefahr. Wir nahmen das Installationsmaterial schnell wieder auf und verließen die Bahn an der nächsten Haltestelle ruhig und gelassen.

Von jetzt an trugen wir die Materialien aber nicht mehr gemeinsam, sondern einzeln, jeder für sich. Falls wir zu Beginn der Flucht jemandem aufgefallen waren und er uns beschreiben würde, würde man uns jetzt nicht mehr gleich erkennen. Immer ruhig bleiben, war unsere Devise, sich so normal wie möglich bewegen, denn Hektik hätte uns verraten. Ich muss gestehen, dass ein kleiner Schweißausbruch nicht zu vermeiden war, auch wenn jede Unachtsamkeit unserer Flucht ein schnelles Ende hätte bereiten können.

Der Baltische Bahnhof, unser erstes großes Ziel, konnte jetzt aber nicht mehr weit entfernt sein, deshalb gingen wir zu Fuß weiter. Das dauerte zwar länger, war aber sicherer.

Als der Bahnhof in Sicht kam, führte uns der Weg nicht in die Bahnhofshalle zur Lösung eines Fahrscheines. Stattdessen beobachteten wir eine Weile das Bahngelände und fanden eine Öffnung im Zaun, durch die wir aufs Bahngelände und in die Gleisanlagen gelangten. Die Deckung von abgestellten Zügen nutzend versuchten wir so unauffällig wie nur möglich in die Nähe der Bahnsteige zu gelangen. Dabei bemerkten wir, dass der Baltische Bahnhof ein Kopfbahnhof[14] war, was aus unseren Unterlagen nicht hervorgegangen war. Wir kamen also nur schlecht an die Bahnhofshalle heran. Plötzlich bemerkten wir auf dem Bahnhof viele Soldaten, die bei Männern in unserem Alter Personenkontrollen durchführten.

Suchte man uns etwa schon? Ich war davon überzeugt, denn die Mittagspause war längst vorbei und die Installation an den Sanitäranlagen konnte ohne uns nicht durchgeführt werden.

Wir beobachteten die Vorgänge auf den Bahnsteigen. Auf einmal hatten wir den Eindruck, die Personenkontrollen würden verstärkt durchgeführt. Dabei kontrollierten sie nur Männer in unserem Alter. Ich sagte zu Willy: „Schau mal, ich glaube, die meisten der Kontrollierten tragen Soldatenkleidung wie wir.“ Es war klar, dass wir gesucht wurden, und wir schauten zu. Die Kontrollen führten manchmal zu Tumulten, denn es wurden einige abgeführt. Sicherlich konnten sie sich nicht ausweisen. Oder waren wir doch nicht das Ziel ihrer Begierde?

---

14 Endbahnhof-Gleise enden dort.

Jetzt Ruhe bewahren und selbstsicher auftreten, wir waren ja Bahnarbeiter, die es nicht eilig hatten. Wir setzten uns unter den Augen der Kontrolleure auf einen Holzstapel nicht weit von den Bahnsteigen entfernt und beobachten gemächlich und in aller Ruhe ihre Kontrollen. Dazu nahm ich die Prawda heraus und tat, als läse ich die neuesten Nachrichten.

Jetzt stand uns noch eine sehr schwierige Aufgabe bevor: Es musste der richtige Bahnsteig gefunden werden, von dem die Züge Richtung Siverskij–Msinskaja oder Luga fuhren. Oder fuhren hier alle Züge nach Luga? Willy und ich hatten eine kleine Auseinandersetzung. Schließlich einigten wir uns darauf, dass ich losziehen und erkunden musste, von wo der für uns richtige Zug abfahren würde. Ich fühlte mich gar nicht wohl bei der Vorstellung, jetzt alleine handeln zu müssen, bisher hatten wir doch immer alles gemeinsam erledigt. Aber ich überwand mich und versuchte, besonders vorsichtig zu sein. Bevor ich mich den Bahnsteigen weiter näherte, beobachtete ich nochmals den Ablauf der Kontrollen und versuchte zu erkennen, in welche Richtung sich die Soldaten bewegten. Nach einiger Zeit glaubte ich, es wagen und mich in die Nähe der Bahnsteige begeben zu können. Da kam mir in den Sinn, dass es sicherlich von Vorteil war, alleine unterwegs zu sein, schließlich wurden ja zwei Flüchtlinge gesucht und nicht nur einer.

Jetzt nur nicht auffallen! Denn das wäre das Ende unserer Flucht gewesen. Ich erreichte den Bahnsteig und sah in einiger Entfernung die Tafel, an der die Abfahrten angezeigt wurden. Der Weg dahin war allerdings nicht „sauber“, wie es in der Agentensprache hieß, die kontrollierenden Soldaten befanden sich am Ende des Bahnsteigs. Ich suchte mir einen günstigen Beobachtungsposten. Erst als die Luft rein war, ging ich zur Tafel und fand Abfahrtszeit und Bahnsteig unseres Zuges nach Luga.

Nun langsam bis zum Ende des Bahnsteiges und zurück zu Willy. Was für eine Erleichterung! Wir waren richtig glücklich, wieder etwas geschafft zu haben und einen Schritt weiter zu sein. Mir steckten aber die letzten Minuten noch in den Knochen. Das Unterfangen war doch sehr leichtsinnig, aber nötig und erfolgreich gewesen.

Jetzt bewegten wir uns mit unserem Material – ich mit der Eisenstange bewaffnet und Willy mit dem Installationsmaterial am Hals – als Handwerker getarnt in Richtung unseres Bahnsteiges, dabei beachteten wir immer unsere Deckung, um so wenig wie nur möglich aufzufallen, denn die nächsten Minuten waren entscheidend für das Gelingen unseres Vorhabens. Deshalb war ich angespannt wie ein Drahtseil. Jetzt mussten wir nur noch warten, bis unser Zug, der uns in die Freiheit führen sollte, einfahren würde. Es kam zu einer kleinen Diskussion, ob der Baltische Bahnhof überhaupt der richtige Ausgangspunkt gewesen war, nachdem wir festgestellt hatten, dass es sich dabei um einen Kopfbahnhof handelte. Denkbar wären nämlich auch die nächsten Stationen auf der Strecke nach Luga gewesen, dies waren die Stationen Elektrodepo und Leninsky Prospekt. Auch hier hätten wir zusteigen können. Wir hatten diese Stationen schließlich allerdings verworfen, weil dort sicherlich nur ein Durchgangsgleis vorhanden war und wir so leichter auffallen konnten. Wir machten uns nochmals Gedanken, ob wir, statt mit einem Personenzug, nicht doch lieber mit Güterzügen fahren sollten. Die Güterzuggleise lagen aber abseits der Personenzuganlagen. Außerdem wussten wir nicht, was uns im Zug erwarten würde und wie wir uns richtig verhalten konnten. An Vorbereitung war in diesem Fall also nicht zu denken.

Da der Zug nicht sofort kam, wechselten wir mehrmals unseren Standort und verrichteten kleine, vorgetäuschte Arbeiten an den Bahnanlagen. Dabei nutzten wir andere abgestellte Züge als Deckung, um von den Soldaten auf den Bahnsteigen nicht gesehen zu werden. Als der Zug in den Bahnsteig eingefahren wurde und wir die Anzeige Luga/Pskow lasen, waren allerdings alle unsere Diskussionen über das weitere Vorgehen beendet. Mit unserem Material auf den Schultern näherten wir uns jetzt langsam dem einfahrenden Zug. Auf einem Sandkasten legten wir nun unser Installationsmaterial ordentlich in der Nähe des Personenzuges ab.

Was wir jetzt sahen, hatte ich noch nie erlebt: Eine riesige Menschenmenge strömte in den Zug, um sich die besten Sitz- und Stehplätze zu sichern. Dabei hatte ich den Eindruck, dass die mit dem meisten Gepäck den besten Überblick hatten und sich im Gedränge immer die besten Plätze verschafften. Es ging nicht nur um die Plätze im Zug, sondern auch ums Mitkommen an sich. Ein kurzes Signal, und der Zug setzte sich langsam in Bewegung. Der Zug war zu unserem Vorteil mehr als überfüllt. Nicht alle Fahrgäste hatten einen Platz gefunden, auf unserer Seite war es noch möglich, auf den Trittbrettern Halt zu finden, um sich am Waggon festhalten zu können. Vom ersten Augenblick waren wir als Schwarzfahrer sehr wachsam und begriffen schnell, wie man den Fahrscheinkontrollen entgehen konnte. Man musste sich vom Trittbrett auf das Dach des Zuges begeben. Das war nicht einfach, aber was die Russen konnten, musste doch auch uns gelingen. Zuerst beobachteten wir, wie die Russen das Dach erklommen, und als der Kontrolleur in unsere Nähe kam, blieb uns nichts anderes übrig, als ebenfalls den Aufstieg aufs Dach zu wagen, was beim ersten Mal etwas unbeholfen ausgesehen haben musste. Willy lachte, als er bemerkte, wie ich versuchte, das Gleichgewicht zu halten, um danach Halt auf dem Dach zu finden. Aber Willy hinter mir ging es auch nicht viel besser, sodass diesmal ich etwas lächeln konnte. In unserer komischen Lage fühlten wir uns da oben trotzdem sicherer als unten im Eisenbahnwaggon zweiter Klasse. Manchmal mussten wir uns verständigen, und dabei sprachen wir uns lächelnd mit Igor und Serge an. Wir lernten von den anderen Russen auch schnell, wie man den Standort auf dem Waggondach verändern musste, um weiteren Fahrscheinkontrollen zu entkommen. Diese Fahrweise war nicht ganz einfach, aber nach einiger Zeit hatten wir alle Tricks raus: wo und wie man sich festhalten konnte oder wie und bei welcher Geschwindigkeit auch ein Laufen auf den Waggondächern möglich war. Um einen guten und sicheren Platz zu ergattern, entbrannte ein regelrechter Kampf unter den Dachpassagieren. Doch auch die Spielregeln hierfür beherrschte ich bald: Nur unter Anwendung der russischen Schimpfwörter, denen man in der Gefangenschaft ständig ausgesetzt war und die ich gut beherrschte, verschaffte man sich den nötigen Respekt und wurde ernst genommen.

Es war ein gegenseitiges Helfen und Schimpfen zwischen uns blinden Passagieren, denn alle wollten ohne Fahrscheine und Polizeikontrollen recht schnell an ihr Reiseziel kommen. Als der Zug vor einer Kurve einmal scharf bremste, verlor ein Russe den Halt und fiel vom Dach.

Die Russen lachten, ich verstand: Er hatte zu viel gesoffen, und als Besoffener sollte man zu Hause bleiben.

Bei jedem Halt verließen wir wie alle unsere russischen Mitreisenden das Dach, denn das Bahnpersonal und die Miliz wachten darüber, dass im Stationsbereich die Dächer des Zuges und die Trittbretter nach Möglichkeit nicht besetzt waren.

Es hatte auch immer den Anschein, als suchten sie nach bestimmten Personen. Ob sie dabei uns im Sinn hatten, konnten wir nicht in Erfahrung bringen und wollten es auch nicht wissen. Der Halt hatte den Vorteil, dass man sich kurz bewegen konnte, was wir bei Sonnenschein sehr genossen. So erreichten wir erst einmal Siverskij, die ersten 70 Kilometer unseres Fluchtweges hatten wir hinter uns gebracht. Gleichzeitig mussten wir immer Ausschau halten, ob es nicht irgendwo etwas Trink- oder Essbares gab, denn wir waren ja mehr als ausgehungert und hatten Durst. So konnten wir unseren Durst an einem Wasserhahn löschen, zu essen konnten wir aber nur wild wachsende Kräuter und Blumen auftreiben. Eine Begebenheit werde ich dabei nicht vergessen: An einer Station saßen wir auf einem Baumstamm neben einer älteren Russin, die ein großes Paket belegte Brote auspackte und zu essen begann. Sicherlich hatte sie unsere gierigen Augen gesehen, denn sie gab uns zu verstehen, wir sollten zugreifen. Jeder bekam ein belegtes Brot, und es war himmlisch. Wir konnten uns nicht lange bedanken, sondern mussten mit dem angebissenen Brot zum anfahrenden Zug rennen.

Wann hatte ich das letzte Mal eine solche Köstlichkeit zu essen bekommen? Das war sicherlich vor dem Krieg gewesen. Nur nicht sentimental werden, dachte ich, denn dazu hatten wir keine Zeit. Wenn man ausgehungert ist, bedeutet alles, was man zum Überleben bekommt, etwas Besonderes. Ob es tatsächlich so etwas Besonderes war, was wir da geschenkt bekommen hatten, kann ich heute nicht mehr beurteilen. Das war unsere erste Freude auf unserer Flucht, und wir genossen sie wie kleine Kinder. War dies wieder ein gutes Omen?

Wieder einmal zeigten unser Benehmen und unser Auftreten, dass wir nicht als Fremde erkannt wurden, und die mangelhaften Russischkenntnisse reichten allemal aus, um sich zu verständigen. Jetzt nur nicht übermütig werden, sondern immer daran denken, dass wir auf der Flucht sind und der Weg bis in die Freiheit noch sehr, sehr lang ist.

Als wir uns einmal unbeobachtet fühlten, wurde ich fast sentimental: Wir hatten Leningrad verlassen. Vor diesem ersten Abschnitt hatten wir den größten Respekt gehabt, denn die Großstadt unauffällig zu verlassen, war nicht einfach. Aber alles ging schneller, als wir es uns vorgestellt hatten. In wenigen Stunden könnten wir eine lange Bahnstrecke zurücklegen, die Heimat und damit die Freiheit rückten ein kleines Stück näher.

Doch jetzt nicht übermütig werden, denn der schwierigste Teil unseres Vorhabens lag immer noch vor uns.

Wir waren nun einige Stunden unterwegs, und der Vorortzug hatte an vielen kleineren und größeren Bahnhöfen einen kürzeren oder etwas längeren Halt eingelegt. Das Städtchen Msinskaja lag hinter uns, und wir näherten uns der Stadt Luga, damit hatten wir Leningrad schon über 100 Kilometer hinter uns gelassen. Die Anzahl der Passagiere und Schwarzfahrer im Zug verringerte sich immer mehr, je weiter wir uns von Leningrad entfernten. Damit hielten sich aber auch immer weniger blinde Passagiere auf den Dächern auf. Dies hatte den Vorteil, dass wir das Dach jetzt öfter verlassen und uns mehr und mehr auf den Trittbrettern oder zwischen den Waggons aufhalten konnten. Um beim Halt an den letzten Stationen nicht vom Fahrkartenkontrolleur erwischt zu werden, schlossen wir uns den russischen Schwarzfahrern an. Diese gaben ihre sichere Position auf und verließen unter Fluchen den Zug. Wenn das Signal zur Abfahrt ertönte, war der Zug sofort wieder zu besteigen. Es war ein richtiges Katz-und Maus-Spiel, was wir da mit dem Zugpersonal trieben. Den Standort wechselten wir je nach Sicherheitslage, denn wenn Kontrollen im Anmarsch waren, ging es wieder zurück auf die Dächer. Der immer längere Aufenthalt auf den Trittbrettern und manchmal auch auf den Gängen im Zug war eine gute Gelegenheit, um etwas zur Ruhe zu kommen und zu entspannen. Lange hätten wir es da oben auch nicht mehr ausgehalten, denn unsere Kräfte hatten auf dem Dach langsam nachgelassen. Das

Festhalten bedurfte einer großen Anstrengung und eines starken Willens.

Wenn ich ehrlich sein soll, hatte ich einige Male Glück gehabt, dass ich nicht aus Schwäche vom Dach gefallen war. Ich weiß nicht, ob das der sogenannte Sekundenschlaf oder das nachlassende Haltevermögen der Hände gewesen war. Ich weiß nur, dass ich danach jedes Mal hellwach war. Wir überlegten nicht lange und kamen zu dem Schluss: Würde sich die Passagierzahl weiter verringern und wäre ein Umgehen der Kontrollen nicht mehr möglich, dann wollten wir vom Zug abspringen oder ihn beim nächsten Halt verlassen. Die Gefahr, erwischt zu werden, wurde mit jedem Kilometer größer: Wie nun weiter?

Ich hatte das Gefühl, dass es ein Kontrolleur auf uns abgesehen hatte, deshalb bereiteten wir uns auf den Absprung vor und suchten nach der günstigsten Stelle dafür.

Abspringen vom Zug hatte ich auch bei Moskau in der Ausbildung lernen müssen, die ersten Male hatte ich dabei mit verstauchten Fußgelenken schmerzhaftes Lehrgeld bezahlt. In Leningrad hatte ich Willy von meinen Erfahrungen erzählt. Ich gab an, mein Wissen aus Kriminalromanen wie John King oder Jan Mayen oder aus „Der Spion“ von Thea von Harbou zu haben. Warum sollte ich Willy mit meiner Vergangenheit belasten? Wir hatten gegenwärtig genug andere Probleme zu lösen.

Sollten wir wirklich geschnappt werden, könnte er wahrheitsgemäß sagen, er wüsste nichts von meiner Vergangenheit.

Wenn man Gepäck abwirft, dann immer gegen die Fahrtrichtung, damit es nach dem Trägheitssatz schneller zur Ruhe kommt. Dagegen muss der Springer in Fahrtrichtung springen. Sonst zieht einen die Geschwindigkeit nach hinten weg, und man landet auf dem Rücken. Ich gab nochmals einige Anweisungen, als ich glaubte, eine gute und sichere Absprungstelle gesichtet zu haben.

Ich sagte „Sprung“, und schon wälzten wir uns mit einigen blauen Flecken im Gras.

Alles um uns herum war fremd und unbekannt, aber wir befanden uns immer noch in Freiheit, und so sollte es bleiben. Ein Weg führte in ein nahe gelegenes Waldstück, wo wir uns als Erstes auf Blaubeeren, Himbeeren sowie Walderdbeeren und Sauerampfer stürzten. Wir genossen gierig die schmackhaften Früchte, aber auch die saftigen Kräuter waren nicht zu verachten. Dabei vernachlässigten wir aber ebenso wenig unsere Sicherheit. Einer musste immer unsere ungewohnte Umgebung beobachten, um bei besonderen Vorkommnissen sofort Maßnahmen zu unserer Sicherheit zu ergreifen. Danach erkundeten wir das Gelände und fanden ein dünnes Rinnsal, an dem wir unseren Durst löschen konnten. Wir hatten nun zum ersten Mal Zeit, uns über unsere bisherige Flucht zu unterhalten. Wir lachten bei dem Gedanken daran, wie sie uns sicherlich in der Umgebung des Arbeitsortes und in allen Etagen des Wohnkomplexes gesucht hatten. Aber wir wurden schnell wieder ernst, als wir uns vorstellten, wie lange die Kameraden nach ihrer Rückkehr vom Arbeitseinsatz wohl im Freien hatten stehen müssen, denn wir waren ja noch nicht wieder gefasst. Wir sprachen noch lange über die vielen Gefahren, die wir so gut und ohne Schaden überstanden hatten.

Nach all diesen Ereignissen waren wir so erschöpft, dass wir beschlossen, an diesem Tag nicht noch bis zur nächsten Eisenbahnhaltestelle zu laufen oder auf einen fahrenden Zug aufzuspringen. Es war nötig, sich etwas zu erholen. Einen Platz für das Nachtquartier hatten wir auch schon bald ausfindig gemacht. Ich zeichnete in den Waldboden, wie ich mir die Unterkunft vorstellte. Willy war überrascht über meine guten Gedanken, er konnte ja nicht wissen, dass ich auch das im Zuge des Überlebenstrainings in Moskau gelernt hatte.

Wir sammelten kleine Stämme und Zweige und bauten sie zu einem Zelt auf, danach deckten wir das Zeltdach mit Laub ab, und unsere Schlafstelle war fertig, nicht sehr komfortabel, aber wir waren ja genügsam. Zu guter Letzt legten wir die gesammelten Tannenzweige auf den Innenboden und verwendeten kleine Zweige als Kopfstütze, alles mit Laub abgedeckt, und die Vorbereitungen für die Nacht waren erledigt. Langsam wurde es dunkel, und wir hatten zum ersten Mal etwas Ruhe, und die Anspannung der letzten Stunden oder auch Tage ließ etwas nach. Wir sprachen seit Langem wieder einmal über alles, was uns im Privaten beschäftigte, und zeigten offen unsere Gefühle. Willy hatte große Sehnsucht nach Frau und Sohn Fritz, die er schon jahrelang nicht mehr gesehen hatte. Wie hatte sich Fritz entwickelt, wie groß würde er sein?

Wir träumten von der Zukunft und vergaßen für einige Zeit unsere fast aussichtslose Lage. Plötzlich wurden wir ruhig, und jeder hing seinen Gedanken nach. Ich gab mir ein Versprechen: Wenn wir es bis nach Hause schaffen sollten, wollte ich als Erstes in die Kirche gehen. Woher dieses Versprechen oder der Gedanke in einer solchen ungewissen Lage? Suchte ich einen Verbündeten, der uns beschützen sollte, und mit dem ich den Erfolg unserer Flucht in Stille würdigen wollte? Meine Gedanken gingen in die Zeit zurück, in der ich keine Opernaufführung versäumte, so auch Mozarts Zauberflöte. Ich sah vor mir das schöne Bühnenbild mit dem erhabenen Sarastro[15], der zu seinem Volk die Stimme erhob, um die Botschaft zur Versöhnung zu verkünden. Dies waren solche Augenblicke im Leben, die einem immer in der rauen Wirklichkeit in Erinnerung blieben.

Ich dachte dabei an das Liebespaar Prinz Tamino und seine

---

15 König, der mit Weisheit regiert.

Pamina, das die drei auferlegten Prüfungen bestanden hatte und in Liebe vereint war. Was für Prüfungen uns noch bevorstehen würden, wussten wir nicht, aber wir würden auch unsere Freiheit erlangen.

Es war ein unvergesslicher Augenblick in der Stille, die uns umgab. Alles war so friedlich. Könnte es nicht immer so sein? Ich summte, versunken an die schöne Erinnerung aus Mozarts Zauberflöte, den Gesang das Sarastro.

In diesen heil'gen Hallen
Kennt man die Rache nicht,
Und ist ein Mensch gefallen,
Führt Liebe ihn zur Pflicht.
Dann wandelt er an Freundes Hand
und froh ins bess're Land.

In diesen heil'gen Mauern,
Wo Mensch den Menschen liebt,
Kann kein Verräter lauern
Weil man dem Feind vergibt.
Wen solche Lehren nicht erfreun,
verdienet nicht, ein Mensch zu sein.

Willy fragte, was ich da gesummt hätte. Ich erzählte ihm meine Gedanken. Er erwiderte, dass seiner Meinung nach einige Zeilen des Gefangenenchors aus der Oper Nabucco besser zu unserer Lage passen würden:

Die Erinn'rung gibt uns Stärke
zu erdulden, was uns bedroht

Was an Qualen und Leid unser harret,
uns'rer Heimat bewahr'n wir die Treue!
[...]

Unser letztes Gebet gilt dir und mir.
Teure Heimat, leb wohl.

Was für ein schönes Gefühl, nach so vielen Jahren nicht einsam zu sein. Wir hatten uns verstanden. Wir nahmen uns vor, von jetzt an abends immer den vergangenen Tag zu analysieren.

Dann schauten wir zu den Sternen und suchten den Großen und den Kleinen Bären. Mit diesen Sternen und der Verlängerung der hinteren Achse konnten wir den Polarstern erkennen und damit die Himmelsrichtung bestimmen. Jeder sah gen Westen und machte sich seine Gedanken. Ich fühlte mich auf einmal nicht mehr verlassen, sondern geborgen. Nach dem Austausch der Gedanken und dem Wissen, dass wir uns in die richtige Richtung bewegten, schöpfte ich wieder Mut und Zuversicht. Wir würden es schaffen, sagte ich mir. So schliefen wir dicht an dicht schnell ein, ohne Wache zu halten. Waren wir unvorsichtig? Wir dachten nicht weiter darüber nach.

Unsere Strategie war, keinerlei Gegenstände bei uns zu haben und uns so zu benehmen, als wären wir Arbeiter, die von der Arbeit kommen oder Feierabend haben und nach Hause gehen. Diese Verhaltensweise hatte sich bisher als richtig erwiesen und mehrmals geholfen, schwierige Situationen zu überstehen und einer erneuten Gefangennahme zu entgehen. Schon bei der Fluchtvorbereitung war uns klar geworden, dass unsere leichte Sommerbekleidung – die einzigen Kleidungsstücke, die wir hatten – für eine Übernachtung im Freien nicht geeignet war. Trotzdem entschieden wir uns zu unserer eigenen Sicherheit, nichts weiter mitzunehmen. Denn wir fanden, es sei wichtiger, als Arbeiter nicht weit vom Heimatort zu erscheinen.

Das bedeutete aber auch, dass wir nichts hatten, um uns vor der Nachtkälte zu schützen. Als wir aufwachten, spürten wir erst einmal unsere kalten, steifen Glieder, etwas Bewegung half ein wenig, aber erst die ersten Sonnenstrahlen brachten die Wärme in den Körper zurück. Die Vorstellung, solche Nächte noch mehrmals zu erleben, war nicht sehr angenehm, aber unsere Strategie wollten wir trotzdem nicht ändern. Nachdem wir uns noch mal vergewissert hatten, dass keiner uns beobachtet hatte, rissen wir die Unterkunft ein und gingen zur Wasserstelle. Als wir wieder aufgewärmt waren, konnten wir schon wieder lachen, und unsere Zuversicht wuchs.

In der Ausbildung hatte man immer wieder betont, wie wichtig ein gepflegtes Erscheinungsbild für einen Agenten sei, um nicht aufzufallen.

Deshalb legten wir großen Wert darauf, uns jeden Morgen zu waschen und zu rasieren. Das Rasieren bereitete einige Schwierigkeiten, denn wir besaßen nur eine alte Rasierklinge dafür. Zudem benötigte man einen kleinen Zweig, der gespalten wurde. Dazwischen steckten wir die Klinge, und schon konnte die Rasur beginnen, die zwar ein wenig Geschick erforderte, aber nicht unmöglich war.

Danach bereiteten wir uns ein Waldfrühstück zu: Wir suchten alles, was der Wald an essbaren Wildkräutern zu bieten hatte, und wir fanden reichlich davon, soweit wir die Gewächse kannten. Willy wollte zuerst einiges nicht verspeisen, was ich geerntet hatte, da er glaubte, es könnte giftig sein.

Ich hatte beim Überlebenstraining aber schon eine Menge genießbare Kräuter und Beeren getestet, so etwa Sauerampfer, Bärlauch, Kresse, Gänseblümchen, Vogelmiere, Brennnessel, Butterblume, Beifuß, Rucola, Löwenzahn, Samen und andere Köstlichkeiten. Willy kannte sich mit Pilzen besser aus als ich, und seine Suche war überaus erfolgreich.

Das war zwar nicht unbedingt ein Bauernfrühstück, was wir da kredenzten, aber wir hatten unsere Fundstücke auf Blätter drapiert und tranken frisches Wasser dazu.

Mundraub

Willy fragte auf einmal, ob ich mich noch an den Vorfall im Lager 27/3 in Krasnogorsk erinnern könnte. Ich fragte, welchen er denn meinte. Na, an den im eingezäunten Gemüsegarten für die sowjetischen Offiziere, wo unter den Augen der Bewacher Gemüse gestohlen worden war. Ja, daran konnte ich mich noch sehr genau erinnern. Der Lagerälteste hatte für den, der den Täter meldete, eine Belohnung ausgesetzt. Willy sagte, dass er damals den Mut dieses Diebes bewundert hätte – und jetzt befänden wir uns auf der Flucht! Ich lachte lauthals los, was Willy zunächst nicht verstand, bis ich ihm sagte, dass ich der Dieb gewesen war. Erst wollte er mir nicht glauben, bis ich ihm die Einzelheiten der Tat schilderte und wie mir die geklauten roten Rüben geschmeckt hätten.

Jedes Mal wenn ich an dem Gemüsegarten hungrig vorbeiging, kam mir der Gedanke, wie ich zu diesen Köstlichkeiten gelangen könnte. Es ist schon eine Herausforderung, halb verhungert immer etwas vor sich zu sehen, was man nicht bekommen kann.

In mir reifte der Gedanke, einige der roten Rüben zu klauen. Mehrmals habe ich auch nachts die Lage erkundet, um den günstigsten Zeitpunkt zum Gelingen meines Vorhabens auszumachen.

Nachdem ich glaubte, meine Informationen reichten aus, um in den Besitz des Gemüses zu kommen, musste ich das Vorhaben zweimal abbrechen, da es mir nicht sicher genug war. Ich hatte das

Gefühl, dass ich beobachtet wurde. Ich hatte einmal gelernt, dass nicht unvorsichtig zu werden mein erstes Gebot war, um Erfolg zu haben. Beim dritten Versuch schlich ich bis zum Drahtzaun des Gemüsegartens, grub ein Loch unter den Zaun, robbte zu den roten Rüben und zog so viele heraus, wie ich konnte. Auf dem Rückweg habe ich versucht, alle meine Spuren mit einem Lappen zu vernichten. Vor dem Schlafengehen verdrückte ich noch einen ganzen Teil meiner Beute. Es war ein Festmahl, was ich zu mir nahm.

Willy bemerkte, jetzt sei ihm klar, warum meine Vorschläge immer so gut durchdacht seien. „Du hast eine Veranlagung für illegale Tätigkeiten", sagte er. Ich erwiderte nur: „Was ich für Angst ausgestanden habe, erwischt zu werden, kannst du dir nicht vorstellen!" Jetzt konnten wir beide darüber lachen.

Wir hatten aber keine Zeit, noch länger in der Vergangenheit zu verweilen, denn auf einmal sahen wir eine junge Frau mit einem Eimer in der Hand, sicherlich eine Beerensammlerin, die in unsere Nähe kam, uns jedoch nicht weiter beachtete.

So gestärkt und durch die Episode etwas erheitert, verzichteten wir auf eine Begegnung mit der Frau und setzten unsere Flucht fort.

Vorsichtig liefen wir zur Bahnstrecke, um die Weiterfahrt vorzubereiten. In Leningrad hatten wir die Güterwaggons in der Nähe unseres Arbeitsortes bei jeder Gelegenheit daraufhin überprüft, welche der Waggons sich am besten für das Aufspringen während der Fahrt eigneten. Denn um aufspringen zu können, musste nach Möglichkeit ein Haltegriff vorhanden sein, um sich mit Schwung aufs Trittbrett zu ziehen.

An der Bahnstrecke suchten wir nach einer geeigneten Stelle zum Aufspringen. Einmal war der Hang zum Bahngleis zu steil, an anderer Stelle die Kurve fürs Aufspringen nicht günstig. So liefen wir kilometerweit. Mindestens fünf Züge fuhren vorbei, ohne dass es uns gelang, aufzuspringen. Um ehrlich zu sein: Einmal gelang es mir, doch als ich mich umdrehte, sah ich, dass Willy gestolpert war. Also ließ ich mich wieder herunterfallen, wobei ich mir einige blaue Flecke zuzog. Wir waren beide niedergeschlagen, aber jeder hatte sein Bestes versucht, und Willy hatte schlichtweg Pech gehabt. Wir liefen also weiter entlang der Gleise, in der Ferne waren schon Häuser zu sehen. Dort vermuteten wir einen größeren Bahnhof, wo auch Fernzüge halten würden. Außerdem hofften wir darauf, an dieser Station unsere Position neu bestimmen zu können.

Nach einigen Stunden war das Ortsschild der Stadt Luga zu erkennen.

Diese Stadt war unsere erste Fluchtstation gewesen, die wir laut unserer Planung erreichen wollten, jetzt befanden wir uns tatsächlich hier. Die ersten 165 Kilometer hatten wir also hinter uns, oder, anders gesprochen: Vor uns lagen 165 Kilometer weniger bis zur Grenze. Wir waren auf dem richtigen Weg, und wir hatten ein erstes Zwischenziel erreicht. Wir konnten es beinahe nicht fassen.

Vor dem Bahnhof tummelte sich eine große Menschenmenge, wir konnten aber den Grund dafür nicht erkennen. Erst als wir näher kamen, wurde uns klar: Es war sicherlich Markttag. Wir mischten uns ins Getümmel, und keiner erkannte uns als Flüchtlinge. Ich hatte ein solches Markttreiben zuletzt in Moskau gesehen, als mich mein Ausbilder nach einer Unterweisung im Gorki-Park auf einen Rinok[16] führte, um etwas für sich zu besorgen. Dabei lernte ich auch die Gepflogenheiten des russischen Markttreibens kennen. Zuerst wurden Preise verglichen, dann an mehreren Ständen ge-

16 Russisches Wort für Markt.

kostet, bevor man sich zum Kauf entschloss. Beim Verkosten war ich etwas schüchtern gewesen, mein Ausbilder lachte mich aus und brachte mir bei, wie man sich auf einem Rinok zu benehmen hatte. Das Grundprinzip war, viele Waren zu kosten und zu vergleichen, um erst dann zu kaufen. So langsam kam ich auf den Geschmack und hatte Spaß daran, denn ein solches Einkaufen hatte ich bislang noch nicht gekannt.

Ich gab Willy zu verstehen, dass wir uns über unser weiteres Vorgehen unterhalten müssten.

Dazu suchten wir uns eine ruhige Stelle außerhalb des Marktes, wo ich Willy über die russischen Marktgepflogenheiten informierte.

Er war sehr skeptisch und fragte, ob man das dürfte, insbesondere wir. So ging es eine Weile hin und her, bis wir zu dem Schluss kamen, dass wohl kein normal denkender Mensch Flüchtlinge im normalen Alltagsgeschehen vermuten würde. Deshalb wollten wir unser Glück versuchen. Wie zuvor auch benahmen wir uns dabei so unauffällig wie nur möglich und mischten uns ins Gedränge auf dem Markt vor dem Bahnhof.

Was gab es da nicht alles zu kaufen! Viele der Angebote kannte ich nicht einmal vom Namen her, wie zum Beispiel die roten runden Früchte, die mit Saft und Kernen aufgeschnitten feilgeboten wurden (Granatäpfel). Geschweige denn wusste ich, wie die Waren schmecken würden. Ich fühlte mich in dieser nicht alltäglichen Umgebung etwas unbehaglich. Wir benahmen uns so zurückhaltend wie nur möglich, schließlich waren wir ja in Freiheit und wollten sie uns erhalten.

Nachdem wir einmal alle Stände besichtigt hatten und die Verkäuferinnen uns ihre Waren angeboten hatten, war mir klar, dass hier die gleichen Bedingungen wie in der Nähe von Moskau vor gut einem Jahr herrschten. Es war üblich, erst zu probieren und dann zu kaufen. Und so begannen wir mit der Verkostung der angebotenen Köstlichkeiten. Ich versuchte es zuerst bei einem Käsestand. Ich erhielt ein Stück, das vorzüglich schmeckte.

Jetzt nur ruhig bleiben, sich bedanken und langsam das nächste Opfer suchen! Ich wurde immer dreister und versuchte mein Glück auch bei der Wurst und dem eingelegten Gemüse.

So etwas Gutes hatte ich schon ewig nicht mehr gegessen, aber es war leider nicht genug, um satt zu werden. Von unseren ersparten Rubeln kauften wir Brot und Käse, es war am billigsten, und mit unserem neuen Schatz suchten wir schnell das Weite. Außerhalb der Kleinstadt veranstalteten wir unser erstes Picknick in Freiheit. Wie soll man die Gefühle in einer solchen Lage beschreiben? – Das Markttreiben unter freien Menschen, obwohl man nicht dazugehört, dabei einkaufen mit den erarbeiteten Rubeln, danach das Erworbene in Freiheit verspeisen. Man träumte vor sich hin: Vielleicht sollte das in nicht allzu weiter Zukunft wieder alltäglich sein? Viel Zeit blieb uns für solche Gedanken jedoch nicht, denn wir mussten über die weiteren Schritte nachdenken.

Wir überlegten, wie wir nun vorgehen wollten. Eine Weiterfahrt mit Personenzügen war ausgeschlossen, denn wahrscheinlich würde es sich nicht mehr um überfüllte Vorortzüge, sondern um spärlich besetzte Fern- oder auch Regionalzüge handeln, die für uns blinde Passagiere nicht geeignet waren. Für unser Vorhaben kamen also nur die Züge in Betracht, deren Waggons ein sicheres Versteck boten. Von diesen heraus hofften wir, die Umgebung ständig gut beobachten zu können. Wir mussten also auf Güterzüge umsteigen.

Es war uns klar, dass die Güterzüge nicht an allen Stationen halten würden. Deshalb würde es nötig sein, außerhalb von Ortschaften nach einer günstigen Stelle zum Aufspringen zu suchen. Wir sprachen auch darüber, was wir tun würden, wenn nur einem das Aufspringen gelang. Nach einem weiteren missglückten Versuch, auf einen Güterzug aufzuspringen, überlegten wir intensiv, welche Voraussetzungen für das Aufspringen gegeben sein müssten. Ich erinnerte mich, was man mir während meiner Ausbildung beigebracht hatte.

Erstens durfte der Zug nicht zu schnell fahren, zweitens musste neben den Gleisen genügend Platz zum schnellen Anlaufen vorhanden sein, denn nur wenn man fast die Geschwindigkeit des Zuges erreicht hatte, konnte ein Aufspringen gelingen. Dann galt es nur noch, den Griff zu erfassen, und schon war man ein neuer, wenn auch sicherlich nicht gebetener Fahrgast. Beim nächsten Halt musste dann nur noch ein besserer und bequemerer Sitzplatz, nach Möglichkeit in einem Waggon, gefunden werden. Sollte es Abzweigungen geben, so war so schnell wie möglich zu prüfen, ob die Fahrtrichtung auch noch der Fluchtrichtung entsprach.

Die gleichen Voraussetzungen wie beim Aufsprung mussten auch beim Absprung beachtet werden: Eine Kurve mit einem kleinen Radius eignete sich sehr gut, denn dort musste der Zug seine Geschwindigkeit verringern. Es war aber auch auf die Böschung zu achten, denn sonst konnte man sich schmerzhafte Verletzungen zuziehen.

Des Weiteren galt zu beachten: Alle größeren Städte waren gleichzeitig Knotenpunkte der Eisenbahn, so führte beispielsweise von Luga auch eine Eisenbahnstrecke nach Weliki-Nowgorod, also genau in die falsche Richtung. Man musste somit bei Erreichen eines Knotenpunktes immer genau prüfen, ob die Fahrtrichtung noch stimmte.

Ebenso wichtig war es, den nahenden Zug so zeitig wie möglich sehen zu können. In einer waldreichen Landschaft oder Kurve könnte das ein Problem sein. Bei meiner Ausbildung in Moskau hatte man uns auch eine ganz einfache Methode gezeigt, wie man dem abhelfen konnte: einfach das Ohr auf die Schiene legen, denn der Schall des fahrenden Zuges überträgt sich auf die Schienen. Dieses Geräusch überträgt sich auf weite Entfernung, mit etwas Übung konnte man auch gleich erkennen, um welche Züge es sich handelte. Somit konnte man sich ein wenig auf das Aufspringen vorbereiten. Im Laufe unserer weiteren Flucht gelang das Auf- und Abspringen oftmals schon beim ersten Versuch. Wir waren ja noch lernfähig. Jedes Mal, wenn wir Erfolg hatten, freuten wir uns wie kleine Kinder, denen etwas geglückt ist. Aber leider erlebten wir auch Fehlschläge. Diese wurden anschließend genau analysiert, um beim nächsten Versuch geschickter vorzugehen. Es galt, aus den Fehlern schnell zu lernen.

Nach unseren Unterlagen war unser nächstes Reiseziel Pskow. In Pskow galt es nicht nach links in Richtung Porhov oder rechts in Richtung Panevėžys zu fahren, sondern bis weiter nach Daugavpils in Fahrtrichtung zu bleiben.

Wenn alles gut ging, würden wir dann den Bahnknotenpunkt Vilnius erreichen. Dort erwartete uns eine schwierige Aufgabe, denn wir hatten kein genaues Kartenmaterial und keinerlei Ortskenntnis, aber viele Fahrtrichtungen, die benutzt werden konnten: einmal unsere angepeilte Strecke nach Königsberg; zum anderen konnte man über Baranovichy (in der Nähe hatte ich meine Ausbildung als Funker erhalten) nach Warschau–Posen–Frankfurt/Oder fahren. Dann führte eine weitere Strecke nach Minsk und nach Brest–Warschau, die danach wie die andere Strecke verlief. Auch nach Riga konnte man fahren, aber aus dieser Richtung kamen wir schon mehr oder weniger, und dorthin wollten wir nicht zurück. Diese Strecken kamen also auf keinen Fall infrage, denn wir wollten über Kaunas nach Königsberg. Uns war nur klar, dass die nach Westen oder Norden führenden Bahnlinien sich erst außerhalb der Stadt trennten. Das mangelhafte Kartenmaterial konnte uns auch nicht weiterhelfen.

Ein altes Sprichwort würde sicherlich helfen: „Kommt Zeit, kommt Rat." Dabei gab es circa 100 Kilometer hinter Vilnius noch einen Abzweig zu beachten, der nach Riga führte, auch da wollten wir auf keinen Fall hin. Danach wäre der Weg frei nach Königsberg oder jetzt Kaliningrad. Die Region um Königsberg hatten wir uns für unseren Grenzübertritt ausgesucht, weil dort die neue Grenze sicherlich noch nicht so stark befestigt und gesichert war, wie das wohl bei Posten am ursprünglichen Grenzverlauf der Fall war. Zum anderen ergab sich dort vielleicht eine Möglichkeit, durch noch dort lebende Deutsche genauere Angaben zum neuen Grenzverlauf zu erhalten. Wir mussten also unser Wissen erweitern und uns bessere Ortskenntnisse aneignen, sonst würde es bald neue Schwierigkeiten geben.

Ich hatte von meinem russischen Führungsoffizier eingetrichtert bekommen, in jeder Lage immer eine gute Legende bereitzuhalten, das hieß in unserem Fall: sich als Jugoslawen auszugeben und sich immer den Namen der letzten Bahnstation zu merken. Denn sollten wir aufgegriffen werden, wäre die Ausrede, dass wir uns zum Ausruhen in einen abgestellten Zug gesetzt hätten und im Waggon eingeschlafen seien. Dabei sei plötzlich der Zug abgefahren. Ein Abspringen sei nicht mehr möglich gewesen, der Zug wäre schon zu schnell gefahren, deshalb seien wir froh, dass der Zug jetzt hielt.

Nur mit einer Kontrolle hätten wir nie gerechnet. Wir müssten so schnell wie nur möglich zurück zu unserer Arbeitsstelle, man würde uns hoffentlich noch nicht vermissen, sonst würden wir bestraft. Die wichtigsten russischen Wörter und Ausdrücke, die für eine Verständigung nötig waren, hatte ich mir vor allem während der Fluchtvorbereitung angeeignet.

Hinter Luga gelang uns endlich der Aufsprung auf einen Güterzug, und weiter ging unsere Fahrt ins Ungewisse. Nur eins war klar: Der Zug fuhr nach Pskow und damit in die von uns gewünschte Richtung. Wir hatten es zwar nicht sehr bequem, aber wir fuhren weiter in eine mögliche Freiheit. Wir saßen oder lagen auf den Holzbohlen eines Hochbordwaggons[17] in einer Ecke und waren schon froh, wenn der Waggon halbwegs gesäubert war.

Auf Holzboden zu liegen, kannten wir ja schon aus dem Lager, immer hielt einer Wache, und der andere konnte sich ausruhen, wenn man das so bezeichnen möchte.

Auf dem Güterbahnhof von Pskow hatten wir das Gefühl, als würde unser Zug auf einem Nebengleis abgestellt. Also mussten wir diesen Zug verlassen. Wie nun weiter? Erst einmal schnell weg vom Bahnhofsgelände, denn nicht weit entfernt standen einige Flachwagen-Züge mit Panzern und Militärfahrzeugen beladen, die von Soldaten bewacht wurden. Nach einer kurzen Absprache einigten wir uns darauf, uns nicht in der Nähe der Sowjetarmeefahrzeuge aufzuhalten.

Wir versuchten, uns möglichst unauffällig zu bewegen, aber immer darauf zu achten, uns von den Armeeeinrichtungen fernzuhalten. Trotz der ungemütlichen Lage setzten wir uns in aller Ruhe auf einen Holzstapel, um nicht in Panik zu geraten. Nun wurde das weitere Vorgehen besprochen. Wir müssten außerhalb der Stadt eine Stelle finden, um auf einen Güterzug aufzuspringen. Das war einfacher gedacht als in die Tat umgesetzt, wir hatten nur sehr wenige Anhaltspunkte, wo wir uns überhaupt befanden.

Wir mussten also unbedingt die gewünschte Richtung beibehalten. Dazu waren oftmals große Umwege nötig. Da wir keinen Kompass hatten, mussten wir uns an der Sonne orientieren. Wir liefen durch unwegsames Gelände, immer querfeldein oder durch Waldgebiete, aber wir suchten uns immer wieder Orientierungspunkte, anhand derer wir unseren Weg fortsetzen konnten.

---

17 Offener Güterwaggon mit Seitenwänden.

Einmal hatten wir das Gefühl, wir wären vom gesuchten Weg abgekommen, deshalb wollten wir noch vorsichtiger vorgehen. Wir durften die gesuchte Eisenbahnstrecke nach Rēzekne oder Daugavpils nicht verfehlen. Wir wurden unruhig, denn das hätte eine völlig neue Strategie für unser weiteres Vorgehen erfordert. Jetzt nur nicht den Mut verlieren, wir hatten ja schon so viel geschafft! Wir kamen aber nur sehr langsam voran, immer wieder überprüften wir unsere Richtung, und der Abend kam schneller als gedacht. Als wir endlich außerhalb der Stadt ein unbewohntes Gebiet erreichten, war uns klar, dass wir unser Ziel nicht vor Einbruch der Dunkelheit erreichen würden. Außerdem waren wir sehr erschöpft und beschlossen, nicht sofort die Weiterfahrt zu wagen, sondern zu übernachten.

Nun mussten wir uns wieder überlegen, wie und wo wir möglichst bequem unser Nachtquartier aufschlagen könnten. Ein Hotel konnten wir uns nicht leisten, so richteten wir uns in Mutter Natur ein. Wir fanden einen alten zerfallenen Holzverschlag, den sicher einmal ein Jäger benutzt hatte. Den richteten wir mit Moos und Zweigen so ein, wie wir es gewohnt waren. Am nächsten Morgen hatten wir schon Übung bei der Verrichtung der Morgentoilette. Die Rasur gestaltete sich immer ein wenig kompliziert, aber sie war der Mühe wert.

Jeden Morgen stellten wir uns die Frage, was uns heute wieder erwarten würde. Aber erst einmal mussten wir alle Unterlagen und Aufzeichnungen, die wir nicht mehr benötigten, vernichten, nur keine unnützen Papiere mitführen, die unsere wahre Identität hätten verraten können. Wo war die beste Möglichkeit, um auf einen Zug aufzuspringen? Würde es im ersten Anlauf gelingen? Den richtigen Ort glaubten wir schnell gefunden zu haben, dann legten wir das Ohr auf die Schienen und warteten auf die erste beste Gelegenheit. Willy hatte gerade Horchdienst an der Schiene, als er etwas zu hören meinte. Nachdem wir die Ausgangsstellung für den Sprung bezogen hatten, kam auch schon unser Güterzug angerauscht. Nach einem kurzen Anlauf sprangen wir auf. So befanden wir uns auf der Fahrt zu unserem nächsten Etappenziel. Diesmal war es ein Flachbordwagen, lieber wäre uns ein Hochbordwagen gewesen. Wir hatten nicht immer so viel Glück, unsere Wünsche in puncto Güterzugtyp erfüllt zu bekommen.

Schon in Leningrad hatten wir uns bei der Fluchtvorbereitung informiert, welcher Güterwagentyp für uns am besten geeignet wäre. Wir hatten uns genau angesehen, wo man sich beim Aufsprung festhalten und wie das Material aufgeworfen werden konnte. Dabei stellten wir fest, dass für uns nur Hochbord-Güterzüge infrage kämen.

Der Idealfall wäre ein gedeckter Güterwagen mit Bremserhäuschen. Im Notfall konnte es auch ein Flachbord-, ein Niederbord- oder ein Rungenwagen sein. Diese Informationen über die richtigen Transportmittel halfen uns enorm weiter.

Es kam schon mal vor, dass nicht ein Zug am Tag vorbeikam, der zum Aufspringen und längeren Verbleib geeignet war. Dann eben nochmals das Nachtquartier aufsuchen oder ein neues einrichten.

Am Nachmittag hatten wir das ungeschützte Liegen auf dem Flachwagen satt, zudem großen Hunger, und wir überlegten, wie wir ihn stillen könnten. Als der Zug plötzlich im lettischen Malta hielt, fragten wir uns, ob wir in einem Gehöft um etwas zu essen bitten sollten. Oder wäre das zu riskant? Vor der Entscheidung überlegten wir allerdings, wie viele Kilometer wir wohl von unserer Fluchtstrecke bis nach Königsberg schon zurückgelegt hätten. Wir kamen zu dem Ergebnis, dass wir schon an die Hälfte geschafft haben könnten. Doch der Hunger bestimmte unser ganzes Denken und wir wagten es, ein Gehöft aufzusuchen. Als wir ausstiegen, sahen wir eine Kolchose, die wir allerdings mieden, sie schien uns zu gefährlich. Im Dorf gab es eine schöne Straße mit kleinen Holzhäusern, hier gingen wir entlang und wählten eins davon aus. Es hatte einen gepflegten Vorgarten und machte einen soliden Eindruck. Trotzdem waren wir unschlüssig: Sollten wir wirklich an der Haustür eines fremden Hauses in der Lettischen Sozialistischen Sowjetrepublik klopfen und um etwas Essen bitten?

Wir nahmen all unseren Mut zusammen und betraten den Vorgarten. An der Haustür angekommen, klopfte ich. Mein Herz pochte. Die Tür wurde nach kurzer Zeit von der Hausfrau geöffnet. Wir gaben zu verstehen, dass wir Jugoslawen seien, die den Zug verpasst hätten und hungrig seien. Ob sie nicht etwas zu essen für uns übrig habe. Der Essensgeruch kam uns schon entgegen, solche angenehmen und verführerischen Düfte hatten wir lange nicht mehr gerochen.

Die Frau sah uns kritisch an, aber wir machten ihr anscheinend einen glaubhaften Eindruck. Sie bat uns ins Haus. Wir hätten Glück, meinte sie, es sei gerade Mittagszeit, und für zwei hungrige Mäuler würde das Gekochte sicherlich noch reichen. In dem sehr schön und gut ausgestatteten Wohnraum hielten sich noch ihr Mann und ihre Tochter auf, die ich auf noch nicht ganz 18 Jahre schätzte. Nach einer kurzen Begrüßung baten wir darum, uns noch etwas säubern zu dürfen. Ich hatte das Gefühl, der Hausherrin gefiel es, dass wir zuerst auf unsere Sauberkeit achteten, obwohl wir ausgehungert waren. Wir wuschen nicht nur die Hände, sondern auch den Oberkörper, es war so angenehm, und ich fühlte mich wie zu Hause. In der Zwischenzeit wurden zwei Teller zusätzlich auf den Tisch gestellt, es gab Borschtsch, eine Suppe aus Roten Rüben, und reichlich Brot, wir konnten uns richtig satt essen. Zum Nachtisch wurden uns zwei kleine Pfannkuchen serviert. Was für ein schmackhaftes Menü!

Mit so einer Aufnahme hatten wir überhaupt nicht gerechnet, eine solche angenehme Atmosphäre kannten wir nur noch aus der Zeit vor der Einberufung.

So schön würden wir es in Freiheit auch haben, wenn wir unser Ziel erst erreicht hätten. Wir unterhielten uns angeregt, wenn man es so bezeichnen will, denn unser Russisch war mehr als mangelhaft, aber sie schienen uns zu verstehen. Der Vater sagte uns auf einmal auf den Kopf zu: „Ihr seid doch Deutsche!" Ich kann mir gut vorstellen, dass wir beide in diesem Moment geschockt ausgesehen haben mussten. Sicherlich brauchte ich einige Zeit, um wieder klar denken zu können. Ich gab an, dass wir Österreicher wären, was ja zum Teil auch stimmte. Jetzt wollten sie genau wissen, was wir hier machten und woher wir kamen. Ich wollte nicht die Wahrheit sagen, sondern erklärte, dass wir unsere Arbeitsstelle in einer Kolchose verlassen hätten, aber wieder zurückwollten. Ich glaube kaum, dass sie mir mit meinen wenigen Brocken Russisch glaubten. Es herrschte kurzes Schweigen, doch es kamen Gott sei Dank keine weiteren Fragen. Um die eingetretene Stille zu beenden, fragte ich, wie es ihnen ginge. Die Spannung löste sich. Die Eltern konnten einige Brocken Deutsch und erklärten, dass sich die Letten ganz gut mit den Deutschen verstanden hätten und es ihnen in der ersten Zeit der Besatzung besser gegangen sei als jetzt. Aber die Judenverfolgung und die zwangsweise Verschickung zu Arbeitseinsätzen in Deutschland hätten es mit sich gebracht, dass sich immer mehr Russen und Letten gegen die Besatzer zur Wehr gesetzt hätten. Wir fühlten uns trotz dieser Aussage sehr geborgen und vergaßen beinahe, warum wir eigentlich hier saßen. Die Tochter hatte unseren Gesprächen gelauscht, ohne ein Wort zu sagen. Sie schien die Meinung der Eltern nicht immer zu teilen. Auf einmal hatte ich das Gefühl, dass die Tochter das Verhalten der Eltern missbilligte, und sie begann ein wenig zu widersprechen.

Ich beobachtete sie von nun an genauer, und auf einmal hatte sie schweigend den Raum verlassen.

Da schrillten bei uns die Alarmglocken: Sie könnte ein Mitglied des Komsomol[18] sein und uns aus Patriotismus möglicherweise verraten! Wir bedankten uns eilig und verließen schnell das gastliche Haus. Die Hausfrau packte noch die Reste des Brotes und einige Pfannkuchen als Wegzehrung zusammen und wünschte uns viel Erfolg. Dabei hatte ich den Eindruck, dass sie nun doch froh war, dass wir so schnell ihr Haus verlassen wollten. Ich sagte zu Willy: „Jetzt müssen wir so schnell wie möglich ein geeignetes Versteck finden, denn die Tochter und ihr Freundeskreis könnten uns zum Verhängnis werden."

Am Ende der Straße gab es ein größeres Gebüsch, auf der Straße waren keine Bewohner weit und breit zu sehen, meiner Meinung nach war dieses Gebüsch gut geeignet für ein schnelles und sicheres Untertauchen. Zudem hatte ich gelernt, solche Verstecke zu nutzen, die niemand vermutet. Und wer versteckt sich schon in der Nähe der Häuser an der Hauptstraße? Willy wollte aber lieber schnell weit weg und sich dann erst einen Unterschlupf suchen. Sein Argument war, es sei doch noch alles so ruhig, und deshalb könnten wir es wagen, das Dorf zu verlassen. Nun kam es zu einer kleinen Auseinandersetzung, unserem einzigen Streit während der gesamten Flucht. Er entschuldigte sich später, denn nach sehr kurzer Zeit kam eine Reiterkolonne angeritten, angeführt von der Tochter unserer netten Gastgeber. Sie ritten zum Haus unserer Gastgeber, dann stiegen sie ab und verteilten sich ums Haus. Die Tochter öffnete die Tür und verschwand mit zwei jungen Männern im Haus. Ich möchte nicht wissen, welchen Befragungen die Eltern später durch die staatlichen Organe ausgesetzt waren, ich hoffe nur, sie hatten

---

18 Kommunistische Jugendorganisation der UdSSR.

keine Unannehmlichkeiten wegen unseres Besuches. Nach kurzer Zeit kamen die Reiter wieder aus dem Haus, wir waren ja schon ausgeflogen. Jetzt ritten sie bis kurz vor unser Gebüsch, denn dort teilte sich die Straße. Es bildeten sich zwei Gruppen. Die Gruppe, die nach links ritt, wurde von der Tochter angeführt. Sie ritten nahe an uns vorbei, aber so zentral im Dorf vermutete uns niemand. Sicherlich hätte ich ohne meine Ausbildung den Standort nicht als Versteck gewählt. Denn als die Reiter kamen, hatte ich doch meine Bedenken, ob wir ausreichend getarnt waren.

Nach einiger Zeit kamen die Reiter zurück, sie stritten sich und verschwanden dann. Wir berieten uns ebenfalls. Ich schlug vor, einige Kilometer Richtung Leningrad – Rezēnkne zurückzulaufen, denn es war ja nicht klar, ob die Reiter die Suche nach uns schon aufgegeben hatten oder vielleicht die Bahnanlagen absuchten. Schließlich mussten sie davon ausgehen, dass wir Flüchtlinge waren, und die würden sich bestimmt in Richtung Deutschland orientieren und nicht entgegengesetzt bewegen. Willy tat meinen Vorschlag zunächst als Zeitverschwendung ab, gab aber schließlich nach. Nach mehreren Kilometern in die von mir vorgeschlagene Richtung hatten wir einen günstigen Ausgangspunkt für das Aufspringen auf einen Zug gefunden. Wieder gelang uns das auf Anhieb, und wir setzten unsere Flucht auf einem leeren Güterzug mit deutschem Kennzeichen fort, der auf der Rückfahrt in die Heimat war. Mit diesen Zügen wurde das Reparationsmaterial in die UdSSR geliefert, das ich in Moskau und Leningrad ja auch schon hatte entladen müssen.

Nachdem wir uns etwas beruhigt hatten, konnten wir uns nur noch darüber freuen, dass dieser erste ernsthafte Zwischenfall, der fast das Ende unserer Flucht bedeutet hatte, durch schnelles und richtiges Reagieren letztendlich doch noch so glimpflich ausgegangen war.

Zudem kamen wir zu dem Schluss, auf keinen Fall nochmals ein Gehöft aufzusuchen, da die Gefahr, erkannt und ausgeliefert zu werden, zu groß sein würde.

Kaum vorstellbar, was passieren könnte, wenn die Bewohner das Hauses unter der SS oder deutscher Wehrmacht gelitten hätten. Sie könnten auch Angehörige durch den Krieg verloren haben und auf Deutsche nicht freundlich gesinnt sein.

Offensichtlich waren wir mehr als leichtsinnig und unvorsichtig gewesen. Ein unverzeihliches Verhalten, was zum Glück noch einmal gut überstanden worden war.

Arretiert!

Unser Glück hielt aber nicht allzu lange an, bei einem Halt auf dem Bahnhof von Daugavpils wurden alle Waggons nach blinden Passagieren durchsucht. Zwei Soldaten mit Gewehr im Anschlag zwangen uns auszusteigen. Ich hatte bei meiner Ausbildung in Moskau Kontrollen an den Ausfallstraßen erlebt. Als ich einmal meinen Ausbilder nach dem Sinn der Überprüfungen fragte, sagte er, dies sei in der UdSSR überall üblich und finde zur Sicherheit vor Feinden statt, die sich illegal im Land bewegten. Nur wer die richtigen Dokumente habe, dürfe sein Gebiet verlassen. Dies war auch der Grund, weswegen wir uns zur Flucht per Bahn entschlossen hatten. Nur hatte ich nicht bedacht, dass genau solche Kontrollen auch auf den Schienenwegen stattfinden könnten.

Wir waren wieder gefangen. Was für ein Gefühl! Sollte dies das Ende unserer Flucht bedeuten? Kurz machte sich Verzweiflung breit, aber nach wenigen Schritten auf dem Bahnsteig war mir klar, dass wir nicht aufgeben durften. Was geht einem in einer solchen Situation nicht alles durch den Kopf! Sollte alles vergebens gewesen sein? Oder gab es noch einen Ausweg? Ich wusste es nicht. Jetzt ging es vor allem darum, unseren Plan B umzusetzen, den wir schon bei der Familie, die wir aufgesucht hatten, angewendet hatten. Schon auf dem Weg beschimpfte ich Willy mit allen mir bekannten russischen Schimpfwörtern und machte ihn dafür verantwortlich, dass wir in der Mittagspause auf dem Bahnhofsgelände im Waggon eingeschlafen waren. Ich weiß nicht, ob die Soldaten mein Kauderwelsch verstanden, aber ich hätte in dieser Lage alles versucht. Willy sagte mir später, er war von meinem Wutausbruch vollkommen überwältigt und hätte mir diese schauspielerischen Fähigkeiten überhaupt nicht zugetraut.

Im Bahnhofsgebäude erfolgte eine erste Vernehmung durch die beiden jungen Soldaten. „Woher? Wohin? Ausweispapiere!"

Woher war klar. Ich nannte den Namen der letzten Bahnstation – „Spogi". Wir würden dort als Jugoslawen aus Zagreb auf einer Kolchose arbeiten und hätten auf dem Bahnhof Kartoffeln verladen. In der Mittagspause hätten wir uns in einem abgestellten Zug ausgeruht und seien wohl eingeschlafen. Als wir aufwachten, fuhr der Zug schon, und jetzt wären wir auch ohne Festnahme ausgestiegen, um so schnell wie möglich an unsere Arbeitsstelle zu kommen.

Ich schimpfte nochmals auf Willy, den ich wie vereinbart Serge-Peter nannte, und bombardierte ihn mit meinen russischen Schimpfwörtern. Die zwei Soldaten lächelten bei meiner Schimpftirade und flüsterten sich etwas zu. Sie wussten sicherlich nicht, was sie mit uns anfangen sollten, oder hatten Mitleid mit uns. Auf jeden Fall verließen sie den Raum. Kaum waren sie verschwunden, sagte ich zu Willy, dass wir schnellstmöglich den nächsten Zug besteigen müssten, ganz gleich in welche Richtung er führe, nur schnell fort aus unserer erneuten kurzen Gefangenschaft.

Wir verließen also den Raum und liefen zum nächsten anfahrenden Güterzug, der sogar in unsere Fluchtrichtung Vilnius fuhr. Das Aufsteigen war bei der Anfahrgeschwindigkeit kein Problem. Willy hatte schon die Bordwand überwunden und schaute sich nach mir um. Dabei bemerkte er, dass einer der Soldaten ihn beim Überwinden der Bordwand gesehen hatte.

Er rief mir zu: „Vorsicht, einer der Soldaten hat unsere Flucht bemerkt und hat seine Maschinenpistole auf mich gerichtet." Um unerkannt zu bleiben, duckte ich mich schnell zwischen die Puffer der Waggons. Erst als ich glaubte, unser Güterzug sei außer Schuss- und Sichtweite der Soldaten, überwand auch ich die Bordwand. Willy lag noch flach auf dem Boden. Ich richtete ihn auf und bedankte mich für seine rechtzeitige Warnung. Er winkte nur ab und sagte, er fühlte sich wieder wie im Krieg, als er die Maschinenpistole auf sich gerichtet sah. Wieder einmal hatten wir großes Glück gehabt! Wie schnell konnte die Flucht und damit unser Traum zu Ende sein!

Aber unser Vorhaben schien unter einem guten Stern zu stehen. Doch nur nicht übermütig werden! Denn der Stern alleine war es sicherlich nicht, sondern auch unsere Taktik. Wir hatten keinerlei Gegenstände bei uns, sondern sahen so aus, als ob sich unsere heimatliche Schlaf- und Arbeitsstätte tatsächlich nicht weit entfernt befände.

Trotzdem hoffte ich, auf unserer Flucht nie wieder in eine solche Lage zu kommen, denn man wusste ja nie, wie so etwas enden würde. Dennoch gingen wir nicht davon aus, dass die Flucht misslingen könnte, wir müssten lediglich noch vorsichtiger werden.

Uns blieb nur eine Möglichkeit: Unsere Legende musste noch ausgefeilter werden. Dabei kam ich auf folgende Idee: Zur Unterstützung unserer Aussagen müsste ich einige Arbeitsgegenstände bei mir haben. Willy lachte mich nur aus. Seiner Meinung nach waren meine Vorschläge ja nicht schlecht, aber jetzt reichte es, es würde schon nichts schiefgehen, wir sollten nur so schnell wie möglich nach Hause. Ich betonte dagegen, dass wir noch vorsichtiger vorgehen müssten, indem wir bei jeder Einfahrt in einen Bahnhof, also immer, wenn der Zug seine Geschwindigkeit verringere, sofort auf der Hut und für den Notfall absprungbereit sein müssten, um nicht noch einmal in Gefangenschaft zu geraten.

Doch wir wollten unsere Gedanken nach vorne richten: Wir wollten die Flucht schnell fortsetzen und nicht an die unschönen Ereignisse der letzten Zeit zurückdenken.

Wir überschlugen kurz: Die erste Hälfte des Fluchtweges hatten wir verhältnismäßig schnell geschafft. Auch dazu ein altes

Sprichwort: „Der Pessimist sagt, das Glas ist schon halb leer, der Optimist behauptet, es ist noch halb voll."

Wir überlegten immer wieder, wie wir in Vilnius am besten die Eisenbahnstrecke nach Kaunas erreichen könnten. Schließlich kamen wir zu dem Schluss, noch vor Vilnius abzuspringen und uns ein Nachtlager zu suchen, denn im Dunkeln würden wir die Eisenbahnstrecke bestimmt nicht finden.

Wieder übernachteten wir im Freien. Wir veranstalteten die übliche Morgentoilette und verzehrten die Reste der Verpflegung.

Das Aufspringen auf den Güterzug funktionierte schon sehr gut. Auch hier galt: „Übung macht den Meister." Der Zug, auf dem wir uns befanden, fuhr direkt nach Vilnius. Von Vilnius führten mehrere Eisenbahnlinien in verschiedene Richtungen, so zum Beispiel nach Minsk oder über die Hauptstrecke nach Baranovichy, dahin wollten wir aber auf keinen Fall. Wir mussten also die Abzweigung nach Kaunas finden.

Schon bei der Vorbereitung der Flucht hatten wir erkannt, dass wir hinter Vilnius besonders aufmerksam die Streckenführung verfolgen müssten, um die Abfahrt nach Kaunas zu finden. Erschwerend kam hinzu, dass wir nicht wussten, ob unsere Unterlagen und Fahrstreckenpläne vollständig und dem neuesten Stand entsprachen. Nur eins wussten wir sicher: Der Abzweig lag außerhalb von Vilnius, circa 25 Kilometer in Richtung Baranovichy. Wir durften also nicht weiter als nach Valciunai fahren, kurz davor oder dahinter mussten wir den Zug verlassen.

Wir mussten nach Möglichkeit vor dem Abzweig abspringen und dann zu Fuß zur neuen Eisenbahnlinie laufen und den richtigen Güterzug zur Weiterbeförderung nach Kaunas finden. Die andere Möglichkeit wäre gewesen, in Valciunai den richtigen Zug zu erwischen.

Nochmals arretiert!

Ich hatte mir gerade die erste Station nach Vilnius gemerkt, Juodsiliai, wir waren dabei, den Absprung vorzubereiten, da hielt der Güterzug schon in Valciunai. Als wir aus dem Zug spähten, sahen wir auf einmal Soldaten, die die Waggons kontrollierten. Was sollten wir jetzt tun? Zur Flucht war es zu spät! Also fiel uns nichts Besseres ein, als sich in einer Ecke des Waggons schlafend zu stellen.

Mein Puls schlug schnell. Ich war geschockt. Jetzt war das eingetreten, worauf ich mich theoretisch vorbereitet hatte, woran ich aber nie geglaubt hatte. Sollte dies das Ende unserer Flucht sein? Ich sah erst einmal keinen Ausweg. Jetzt nur nicht kopflos werden, ich hatte ja einen Plan B vorgesehen.

Wir wurden von zwei sehr jungen Soldaten unsanft mit dem Gewehrkolben aus unserem vorgetäuschten Schlaf gerissen. Danach hieß es „Hände hoch!", und wir wurden in einen kleinen Aufenthaltsraum neben den Gleisen geführt. Ich hatte noch auf dem Weg dahin versucht, den Soldaten klarzumachen, dass wir in unsere Kolchose zurück nach Juodsillai müssten. Statt uns gehen zu lassen, bekam ich den Gewehrkolben in den Rücken gerammt und wurde angebrüllt: „Spokoi!" – Ruhe! Auch die mir schon gut bekannten Schimpfwörter wurden mir an den Kopf geschmissen.

Diese Zeichen der Gewalt brachten mich dazu, den Mund zu halten und ohne Widerrede zu folgen.

In dem kleinen Aufenthaltsraum angekommen, durchsuchten sie uns nach unseren Papieren. Als sie keine fanden, versuchte ich zu erklären, dass sie sich beim Chef der Kolchose in Juodsillai befänden. Ich bemerkte, dass die Soldaten ungemütlicher, aber auch unsicherer wurden. Sie waren sicherlich noch unerfahren in der Festnahme solcher Landstreicher, wie wir es waren. Sollte dies unsere Chance sein? Ich fing an zu jammern und sprach von der Strafe, die uns vom Chef der Kolchose erwartete. Wie vereinbart schimpfte ich mit Willy, er sei ein Dummkopf, und verfluchte ihn mit meinen russischen Schimpfwörtern. Ich sah, wie Willy immer blasser wurde, und auch mir ging es nicht besser. War unsere Lage aussichtslos? Nur nicht aufgeben, auch in schwierigsten Situationen muss es noch einen Ausweg geben. Jetzt galt für uns nur noch das Sprichwort: „Die Hoffnung stirbt zuletzt."

Meine letzte Hoffnung war, dass ich mir den Namen der letzten Station, Juodsillai, auf die Hand geschrieben hatte, weil er nicht so leicht zu merken war. Dies hatte ich schon öfter getan: bei der nächsten Station den alten Namen gelöscht und durch den Namen der neuen Station ersetzt. In einem der Fluchtwaggons hatte ich Kohlereste gefunden, die ich von da an als Schreibgerät benutzte. Die Namen hatte ich auf die Waggonwände oder meine Hände geschrieben. Ich weiß nicht, warum, aber diesmal stand der Ortsname Juodsillai noch auf meiner Hand.

Das zeigte ich dem Soldaten, der uns verhörte. Während der Befragung griffen wir wieder auf unsere alte Legende zurück: Wir seien Jugoslawen und arbeiteten auf der Kolchose in Juodsillai und hätten auf dem Bahnhof Früchte verladen.

Zum Ausruhen hätten wir uns in den Waggon gelegt und seien eingeschlafen. Sie glaubten uns sicherlich nicht so richtig. Dann wurden unsere Daten aufgenommen: Name, Geburtstag, Geburts- und Arbeitsort. Wir hatten uns ja schon in der Vorbereitung zur Flucht russische Decknamen ausgedacht. Ich war Igor-Gregor Lutschenkow und Willy war Serge-Peter Kassay, die Vornamen hatten wir uns von unseren Bewachern „geliehen". Als Wohn- und Geburtsort hatten wir Zagreb angegeben. Es kam aber noch viel schlimmer: Nachdem wir alle Angaben zur Person gemacht hatten, sollten wir uns auf Jugoslawisch unterhalten. Nachdem ich die Überraschung überwunden hatte und sicherlich etwas gequält gelacht hatte, gab ich ein Kauderwelsch aus meinem Russischwortschatz von mir, aber mein Schauspiel muss sie etwas überzeugt haben, denn sie verließen uns kurz. Bestimmt würden sie einen ihrer Vorgesetzten holen, und dann wäre alles vorbei. Ich weiß nicht warum, aber ich fragte Willy, ob er noch irgendwelche persönliche Sachen bei sich habe, die Rückschlüsse auf unsere Identität geben könnten.

Er bejahte und zeigte mir einen Brief und ein Bild von Frau und von Kind Fritz. Ich bat ihn, sofort alles in dem im Zimmer befindlichen Herd zu verstecken. Auch alle Unterlagen, die wir zur Flucht benutzt hatten, ließen wir dort verschwinden.

Wenig später kamen die Soldaten zurück. Wir sollten unsere Taschen ausleeren und alle Gegenstände, die wir bei uns hätten, auf den Tisch legen.

Sie sahen sehr genau hin, dass wir alle Taschen leerten. Zusätzlich filzte noch einer, er fand aber nichts. Nun schauten sie unsre Habseligkeiten sehr genau an, bei mir ein Taschentuch, etwas Seife, Arbeitsgegenstände, einen Kamm sowie einige der restlichen Rubel und Kopeken. Auch meine zwei „Goldringe“ aus Messingmuttern mit schönen farbigen Einlagen aus Plaste gefertigt waren dabei.

Zuerst nahmen sie die Rubel und Kopeken sowie die Ringe, die unter den Habseligkeiten waren, wie Schatzsucher an sich. Sicherlich konnten sie aber sonst nichts Verdächtiges bemerken, was unsere Legende hätte anzweifeln lassen.

Es war schon ein sehr merkwürdiges Sammelsurium, das ich da auf den Tisch legte, aber sicherlich ausschlaggebend, um den Wahrheitsgehalt und die Glaubwürdigkeit unserer Aussage zu untermauern. Denn unter den Habseligkeiten befanden sich auch einige Arbeitsgegenstände, die ich ausgewählt hatte und deren Namen ich aussprechen konnte. Als wir in Leningrad unser Installationsmaterial zusammengesucht hatten, hatte ich einige Dinge, die man nicht auffädeln konnte, in meine Taschen gesteckt.

Willy hatte mich damals ausgelacht, doch man konnte nie wissen. Nun konnte ich einen Hammer ohne Stiel (Molot), einige Schrauben (Wint) mit Muttern (Gaigi) sowie eine Zange und eine alte verrostete Feile auf den Tisch legen.

Ich hatte das Gefühl, sie glaubten uns, vielleicht genügten ihnen aber auch die gestohlenen Rubel und Kopeken als Beute.

Für eine Flasche Wodka, das schöne russische Wässerchen, würde es allemal reichen. Das war unsere Chance: Geld verleitete diese einfachen Soldaten sicherlich gelegentlich, ihren Dienst nicht so ernst zu nehmen. Zu Beginn hatte mich Willy noch ausgelacht: „Was soll dieses Zeug? Es ist unnütz und nur eine Belastung." Jetzt war es ein Beweis für die „Wahrhaftigkeit" unserer Aussage. Ein flüchtiger deutscher Kriegsgefangener würde doch nie solche Sachen bei sich haben, solche Dinge wurden doch nur zur Arbeit benötigt. Ich bat, das Werkzeug und die Materialien wieder an mich nehmen zu dürfen. Ein kurzes Nicken, und ich verstaute alles mit einem Grinsen. Ich hatte wieder Hoffnung geschöpft. Die Bewacher unterhielten sich, und wir beobachteten dabei das Geschehen auf den Bahnhofsgleisen, um eine Gelegenheit zur erneuten Flucht zu bekommen. Dabei konnten wir auch genau erkennen, welche Züge schon einer Kontrolle unterzogen worden waren. Auf einmal verließen die zwei Soldaten ohne ein Wort den Raum, um einen ankommenden Zug zu kontrollieren.

War dies ein Zeichen des Himmels? Jetzt aber so schnell wie möglich den Rest unseres Eigentums – die Rubel und Kopeken konnten wir ja nicht zurückfordern – verstauen und wieder auf die Gleise zu einem Güterzug, von dem wir glaubten, er sei schon kontrolliert worden. Wenig später setzte sich der Zug mit seinen neuen blinden Passagieren in Bewegung.

Es war diesmal sehr, sehr knapp hergegangen, nur unser Auftreten mit einer guten, glaubhaften Geschichte hatte uns vor einer erneuten Gefangenschaft gerettet. Unsere Ruhe und Gelassenheit waren aber nur äußerer Schein, denn innerlich hatte ich doch noch ziemliche Angst. Aber was sollte das? Wir waren wieder in Freiheit, und unsere Flucht ging weiter. Nach einiger Zeit hatte sich die Anspannung etwas gelegt und der Adrenalinspiegel wieder normalisiert. Willy sagte lachend zu mir, dass ich Schauspieler hätte werden können, denn er hatte bei meiner Vorstellung nur mit dem Kopf genickt oder „Da, da" gesagt. Ich hatte während der Vernehmung stark unter Stress gestanden, aber auch hier hatte meine Ausbildung bei den Moskauer Sicherheitsbehörden in der Praxis ihren Test bestanden. Ich weiß nicht mehr, wie oft ich in eigener Sache oder mit einer fremden Identität verhört worden war, es war manchmal fast grausam, aber das Ziel dieser Schikane bestand darin, in Stresssituationen nicht zu versagen, nie eine Aussage zu vergessen, die man gemacht hatte, und nicht den Überblick über die Lage zu verlieren. Jetzt hatte ich wieder leichte Magenbeschwerden, aber meine Schweißausbrüche gingen langsam zurück. So eine Gefangennahme mit offenem Ausgang veränderte ja den Cortisonspiegel mit allen seinen Nebenwirkungen, was dazu führte, dass ich bei den Verhören keine Gedächtnislücken hatte. Außerdem erinnerte ich mich immer an die während der Ausbildung eingeübten Verhaltensweisen.

Wie oft hatten mir in Vorbereitung und während der Flucht schon die für Agenten so wichtigen Regeln – den Gegner nicht unterschätzen, sich der Umgebung anpassen und alle Veränderungen richtig deuten – einen Ausweg aus schwierigen Situationen gezeigt. Ich hatte die notwendigen Entscheidungen in klares Handeln umgesetzt, der Drill war also auf fruchtbaren Boden gefallen. Nur hatte ich das Wissen nicht im russischen, sondern im eigenen Interesse angewandt. In der Vorbereitung der Flucht hatte ich darauf bestanden, keinerlei Gepäckstücke oder einen Rucksack mitzuführen, meiner Meinung nach mussten wir so aussehen und auftreten, als wären wir in der jeweiligen Gegend zu Hause, hätten uns aber verirrt. Denn wer wagt schon eine Flucht über eine so lange Strecke ohne Ausrüstung, zum Beispiel ohne eine Decke für kalte Nächte? Sicherlich hatten das auch unsere Bewacher gedacht, denn nur Wahnsinnige flüchten so, wie wir es taten. Aber auch diese Strategie hatte sich bewährt. Doch wenn man ehrlich ist, war diese Vorgehensweise auch mit vielen Unannehmlichkeiten verbunden, denn nachts hatte man nichts zum Zudecken, es konnte sehr kühl werden, und auch wegen der Hygiene und Sauberhaltung der Kleidung musste man sich Gedanken machen. Es mussten also viele Probleme unter schwierigen Bedingungen und ohne große Hilfsmittel gelöst werden. Das Rasieren beispielsweise war immer eine Qual.

Nach ein bis zwei Stunden erkannten wir die Schilder der Stadt Lentvaris in Lettland. Das war die richtige Richtung, das bedeutete, die Flucht verlief genau entlang der geplanten Fahrtroute. Wir waren so glücklich! Wir mussten aber noch vorsichtiger werden, um solche unangenehmen Zwischenfälle in Zukunft zu vermeiden. Wir hatten aber auch nach langer Diskussion keine neuen Ideen, wie wir den Kontrollen entgehen könnten. Also galt weiterhin: Vorsichtig sein und hoffentlich nochmals so ein Glück haben wie bisher!

Ich hatte den Einfall, den gleichen Trick wie zu Anfang der Flucht anzuwenden. Nur diesmal mussten wir wie Gleisarbeiter wirken. Es gab eine kleine Auseinandersetzung über den Sinn oder Unsinn dieses Vorhabens. Wir entschieden uns dann doch dafür. An der nächsten günstigen Station verließen wir den Güterzug, um Material für unser Vorhaben zu sammeln. Innerhalb kurzer

Zeit hatten wir einige Flansche sowie eine Eisenstange gefunden, die circa 1,5 Meter lang war. Wir waren also gut ausgerüstet für unsere neue Legende. Wir vereinbarten auch noch, vor dem Einfahren des Zuges in einen Bahnhof auf beiden Seiten des Geländes genau zu prüfen, ob Kontrollen zu erwarten wären. Sollte einer von uns etwas Verdächtiges bemerken, würden wir das vereinbarte akustische Signal geben und den Zug in sicherer Richtung verlassen. Dreimal husten bedeutete Gefahr von links, kein Signal war gleichbedeutend mit Absteigen rechts. Wir wollten also auf der Seite aussteigen, auf der keine Kontrollen stattfanden. Hinter Kaunas, auf dem Bahnhof Kazlu-Ruda, kam unsere neue Taktik gleich zu Anwendung: Willy rief das vereinbarte Wort „bistro" (schnell), ich sprang mit unserem Material vom Zug und Willy hinter mir her. Die Militärkontrolleure durchsuchten jeden Waggon, wie wir es schon kannten, und wir schauten zu. Wir gingen als Bahnarbeiter verkleidet mit unseren Arbeitsmaterialien langsam in ihre Richtung, um nicht aufzufallen. Mit dem Werkzeug auf den Schultern kamen wir in ihre unmittelbare Nähe. Ich weiß nur, dass ich einen regelrechten Schweißausbruch hatte – nur ruhig bleiben, nicht auffallen, war das Einzige, was ich in diesem Moment dachte. Als wir mit dem ersten Soldaten auf gleicher Höhe waren, begegneten sich unsere Augen, und wenn ich mich richtig erinnere, nickten wir uns sogar kurz zu. Nun suchten wir uns einen Sitzplatz wie Arbeiter, die es nicht eilig haben, um den weiteren Ablauf der Kontrollen zu beobachten. Nach einiger Zeit waren die Kontrollen beendet. Der Güterzug setzte seine Fahrt aber nicht sofort fort. Es dauerte nach unserer Meinung noch eine Ewigkeit, bis sich der Zug in Bewegung setzte. Nun war der Augenblick gekommen, um mit unserem Arbeitsmaterial die Fahrt fortzusetzen.

Wir warfen unsere Arbeitsmaterialien über die Bordwand und konnten danach als alte Profis ohne Schwierigkeiten aufsteigen.

Als wir zur Ruhe gekommen waren, griff ich in meine Jackentasche und zeigte Willy meinen geretteten Schatz, die Rasierklinge, die ich nicht abgeliefert hatte bei der Taschenräumung.

Die Rasierklinge wurde auf einem gespaltenen Stück Holz eingeführt. So konnte man mit der Rasur beginnen. Jeder von uns musste mehr als vorsichtig sein, denn durch die kleinste Unachtsamkeit verletzte man sich. Wenn es halbwegs gelang, freuten wir uns immer wieder darüber. Kleine Schrammen blieben jedoch nicht aus.

Ich hatte aber noch etwas anderes gerettet: Mit einem schelmischen Grinsen zauberte ich in aller Ruhe einen Fünfrubelschein aus dem linken Fußlappen und drei Einrubelscheine aus dem rechten.

Meine mit viel Mühe schwer erarbeiteten Rubel und Kopeken hatte ich nie an einem Ort am Körper versteckt, sondern auch im Jackenfutter, in der Hose oder den Fußlappen hinterlegt.

Willy machte große Augen und sagte, halb beleidigt: „Woher hast du das Geld, und wieso hast du mir nichts davon gesagt?“

Ich erwiderte: „Du hattest ja auch kleine Geheimnisse, wie deine Andenken, die uns nur durch deren rechtzeitige Beseitigung nicht verraten haben. Das war ein Bruch unserer Abmachung und mein Schweigen hat keinem geschadet. Jetzt haben wir sogar noch etwas, was sonst von den Soldaten in Wodka umgesetzt worden wäre.“

Es gab keine weitere Äußerung von Willy. Wir freuten uns nun gemeinsam über unser gerettetes Geld und konnten uns bei der nächsten Gelegenheit auf einem Markt nochmals mit Brot und Käse eindecken.

Ich hatte mich sehr zusammennehmen müssen, als sie mein russisches Geld geklaut hatten. Sie hatten mir meinen Geldschatz, den ich mir so mühsam unter Entbehrung und ungünstigen Verhältnissen im Kriegsgefangenenlager für die Flucht erarbeitet hatte, so einfach weggenommen. Jeder einzelne Ring, Rubel oder jede Kopeke, die sie grinsend eingesteckt hatten, war für mich wie ein Stich in die Brust gewesen.

Willy sagte nur, dass er über meine Umsicht und Unverfrorenheit erstaunt war. Beide waren wir froh, noch etwas Bargeld zu haben. Ein Sprichwort sagt: „Man soll nicht alle Eier in einen Korb legen."

Wir waren richtig ausgelassen über diesen wertvollen Schatz. Mit wie wenig der Mensch doch zufrieden sein kann!

Nach diesen Vorfällen hatten wir Angst und fragten uns, was uns bei der Fahrt bis nach Königsberg und dann zur Grenze noch bevorstehen würde. Bei jedem Halt des Güterzuges, oder besser bei jeder Verringerung der Zuggeschwindigkeit, prüften wir sofort, ob schon wieder Kontrollen anstanden, eine nochmalige Gefangennahme würden wir sicherlich nicht so glimpflich wie bisher überstehen.

Wir wollten unsere Glückssträhne nicht durch Unvorsichtigkeit noch weiter strapazieren, deshalb verließen wir vor jedem größeren Bahnhof unseren Waggon. Ich glaube, einmal hatten wir Glück und entgingen auf diesem Weg einer nochmaligen Kontrolle. Wir hatten den größeren Bahnhof zu spät bemerkt und sahen schon die Soldaten auf die Waggons zusteuern. Im letzten Moment sprangen wir ab. Danach mussten wir die Stadt umgehen, um an deren anderem Ende unsere Bahnstrecke wiederzufinden. Dann mussten wir nur noch eine günstige Ausgangsposition zum Aufspringen finden, und unsere Reise konnte weitergehen. Doch auf diese Weise war schnell ein Tag vergangen.

Uns wurde klar, dass ein Grenzübertritt mit der Bahn überhaupt nicht infrage käme, denn dort wären die Kontrollen noch viel gründlicher, und unsere Legende würde da auch nicht funktionieren. Die Arbeitsgegenstände begleiteten uns bis nach Königsberg und weiter bis zur Grenze, dazu aber später mehr.

Bis wir Königsberg erreichen sollten, gab es aber noch ein anderes drängendes Problem: Wir hatten sehr großen Hunger und Durst, unsere Brotreste und die wenigen Sonnenblumenkerne, die wir noch hatten, hatten die Soldaten mit all unserem Geld eingezogen. Deshalb standen wir wieder vor der Frage, wie wir ohne Geld und Tauschutensilien an etwas Essbares kommen könnten.

Auf einmal sahen wir bei der Einfahrt in einen Bahnhof das Schild in deutscher und russischer Schrift. Es war der Bahnhof „Eydtkau – Eydтĸuhnen" – was war das für ein unbeschreibliches Gefühl!

Nicht mehr in der Fremde, aber doch nicht mehr Deutschland. Das war so unverständlich und doch Gegenwart, mit der ich mich noch nicht so recht abfinden konnte. Hunger und Durst plagten uns aber sehr, und so gab es nur noch einen Gedanken: Wie kommen wir zu etwas Essbarem? Wir mussten bei einer günstigen Gelegenheit vom Zug abspringen, um unseren Durst zu stillen und nach etwas Essen zu suchen.

Mir kam dabei in Erinnerung, dass wir beim Rückzug aus dieser Gegend in vielen Anwesen große Bestände an Lebensmitteln in Gläsern konserviert gesehen hatten, oder aber im Rauch hingen die Schinken. Jetzt träumte ich nur noch davon, wie schön es wäre, eine der Köstlichkeiten vor mir zu haben. Hinter Ebenrode kamen auch die Erinnerungen zurück, weiter nördlich hatte mein erster Fronteinsatz stattgefunden, was hatte ich danach nicht alles erlebt! Dieser Einsatz war sehr kurz gewesen und hatte mein Leben komplett verändert. Ich hatte die schwere Verwundung überlebt und befand mich jetzt auf dem Weg in die Freiheit. Was würde es bis dahin noch für Überraschungen geben?

Durst und Hunger waren so unerträglich, dass wir den Zug bei der ersten sich ergebenden Möglichkeit verließen. Auf einmal fuhr der Güterzug etwas langsamer, und wir riskierten den Absprung, ich landete mit blauen Flecken am Hang, nicht weit von mir unser Arbeitsmaterial.

Willy verpasste den Absprung um Sekunden, was ihm einen leicht verstauchten Arm einbrachte. Wir suchten sofort Deckung am Rande eines kleinen Gebüsches und nahmen unsere erste Mahlzeit in Ostpreußen zu uns: Löwenzahn und Sauerampfer und weitere Waldfrüchte. Dazu schlürften wir Wasser aus einer Wasserlache und versuchten, es möglichst nicht aufzuwirbeln. Wenn man so durstig ist, trinkt man alles, was sich einem bietet, man hat keine Hemmschwelle mehr, was man da vor sich hat. Es war köstlich, wir hatten ja nichts Besseres, aber auch Spinnen schmecken nicht schlecht. „In der Not frisst der Teufel Fliegen", sagt ein altes Sprichwort. Nach dieser Stärkung erkundeten wir die Umgebung, rechter Hand sahen wir einige Häuser, die kamen für uns aber nicht infrage. Links von uns war in weiter Ferne ein einzelnes Gehöft zu sehen und wir fassten den Entschluss, uns dieses näher anzusehen. Vorsichtig, immer in Deckung näherten wir uns, jetzt konnten wir das Anwesen gut beobachten. Nach kurzer Diskussion stand fest, dass wir das Gelände nur betreten wollten, wenn es nicht bewohnt war, denn den letzten Hausbesuch bei einer Familie hatten wir nur mit einem blauen Auge überstanden und waren nur sehr knapp einer erneuten Gefangenschaft entgangen. Nachdem wir unsere Umgebung längere Zeit beobachtet hatten, waren wir der Meinung, dass das Haus nicht mehr bewohnt war. Wir näherten uns von der Seite, wo sich auch die Stallungen befanden, dadurch wollten wir uns eine Rückzugsmöglichkeit offenlassen.

Der Weg über den Haupteingang schien uns zu riskant. Der Garten mit seinen Kräutern war für uns eine Überraschung: Was gab es da nicht alles, was den Winter überstanden hatte? – Köstlichkeiten wie Zwiebellauch, Liebstöckel, Pfefferminze und andere Kräuter. Die ersten Blätter wurden sofort verschlungen.

Im Haus und in den Stallungen war alles verwüstet, es sah trostlos aus. Im Keller waren alle Regale und andere Gegenstände auf einen Haufen geschmissen worden, der Keller hatte sicherlich zeitweise als Toilette gedient. Wie es früher einmal bei dieser Bauernfamilie ausgesehen haben könnte, war sehr schwer vorstellbar.

Ich hatte ja vom Rückzug noch die vielen Vorräte in den Kellern in Erinnerung und dachte, dass sich unter dem stinkenden Haufen vielleicht noch etwas Brauchbares in Gläsern finden könnte. Willy wollte nicht in dem Dreck herumwühlen, es stank so sehr, also machte ich mich alleine auf die Suche. Damit ich nicht alles in die Hand nehmen musste, hatte ich mir eine Mistgabel besorgt, damit ging es einfacher. Auf einmal schrie ich auf, ich hatte ein verschlossenes verdrecktes Glas mit Fleisch in der Hand. Willy kam herbei, er konnte es nicht glauben, aber der Gegenstand war der Beweis. Jetzt forderte ich Willy auf, die Suche fortzusetzen, es kam kein Widerspruch. Nachdem wir alles im Keller durchwühlt hatten, waren wir Besitzer von einer Büchse Fleisch, zwei Büchsen Gemüse und einer mit Obst.

Wir konnten es nicht richtig fassen, aber es war tatsächlich so, wir hatten etwas Essbares gefunden! Bei all unserer Freude wurden wir aber nicht nachlässig: Immer hielt einer Ausschau, ob sich in der Umgebung etwas tat. Wir konnten uns auf „unserem“ Gehöft frei bewegen, hatten genug zu essen und Wasser.

Zuerst säuberten wir die Einweckgläser etwas, dabei stellten wir fest, dass einige verdorben waren. Dann öffneten wir die noch heilen Gläser. Wir zelebrierten das Öffnen wie eine heilige Handlung und verspeisten danach die Köstlichkeiten. Aber nicht zu schnell und alles auf einmal, etwa die Hälfte hielten wir uns für den nächsten Tag zurück. Als wir uns gestärkt hatten, gingen wir zum Brunnen, um uns zu waschen. Alle Kleider wurden abgelegt, und mit der gefundenen Seife nahmen wir eine gründliche Säuberung vor. Wir fühlten uns wie neugeboren. Der Höhepunkt war das Rasieren.

Wir ließen uns Zeit und verwendeten die eine Klinge, die ich bei der Gefangennahme nicht abgegeben hatte. Jetzt gönnten wir uns etwas Ruhe und suchten nach einer Schlafmöglichkeit. Diese war schnell gefunden: Zum ersten Mal während unser Flucht froren wir nicht, denn es gab genug herumliegende Kleidungsstücke, mit denen man sich zudecken konnte. Wir machten uns verrückte Gedanken, wie schön es doch wäre, einige Zeit in dieser friedlichen Umgebung zu verbringen.

Am nächsten Morgen holte uns aber nach dem Verzehr unseres schmackhaften Frühstücks die Realität wieder ein: In der Ferne sahen wir ein kleines Fahrzeug, welches sich in unsere Richtung bewegte. Also Schluss mit lustig und zurück zur Bahnstrecke. Wir beobachteten weiterhin das Fahrzeug und entfernten uns, Deckung suchend, langsam dem neuen Ziel entgegen. Wir konnten noch erkennen, dass es ein Armeefahrzeug war, es hielt aber nur kurz vor unserer zeitweiligen Unterkunft und fuhr bald weiter. Wie leicht hätten sie uns überraschen können! Wieder einmal hatte sich gezeigt, dass man nicht wachsam genug sein konnte. Unsere Flucht hätte so kurz vor dem Ziel ein schnelles Ende nehmen können! Nachdem wir die Bahnstrecke erreicht hatten, fanden wir zunächst keinen günstigen Platz zum Aufspringen. Wir liefen den Bahndamm entlang.

In einer Kurve glaubten wir eine günstige Stelle gefunden zu haben. Jetzt begann das Warten auf unseren „Reisezug“. Ich legte in regelmäßigen Abständen mein Ohr auf das Gleis, bis ich ein Geräusch wahrnahm, dann bereiteten wir uns auf das Aufspringen vor. Doch wir erkannten bald, dass es sich um einen Personenzug handelte, der für uns nicht infrage kam. Wir warteten also auf die nächste Gelegenheit, die sich auch bald bot. Der Aufsprung gelang ohne Probleme, und unsere Fahrt ging weiter Richtung Königsberg.

Wir fuhren durch die erste größere Stadt Insterburg – „Черняховск". Dies war mein erster Einsatzort nach der Offiziersanwärter-Ausbildung gewesen, ich erinnerte mich noch an den Wasserturm in der Kasernenstraße und den Stadtpark mit seinem Denkmal. Ein Kamerad hatte mich in der Freizeit zum Angeln am Schlossteich mitgenommen. Ich hatte noch nie geangelt und stellte mich wie ein richtiger Anfänger an, ein Fisch hatte auch nach einer Stunde noch nicht angebissen. Mir war das Ganze aber auch zu langweilig, da ging ich lieber am Alten Markt spazieren. An Insterburg hatte ich aber auch eine andere Erinnerung: erstes Gefangenenlager und Beginn meines Abtransports nach Moskau zur Agentenausbildung. So ging unsere Fahrt durch Ostpreußen weiter, Wehlau und Tapiau, nördlich davon war auch der Ort meiner Gefangennahme. Mit Ostpreußen verband sich meine gesamte Dienstzeit bei der Wehrmacht, zuerst die Einberufung nach Allenstein zum Infanterieregiment Nr. 1, danach die vielen Orte mit guten wie schlechten Erinnerungen.

Einen Tag später erreichten wir den Bahnhof Königsberg-Schönfließ, unser Zug wurde auf dem Güterbahnhof abgestellt, das war also unsere Endstation. Damit hatten wir die Strecke, die wir per Bahn zurücklegen wollten, in elf Tagen geschafft. Wir konnten es fast nicht glauben, aber diese schwere Etappe Leningrad–Königsberg von einer Länge von 1400 Kilometern war geschafft. Wie nun weiter? Erst einmal so schnell wie möglich vom Bahnhofsgelände verschwinden, denn nicht weit von uns war ein Zug mit russischen Soldaten und Kriegsgerät zu sehen.

Wir irrten vollkommen ziellos durch die Trümmer in der Nähe des Bahnhofes von Königsberg und hielten uns dabei westwärts, denn dort müsste die Grenze zu Polen liegen.

Etwas unbeholfen suchten wir einen Unterschlupf, im Keller eines zerstörten Hauses fanden wir nach langem Suchen eine Bleibe. Jetzt erst einmal unser Arbeitsmaterial ablegen und die Gegend erkunden. Wir waren aber so erschöpft, dass wir beschlossen, uns zuerst auszuruhen. Ich musste als Erster Wache halten, und Willy schlief sofort ein. Ich machte mir erste Gedanken: Wie sollten wir die Grenze erreichen?

Zudem dachte ich über unsere bisherige Flucht nach: Bahn fahren, Städte umgehen, Schlafplätze ausfindig machen und vorbereiten, sich in der Sommerbekleidung so gut wie möglich gegen die Nachtkälte schützen. Wie froh waren wir, wenn wir einen alten Schuppen fanden oder es etwas zum Zudecken gab. Jeden Tag das gleiche Ritual: sich frierend waschen, rasieren und Essbares suchen, was manchmal bestimmt nicht ganz legal war, aber Hunger macht bekanntlich erfinderisch. Auch das Auf- und Abspringen vom Zug hätte manches Mal schlimmer ausgehen können, blaue Flecke und leichte Verstauchungen waren schnell vergessen. Wir hatten eben einen besonderen Schutzengel und fanden immer einen Ausweg aus schwierigen Situationen. Ich hatte immer noch jede Einzelheit der vergangenen Tage im Kopf.

Die Gedanken beschäftigten mich, sobald wir zur Ruhe kamen. Immer wieder fragte ich mich: „Wie haben wir das nur geschafft?“

Nichtsdestotrotz, so sagte ich mir, sollte ich meine Gedanken nicht so sehr an das Gestern verschwenden, sondern nach vorne richten. Uns würden bestimmt noch viele gefährliche Situationen bevorstehen, dachte ich. Dabei kam mir ein Zitat von Platons „Der Staat" in den Sinn: „Nichts Unvollendetes kann für etwas Maßstab sein." Also wollte ich nach vorne schauen. Ich überlegte, ob wir das Arbeitsmaterial bis zur Grenze mitnehmen sollten. Schließlich hatte es uns doch bisher schon so viele gute Dienste geleistet. Ich kam auf die Idee, dass wir die Eisenstange durch Holz ersetzen könnten, das wäre immerhin leichter.

Ich hatte in Vorbereitung der Flucht in Leningrad einen Mitgefangenen ausfindig gemacht, der aus Königsberg stammte. Im Gespräch hatten wir unsere Erfahrungen über den Rückzug in Ostpreußen ausgetauscht.

Dabei zeigte ich großes Interesse an seinen Schilderungen von seiner schönen Heimatstadt Königsberg. Diese Gespräche führte ich mit dem Ziel, so viel wie nur möglich über Königsberg und seine Verbindungen zur Grenze nach Westen zu erfahren.

Mir kam zugute, dass ich durch meine ersten Wochen nach der Einberufung auch einige Kenntnisse über Ostpreußen hatte. Auch unsere Kriegserlebnisse tauschten wir aus, er konnte ja nicht ahnen, wofür ich sein Wissen ausnützen würde.

Dabei brachte ich in Erfahrung, dass von Königsberg aus nur zwei Wege Richtung Westen führten, entweder über Heiligenbeil, circa 65 Kilometer von Königsberg gelegen, oder über Preußisch Eylau, circa 40 Kilometer entfernt.

Mehr wussten wir nicht, aber es war immerhin besser als nichts. Wir hatten also nur wenige Anhaltspunkte für den weiteren Fluchtweg.

Nachdem Willy erwacht war, taten wir deshalb Folgendes: Wir wollten unseren Durst löschen und suchten nach etwas zu essen. Wir durchkämmten die Umgebung, hielten aber auch immer Ausschau nach Streifen der Roten Armee. Wir versuchten auch, einen Fluchtweg und bessere Versteckmöglichkeiten ausfindig zu machen. Eine Wasserlache war schnell gefunden, und der Durst vorerst gestillt. Danach säuberten und rasierten wir uns, um wieder zivilisiert auszusehen.

Beim Durchsuchen von Kellern hörten wir auf einmal Stimmen und suchten einen besseren Zufluchtsort. Wir glaubten nach einiger Zeit, dass es deutsche Frauenstimmen waren. Doch als wir uns ihnen langsam näherten, flohen sie, schließlich bestand unsere Bekleidung aus alten russischen Uniformenteilen, und auch das Käppi gehörte natürlich dazu. Wir sahen von Weitem wie russische Soldaten aus. Und vor diesen fürchtete sich eine Frau in Königsberg Mitte 1946. Für sie waren wir russische Soldaten, die nach Beute suchten, und sie wollten keine leichte Beute sein. Sie hatten Angst und wollten nicht in unsere Hände fallen.

Wir riefen ihnen zu: „Habt keine Angst, wir brauchen eure Hilfe!“ Ich weiß nicht, wer sich von uns mehr erschrak.

Wir starrten uns an, und erst nach einigen Sekunden löste sich diese Starre wieder. Es war ja auch nicht zu glauben: in den Trümmern von Königsberg mit deutschen Frauen in Freiheit vereint.

Was war das schließlich für eine Freude auf beiden Seiten! Wie bei kleinen Kindern, denen eine große Überraschung bereitet worden war. Nach unserem gegenseitigen Kennenlernen berichteten sie uns von ihren letzten Kriegstagen, in denen ihre Väter noch zum Volkssturm eingezogen wurden, um die Festung Königsberg bis zum Endsieg zu verteidigen, denn die Wunderwaffen würden den Sieg noch herbeiführen. Über den Verbleib ihrer Angehörigen wussten sie nichts. Nach dem Einmarsch erlebten sie eine sehr schlimme Zeit, sie waren Freiwild, mit dem man machen konnte, was man wollte.

Wie sehr noch an die Zurückeroberung geglaubt wurde, hatte ich an der vordersten Front erlebt. Auf dem Rückzug hatten wir Stellung in einem kleinen Bauernhof bezogen, und einer von uns hatte die Kühe gemolken, ein anderer hatte drei Hühner geschlachtet. Wir waren also dabei, nach Tagen ohne Verpflegung etwas Essen zuzubereiten. Unser Auftrag lautete: bis zum Abend die Stellung halten und danach Rückzug.

Auf einmal fuhr ein Pferdefuhrwerk auf den Hof, ich dachte schon, es wären die Russen, aber es war der Besitzer des Hofes.

Er beschimpfte uns und behauptete, wir würden sein Eigentum plündern, verlangte die Milch und die Hühner sofort zurück, denn er hätte am Tag zuvor im Radio gehört, die Offensive beginne mit den neuen Wunderwaffen und sie könnten in wenigen Tagen wieder nach Hause zurück. Als wir dies als Märchen abtaten, wurden wir von ihm als Verräter bezeichnet, er war nicht davon zu überzeugen, dass wir uns auf dem Rückzug befanden. Er fuhr wieder weg, und wir molken die anderen Kühe, schlachten brauchten wir nichts mehr, denn im Rauch hingen noch viele Schinken, und im Keller war Anfang Februar 1945 alles in Hülle und Fülle vorhanden. Die Regale im Keller waren voll mit Büchsen und Einmachgläsern, die Bäuerin hatte sich große Mühe gegeben, alles mit Datum und Inhalt zu beschriften, so konnten wir uns Fleisch, Obst oder Gemüse wie im Kaufhaus aussuchen. So gutes Essen hatten wir lange nicht mehr bekommen, leider konnten wir nichts mitnehmen, denn unsere Ausrüstung war schon schwer genug, so wurde wieder ein Stück Heimat aufgegeben und dem Feind überlassen.

Es stimmte einen schon traurig. Einige Kilometer weiter kamen wir an einem einsamen Gehöft vorbei, dort wollten die Besitzer ihren Hof und die Heimat nicht verlassen. Großeltern, Tochter und Enkelkinder hatten sich in einer Ecke in der Stube zusammengepfercht und warteten auf die ungewisse Zukunft. Alles Zureden und unsere Versicherung, wir seien die letzte deutsche Einheit, halfen nicht, ihre Meinung zu ändern.

Der Großvater sagte, sie würden bleiben, dieses Grundstück hätten sie von ihren Vorfahren, und sie würden auch unter einer anderen Herrschaft die Felder bestellen. Bauern waren sie schon immer und würden es immer bleiben.

So lernte ich die Verbohrtheit einerseits kennen, und andererseits die Verzweiflung angesichts der ungewissen Zukunft. Es gab nichts mehr zu gewinnen, was hatte der Faschismus den Menschen nur angetan? Wie viele waren verblendet und hatten der Propaganda der Machthaber geglaubt? Auch ich fragte mich, welche Zukunft mich wohl erwartete, vermutlich eine genauso ungewisse wie diese Familien.

Unsere guten Geister besuchten uns nun täglich in unserem Kellerquartier, dabei hatten wir die gleichen Interessen: Wir brauchten etwas zu essen und viel Information über den Grenzverlauf und die Wege dahin. Sie suchten in den Trümmern nach Gegenständen, die auf dem schwarzen Markt abgesetzt werden konnten. Unsere Arbeitsteilung sah somit wie folgt aus: Wir wühlten in ihrer Abwesenheit in den Trümmern der umliegenden Häuser vorsichtig nach brauchbaren Gegenständen und Sachen und waren dabei ihrer Meinung nach erfolgreicher als sie. Der beste Gegenstand, den wir fanden, war ein verdreckter kleiner Behälter, in dem sich ein Rasierapparat mit Klingen befand.

Es war für uns eine große Erleichterung, denn das Rasieren mit einer Klinge in einem gespaltenen Stück Holz war keine angenehme Angelegenheit.

Wir fanden relativ viel. Manchmal zeigten die Frauen uns, wo ihnen bekannte Familien gewohnt hatten, die alles verloren hatten. Die Reste ihres Besitzes lagen im Schutt vor uns, ihre Schicksale blieben uns fremd. Die vielen Bilder, die in den Wohnungen herumlagen, zeigten ein schönes Familienleben und fröhliche

Menschen in friedlichen Zeiten. Auch mir kamen die Gedanken an manche schöne Erlebnisse in Freiheit und Frieden, aber jetzt durften wir nicht sentimental werden, die Lage war viel zu ernst.

Ein umgefallener Eichenkleiderschrank hatte seinen Sturz fast heil überstanden, prallvoll mit Frauenkleidern, aber es waren auch einige Männerschuhe darunter. Unsere Schuhe waren durchlöchert und zerlumpt, deswegen probierten wir die herumliegenden Paare, und Willy fand eines, das ihm passte. Mit diesen, meiner Meinung nach schönen Schuhen fühlte er sich gleich viel wohler. Ich probierte auch Schuhe, doch als ich aufstand und damit laufen wollte, stellte ich fest, die Schuhe waren mir zu klein. Also musste ich notgedrungen die alten Latschen wieder anziehen.

In Teilen einer ehemaligen Küche fanden wir sogar noch einige Lebensmittel wie Nudeln, Reis, Erbsen und eine Büchse mit Geflügelfleisch. Die Gegenstände übergaben wir beim nächsten Besuch unseren Freundinnen. Sie waren richtig erstaunt, was wir in der kurzen Zeit alles gesammelt hatten.

Sie versprachen uns, uns aus den Lebensmitteln ein gutes Essen zuzubereiten. Und tatsächlich: Am nächsten Tag wurden wir reichlich belohnt, sie hatten uns eine gute, schmackhafte Mahlzeit gekocht, so etwas hatten wir schon jahrelang nicht mehr bekommen.

Unser Hauptanliegen aber war: Wie kommen wir auf dem kürzesten und nach Möglichkeit auch sichersten Weg zur polnischen Grenze? Wir befragten die Frauen eingehend, die circa 40 Jahre waren. Erst einmal bestätigten sie uns, dass es zwei Wege gäbe, die infrage kämen, einmal über Preußisch Eylau, jetzt Bagrationowsk, ungefähr 40 Kilometer entfernt. Oder Heiligenbeil, jetzt Mamonowo, circa 60 Kilometer von Königsberg entfernt gelegen. Ihrer Meinung nach wäre die Strecke über Preußisch Eylau günstiger. Unserer Bitte, uns Kartenmaterial von Königsberg und vom Weg zur Grenze zu besorgen, waren sie nachgekommen, jetzt konnten wir den weiteren Fluchtweg planen. Nach Preußisch Eylau sollten wir über die Straße gelangen. Dabei wollten wir prüfen, ob der Schienenweg nach Allenstein nicht sicherer wäre, dieser lief weitgehend parallel zur Straße nach Preußisch Eylau.

Drei Tage später fühlten wir uns gestärkt und waren bereit für die nächste Fluchtetappe: also weiter in Richtung Grenze UdSSR – Polen. Es galt, Abschied zu nehmen, die Frauen wollten unbedingt mit uns gehen, aber wir redeten ihnen das aus.

Zu viert wäre es noch gefährlicher, und was uns erwarten würde, war mehr als ungewiss. In den Gesprächen versuchten wir, sie von unserer Meinung zu überzeugen: Sie hätten sicherlich schon die schwerste Zeit überstanden, wir hätten sie noch vor uns. Unter Tränen ließen sie sich von unseren Argumenten überzeugen.

Sie gaben auch zu, dass sie von keinem gelungenen Fluchtversuch wüssten, sondern nur von solchen, deren Scheitern wir auch schon miterlebt hatten.

Sie gaben uns noch den Rat, in Preußisch Eylau sehr vorsichtig zu sein, denn dort hatte es nach Augenzeugenberichten 1945 ein großes Massaker an den Bewohnern der Stadt gegeben. Wir sollten in Eylau nach Möglichkeit am Ende des Bahnhofs Richtung Grenze links, in die Straße Richtung Domnau abbiegen. Von dieser Straße nach Süden hätten wir die beste Möglichkeit, die neue Staatsgrenze, und damit unser Ziel, zu finden. Eine bessere Beschreibung der Grenzsituation hatten wir nicht, ich machte mir aber auch keine weiteren Gedanken. Ohnehin müssten wir die Lage vor Ort einschätzen.

Es war ein sehr herzlicher Abschied, sicherlich für immer. Trotz der wenigen gemeinsam verbrachten Zeit konnten wir mit den Frauen den schwierigen Alltag und die Gefahr vergessen, in der wir uns befanden. Aber der Abschied musste sein, zum Träumen hatten wir keine Zeit, auch wenn wir beim Grenzübergang große

Hindernisse und Schwierigkeiten erwarteten. Wir sprachen nicht viel darüber, wie es wohl weitergehen würde, unser Wille und auch der Glaube an den Erfolg waren das Einzige, was uns vorwärtstrieb, es blieb uns ja auch keine andere Wahl. Wir hatten auch keinen Grund, so kurz vor dem Ziel aufzugeben.

Also nicht reden, sondern nachdenken. Wie könnten wir die letzte große Aufgabe, die Grenzüberwindung UdSSR – Polen, meistern? Reichten uns die Informationen aus, die wir erhalten hatten? Wir überprüften alles, soweit das möglich war, und stellten zusätzliche Fragen. Eine kleine Skizze, die wir angefertigt hatten, sollte uns bei dem weiteren Vorhaben etwas Sicherheit geben.

Unser abgespecktes Arbeitsmaterial und die anderen kleinen Hilfsmittel, die uns mehr als einmal aus einer schwierigen Situation geholfen hatten, ließen wir nicht zurück, sondern nahmen sie mit bis zur Grenze. Die Zange und eine Feile steckte ich in meine Tasche, man wusste ja nicht, was uns an der Grenze erwartete, vielleicht könnten diese Gegenstände beim Grenzübertritt nochmals hilfreich sein.

Es war gar nicht so einfach, den Weg aus der zerstörten Stadt Königsberg in die richtige Richtung zu finden, dabei mussten wir auch noch etwaige russische Kontrollen fürchten. Aber wir hatten ja gute Ratgeberinnen gehabt, die uns auf einige Kontrollpunkte in der Stadt aufmerksam gemacht hatten.

Ihre gute Beschreibung half uns, verhältnismäßig schnell den richtigen Weg aus der Trümmerlandschaft Königsberg Richtung Grenze zu finden. Auch die parallel liegende Bahnlinie hatten wir gefunden, damit war klar, dass wir uns in der richtigen Richtung nach Preußisch Eylau befanden. Wir mussten über zwei Stunden Fußmarsch hinter uns bringen, dabei immer das Werkzeug auf den Schultern. Wenn uns ein Armeefahrzeug begegnete, hatten wir jedes Mal Angst vor einer Kontrolle.

In einer Kurve hinter Wittenberg-Niwenskoje kam ein Lkw, auf dem sich russische Grenzsoldaten befanden. Der Fahrer stoppte und fragte uns, ob wir mitfahren wollten. Sie würden nach Bagrationowsk fahren. Wir sagten Ja, denn dort in der Nähe befände sich unser Arbeitsort. Sehr schnell waren wir mit unserem Material aufgestiegen und befanden uns unter den Grenzsoldaten, waren aber sehr redefaul. Sicherlich hatte der Fahrer uns für Russen gehalten. So kamen wir schnell nach Bagrationowsk, früher Preußisch Eylau, und hatten einige Stunden Fußmarsch sowie eine Strecke von über 10 Kilometern gespart. Auf dem Lkw mussten wir uns einige Mal anschauen und konnten uns ein Lächeln nicht verkneifen. Was gibt es im Leben manchmal für komische Situationen, mit denen man fertigwerden muss? Als wir in Eylau ankamen, klopfte ich auf das Fahrerdach und gab zu verstehen, dass wir hier aussteigen und zur Arbeit gehen wollten. Es klappte. Wir bedankten uns mit einem Lächeln.

Zuerst sahen wir nur zerstörte Häuser und versuchten, uns zu orientieren. Als uns einige Russen entgegenkamen, benahmen wir uns mit etwas gemischten Gefühlen wie normale Fußgänger. Nach diesem Vorfall versteckten wir uns erst einmal in einer Ruine an der Straße, um uns nach diesem Ereignis etwas zu erholen und das weitere Vorgehen abzusprechen. Das Bahnhofsgelände erkannten wir. Nun mussten wir nur noch die Straße finden, die in Richtung Domnau, Domnowo, führte, genauso wie es uns die Frauen aus Königsberg gesagt hatten. Bis hierher waren sie uns sehr gute Ratgeberinnen gewesen, wenn das so weiterginge, wären wir in einigen Stunden in Freiheit. Uns trieb nur ein Gedanke: möglichst unbehelligt die Grenze UdSSR – Polen überwinden.

Am Ende des Bahnhofsgeländes glaubten wir den richtigen Weg gefunden zu haben, er führte nach links von der Hauptstraße weg, wie von den Frauen beschrieben. Nun mussten wir noch einige

Kilometer zurücklegen und den günstigsten Ausgangspunkt für den Grenzübertritt suchen.

Nach Meinung unserer Ratgeberinnen aus Königsberg sollte das in der Nähe des Dorfes Klein Sausgarten, Bekarten oder Kapsitten möglich sein. So unsicher wie auf den letzten Kilometern waren wir auf der gesamten bisherigen Strecke noch nicht gewesen. Keine Menschenseele war zu sehen, wir hatten das Gefühl, wir befänden uns im Niemandsland. Wir beobachteten unsere Umgebung genau, versuchten immer eine mögliche Deckung ausfindig zu machen.

Wir gingen zeitweise in einem größeren Abstand voneinander, um uns gegenseitig abzusichern.

Ich hatte zu bedenken gegeben, den Weg zur Grenze im hohen Gras zurückzulegen; stattdessen wäre eine unübersichtliche Stelle, von der aus wir aber Hindernisse besser erkennen könnten, besser dafür geeignet. In Moskau hatte man es mir so beigebracht, denn die Grenze könnte durch Signaldrähte und andere Fallen im Boden gesichert sein.

Nun begann die Suche nach einer günstigen Stelle für den Grenzübertritt. Die Strecke zwischen den Dörfern, wo wir diese Stelle finden sollten, war circa sechs Kilometer lang. In einem kleinen Waldstück besprachen wir nochmals die Lage. Wir kamen zu dem Schluss, den Übertritt zwischen Klein Sausgarten und Bekarten wagen zu wollen. Der Weg zwischen diesen zwei Dörfern betrug nur ungefähr zwei Kilometer. Wir brauchten uns keinen Mut zu machen, wir waren uns unserer Sache so sicher, dass die Flucht gelingen würde. Also los und weiter!

Erster Versuch von der Straße Richtung Grenze! Ein kleiner Waldweg führte in die richtige Richtung, endete aber nach circa 150 Metern in einer Wiese. Außerdem war in weiter Ferne, in ungefähr zwei Kilometern, ein Wachturm zu sehen. Das erschien uns zu gefährlich, also kehrten wir zurück auf die Straße. Aber vorher hatten wir Ausschau gehalten, wo eventuell ein weiterer Versuch möglich wäre. Ein kleines Wäldchen in der Ferne schien uns günstiger.

Zweiter Versuch! Ein verwachsenes Bächlein machte einen guten Eindruck, aber alles war voll Schlamm und Brennnesseln. Ich versuchte es, versank aber sofort bis zum Knie im Morast, was sehr unangenehm war.

Weitere Suche in Richtung Bekarten. Nach einem Kilometer wagten wir den dritten Versuch. Wieder befanden wir uns auf einem Waldweg in einem sehr schönen Buchenwald, aber nach circa 400 Metern hatte man freie Sicht, und nicht weit entfernt war ein Gehöft zu sehen. Wieder wägten wir ab. Aber auch diese Stelle erschien uns mit dem vielleicht bewohnten Gehöft und der Freifläche zu riskant.

Wir unternahmen noch zwei weitere Versuche an anderen Stellen mit ähnlich schlechten Ergebnissen. Nun mussten wir eine Entscheidung treffen. Wir entschlossen uns, nicht weiterzusuchen, sondern zu prüfen, welcher der Wege uns am sichersten erschien. Alle fünf hatten jeweils ihre Vor- und Nachteile. Der mit dem Bächlein stand zunächst nicht zur Debatte.

Immer wieder vermuteten wir auf dem Weg eventuell vorhandene Signaldrähte oder andere nicht leicht sichtbare Hindernisse, diese waren im hohen Gras nicht zu sehen und könnten zum Scheitern unseres Vorhabens so kurz vor dem Ziel führen. Wir verschanzten uns in einem Gebüsch und gingen alle Varianten durch. Welche schien die erfolgversprechendste? Wir entschieden uns für den zweiten Weg, den einerseits unangenehmsten, der aber andererseits bestimmt am sichersten war: den mit dem kleinen morastigen Bächlein.

Also zurück dorthin: Auf einmal vernahmen wir weit entfernt

in der bis jetzt menschenleeren Gegend Motorengeräusche. Vorsichtshalber versteckten wir uns im nächsten Gebüsch. Nach einiger Zeit kam ein Geländewagen mit Grenzsoldaten angefahren und fuhr an uns vorbei – wieder einmal Glück gehabt, wir waren nicht entdeckt worden.

Schließlich erreichten wir das verwachsene Bächlein. Zuerst standen wir etwas unsicher vor dem schlammigen Wasser, denn es war kein schöner Anblick, was uns da erwartete, aber wir hatten uns ja für diesen Weg entschieden. Wir schauten uns an und hegten beide unsere Zweifel, ob wir wohl die richtige Entscheidung getroffen hätten. Ich sagte bestimmt: „Es gibt kein Zurück, dieser Weg wird genommen.“ Nach wenigen Schritten war klar, dass wir angesichts des Morasts, des Wassers und des Bewuchses unsere Bekleidung ausziehen mussten. Jetzt umgaben uns neben Wasser und Morast auch noch die bis zu zwei Meter hohen Brennnesselstauden, und wir waren fast nackt.

Aber es gab kein Zurück mehr, zum einen versanken wir bis über die Knie im Morast, was sehr unangenehm war. Aber die Brennnesseln waren noch unangenehmer. Der Körper war überall rot, alles brannte und juckte, aber wir mussten das Jucken und die Schmerzen aushalten und irgendwie ignorieren. Wir bewegten uns unter diesen Umständen nur sehr langsam vorwärts. Gleichzeitig mussten wir auf der Hut sein und vorhandene Hindernisse der Grenzsicherung möglichst rechtzeitig erkennen.

Wie richtig unsere Einschätzung gewesen war, zeigte sich schon nach circa 500 Metern. Gerade noch rechtzeitig erkannten wir einen Signaldraht, der über dem Bächlein hing. Vorsichtig bewegten wir uns auf das Hindernis zu. Zuerst wollten wir darübersteigen, aber das war zu unsicher, denn in dem morastigen Boden hatten wir keinen festen Halt. Also entschlossen wir uns, unter dem Signaldraht in das Dreckwasser tief einzutauchen und unser Glück zu versuchen. Ich übergab Willy meine Kleider, damit sie trocken blieben. Nach der „Unterquerung“ bekam ich meine Kleider gereicht. Jetzt war Willy an der Reihe. Ich bekam seine Sachen, danach tauchte er unter dem Signaldraht hindurch. Auf freiem Feld hätte so ein Draht das Ende unserer Flucht bedeutet. Dann stellten wir uns die bange Frage: War das alles oder nur der Anfang von anderen bösen Überraschungen? Wir richteten uns darauf ein, noch auf weitere Unannehmlichkeiten zu stoßen. Also noch vorsichtiger und weiter so bis kurz vor die Grenze.

Die nächste Überraschung: Signaldraht Nummer zwei, der jedoch nur wenige Zentimeter über der Wasseroberfläche verlief. Das Wasser war auch nur einige Zentimeter tief, und der Morast dafür umso tiefer. Wir überlegten eine Weile und entschlossen uns schließlich für folgendes Vorgehen:

Diesmal gab ich Willy meine Sachen und legte mich mit dem Rücken ins Wasser und in den Morast, dabei tauchte ich so in die Brühe, dass ich den Signaldraht noch sah, mich aber darunter wegbewegte. Es musste komisch ausgesehen haben, denn Willy konnte sich ein leises Lachen nicht verkneifen, als ich als Mohr dem „Bächlein“ entstieg.

Nun kam Willy an die Reihe. Er fragte kleinlaut: „Muss das sein?“ Ich entgegnete, ob er vielleicht eine bessere Lösung wüsste. Dreck ginge schließlich weg. Er gab keine Antwort, überreichte mir seine Sachen und tauchte unter Überwindung seines Ekels unter dem Draht hindurch. Nach der gelungenen Überwindung konnte auch ich erleichtert lächeln.

Jetzt weiter in Richtung Grenze. Auf einmal lag vor uns eine freie Lichtung und dahinter, in etwa 400 Meter Entfernung, der Grenzzaun UdSSR – Polen. Was für ein Gefühl: Nur noch 400 Meter, und dann wären wir in Freiheit. Jetzt konnten wir endlich wieder unsere trockene Kleidung anziehen, nur das Jucken der

Brennnesseln mussten wir noch aushalten, da half auch kein Kratzen. Der Anblick der Grenze hatte uns wie verzaubert.

Was hatten wir nicht alles auf uns genommen, um dieses Ziel zu erreichen! Wir schauten uns an, sagten aber nichts, sondern umarmten uns nur.

Auf einmal waren alle Anstrengungen vergessen. Wie vielen Kriegsgefangenen ist es schon gelungen, so nahe an die Grenze in die Freiheit gelangt zu sein?

Zum Nachdenken blieb jedoch keine Zeit, noch hatten wir die Grenze ja nicht überwunden. Das Anschauen alleine reichte nicht aus, wir mussten hinüber. Bloß wie? Uns war noch nicht klar, wie wir das am besten anstellen sollten.

Der Zaun war 4,5 Meter hoch. In 800 Meter Entfernung befand sich ein Wachturm. Zuerst einmal wollten wir herausfinden, in welchen Abständen die Soldaten ihre Grenzkontrollgänge durchführten, ob es auf dem Wachturm eine Besatzung gab und welchen Überblick sie auf den Grenzabschnitt hatte, wo wir den Übertritt wagen wollten. Wir hatten schon eine lange Zeit alles genau beobachtet, aber nichts Auffälliges bemerkt. In weiter Entfernung waren einige Grenzsoldaten zu sehen, die aber keinen Einblick in unseren Grenzabschnitt hatten. Jetzt war uns klar: Nur hier konnten wir den Grenzübertritt wagen, nach 1500 Kilometern waren wir unserem Ziel so nahe, wir mussten nur noch die letzten Meter schaffen. Ich konnte es immer noch nicht begreifen! Jetzt nur nicht leichtsinnig werden! Zuerst verschoben wir unseren Standort etwas nach links, um noch weiter vom Wachturm und den Grenzsoldaten entfernt zu sein beziehungsweise um eine bessere Deckung zu haben. Einer beobachtete immer den Wachturm, der andere die Umgebung. Wir kamen zu dem Schluss, dass der Turm nicht besetzt war, Soldaten auf

Kontrollgang konnten wir auf unserer jetzigen Position nicht wahrnehmen.

Jetzt beschäftigten uns andere Fragen: Gibt es noch einen Signaldraht oder ein anderes Hindernis vor dem Grenzzaun? Und wie wollen wir den 4,5 Meter hohen Zaun überwinden? Überklettern wäre tagsüber sehr auffällig, wenn nicht gar unmöglich gewesen, im Dunkeln könnten Posten mit Hunden Streife laufen. Damit käme der Grenzübergang auch nachts nicht infrage. Nur wenn es keine andere Möglichkeit gäbe, wollten wir diesen Versuch wagen. Oder wir müssten nach Klein Sausgarten zurück, dort in einem verlassenen Haus übernachten und es am nächsten Tag nochmals versuchen. Bei dem Gedanken spürte ich sofort wieder am ganzen Körper die Auswirkungen der Brennnesseln.

Nach eingehender Diskussion fassten wir folgenden Entschluss: Ich wollte mich, etwas getarnt durch Gras und Zweige, wie ein Tier auf vier Beinen beziehungsweise robbend langsam bis zur Grenze durch das hohe Gras vorarbeiten. Dabei würde ich versuchen, im Gras so wenig Spuren wie nur möglich zu hinterlassen. Vor jedem Schritt wollte ich prüfen, ob noch ein Signaldraht oder andere Fallen zur Grenzsicherung bestanden. Sollte ich etwas Verdächtiges bemerken, wollte ich die Stelle für Willy markieren, dazu hatte ich einige Zweige im Mund.

Danach galt es, die erkannten Hindernisse zu überwinden oder zu beseitigen. Wir hatten noch einige Zeichen zur besseren Verständigung vereinbart: Wenn ich die Hand mit gestreckten Fingern hob, war alles in Ordnung, bei geballter Faust war Gefahr im Verzug.

Auf einmal musste ich lächeln. Willy fragte, wieso mir ausgerechnet jetzt zum Lachen zumute sei. Ich antwortete, dass ich mich gerade daran erinnert hätte, dass ich schon einmal einen Zaun unter großer Gefahr überwunden hatte. Es war im Lager 27/3, wo ich aus dem Gemüsegarten des Lagers Rote Rüben geklaut hatte.

Dazu musste ich den Drahtzaun auch wie ein Maulwurf untergraben. Damals ging es um einige Rüben und jetzt um unsere Freiheit, aber beide Male war es eine sehr gefährliche Aktion gewesen. Da meinte Willy: „Na, wenn du so viel Erfahrung hast, kann ja nichts mehr schiefgehen. Du Spinner! Wir haben jetzt andere Sorgen …"

Sollte ich gefangen genommen werden, sollte Willy sich zurückziehen und sein weiteres Glück alleine versuchen. Mir war klar, dass ich nicht in die Hände der Grenzer fallen wollte. Sollte es zu einem Schusswechsel kommen, wollte ich lieber schnell sterben. Ich hatte ja schon so viel gesehen, und es war doch so einfach. Sollte das eintreten, hatte ich nur eine Bitte an Willy: Wenn er die Möglichkeit dazu hätte, sollte er doch meine Eltern informieren.

Für den Fall einer möglichen Gefangennahme in unmittelbarer Nähe der Grenze auf sowjetischem Gebiet hatten wir uns auch eine neue, unserer Lage angepasste Legende ausgedacht. Wir hatten uns als versprengte Soldaten seit April 1945 in den Wäldern zwischen Königsberg und Insterburg versteckt, dabei hatten wir uns im Herbst 1945 bei der Suche nach etwas Essbarem getroffen. Bei einer Gefangennahme wollten wir auch in Ostpreußen nicht unsere richtigen Namen nennen, es könnte ja sein, dass wir nach unserer Flucht aus Leningrad noch gesucht würden. Ich würde mich wieder mal als Heinz Kohl ausgeben, und Willy als Will … den Nachnamen habe ich vergessen.

Auch wollten wir angeben, dass wir viele Monate wie sogenannte Wolfskinder zusammengelebt und uns gegenseitig beim Überleben geholfen hatten. Die Frauen aus Königsberg hatten uns nämlich von Kindern erzählt, die durch die Kriegswirren zu Vollwaisen und heimatlos geworden waren und in den Wäldern und Städten in Gruppen zu überleben versuchten. Diese Kinder wurden als Wolfskinder bezeichnet, weil sie wie Wölfe im Rudel um ihr Überleben kämpften. Die letzten Monate hatten wir in Königsberg verbracht, wo uns Frauen auch die Uniformteile besorgt hatten, die wir jetzt trugen. Jetzt, im Sommer 1946, über ein Jahr nach Kriegsende, hatten wir den Versuch gewagt, die Grenzanlagen zu überwinden, um nach Deutschland oder Österreich zu gelangen. Am Grenzzaun wollte ich dann prüfen, ob man ein Loch unter dem Maschendrahtzaun graben konnte. Willy würde derweil die Lage beobachten. Sollten sich Grenzsoldaten oder andere Zwischenfälle ankündigen, hatten wir uns auf folgendes Vorgehen geeinigt: Wäre alles in Ordnung und die Überwindung des Grenzzaunes gelänge, wollte ich mich aufrichten und mehrmals den Arm schwenken. Willy könnte dann nachkommen.

Bewegte ich beide Arme mehrmals auf und ab, würde ich zurückkommen. Die Überwindung der Grenze wäre jetzt nicht ohne Hilfswerkzeug, zum Beispiel einer Drahtschere oder einer Säge, möglich.

Würde ich einen Arm heben, bestünde Gefahr. Willy müsste sich verstecken, ich würde versuchen, der Gefahr zu entgehen.

Wenn Willy eine Gefahr für mich erkennen sollte, wollte er dreimal wie ein Kauz rufen. Für mich würde das bedeuten, dass ich sofort zurückmüsste. Wenn ich durch Selbstschussanlagen verletzt oder gefangen genommen würde, müsste Willy sich alleine durchschlagen.

Es war ein seltsames Gefühl, das sich meiner bemächtigte: Angst und Hoffnung, wie vor einer schweren Prüfung, oder Lampenfieber, sicherlich alles zusammen. Nach so langer Vorarbeit sollte das Meisterstück nun gelingen. Langsam und behutsam bewegte ich mich unter Herzklopfen und leichten Schweißausbrüchen auf allen vieren, immer die Augen nach links und rechts gerichtet, um etwaige Gefahren rechtzeitig zu erkennen. Bei jeder Vorwärtsbewegung gab ich acht, ob noch Signaldrähte oder andere Behinderungen unser Vorhaben erschweren oder behindern könnten.

Am 4,5 Meter hohen Grenzzaun angekommen, verharrte ich erst eine Weile und prüfte die Lage. Alles schien so zu sein, wie wir angenommen hatten.

Ich hatte keinen Anlass zur Sorge, dass ich von Grenzsoldaten erkannt worden war oder irgendwelche Sicherheitsanlagen aktiviert hatte.

Danach prüfte ich, ob es möglich war, mit dem Löffel eine Mulde unter den hohen Maschendrahtzaun zu graben, um mich danach sich darunter hindurchzuzwängen. Der Versuch scheiterte jedoch, da der Maschendraht im Boden versenkt war.

Wie weiter? Auf einmal bemerkte ich, dass der Zaun nicht aus einem Stück bestand, sondern aus mehreren Teilstücken von je 1,2 bis 1,5 Metern, die nur einfach zusammengebunden waren. Da nun ein Teil des ersten Stücks im Erdreich versenkt war, ergab sich für den unteren Bereich nur noch eine Höhe von ungefähr 1,2 Metern. Ich versuchte sofort, die Verbindung mit meiner Zange zu lösen. Es ging viel einfacher, als ich gedacht hatte. Die Drähte warf ich nicht weg, sondern steckte sie in die Hosentasche. Ich richtete mich auf, damit Willy das Schwenken meines Armes besser sehen konnte. Nach einigen Minuten bemerkte ich, dass Willy sich in Bewegung gesetzt hatte und den gleichen Pfad entlangrobbte, den schon ich benutzt hatte, um möglichst wenig Spuren zu hinterlassen. Zudem richtete er das plattgedrückte Gras mit Birkenzweigen wieder auf, um nicht die Aufmerksamkeit der Grenzsoldaten auf unsere Fluchtroute zu lenken. Wäre die Lage nicht so ernst gewesen, hätte ich lachen müssen. Um nicht zu viele Spuren zu hinterlassen, schlüpfte ich, noch bevor Willy am Grenzzaun angelangt war, auf die polnische Seite. Willy folgte mir sofort. Danach nahm ich die in der Hosentasche aufbewahrten Drähte und versuchte, die Drahtenden wieder fein säuberlich am alten Standort zu drillen. Es war leichter gesagt als getan, denn ich war ja jetzt nicht mehr auf der Seite der UdSSR, sondern in Polen. Es gelang mir, die Pusselarbeit zu meiner Zufriedenheit zu beenden. Danach noch die Spuren der Bearbeitung mit Erde abdecken.

Was ging mir in diesen Minuten, die mir wie eine Ewigkeit vorkamen, nicht alles durch den Kopf? Jetzt, in den letzten Sekunden unserer Flucht, nur keinen Fehler begehen!

Ich kann das Gefühl, das mich in diesen Minuten, die mir wie eine Ewigkeit vorkamen, nicht beschreiben. Aber eins weiß ich, es war eine Erleichterung in mir, etwas geschafft zu haben, was nicht jedem gelingt. Die Anstrengungen und Entbehrungen hatten sich gelohnt.

Nun bewegte auch ich mich erleichtert und heilfroh vom Grenzzaun weg, jedoch nicht ohne vorher nochmals Umschau nach Gefahren zu halten.

Wir hatten also unser Fluchtziel mit einigen Schwierigkeiten erreicht und die Gefangenschaft in der UdSSR hinter uns gelassen.

Überglücklich umarmten wir uns wenige Meter hinter dem Grenzzaun in unserer neu gewonnenen Freiheit, unter Tränen fielen wir uns in die Arme, alle Strapazen waren vergessen. Willy offenbarte mir, dass er unglaubliche Ängste ausgestanden hätte, als ich am Grenzzaun herumhantierte. „Was hätte ich nur ohne dich gemacht? Es verbindet uns doch so viel“, fügte er gerührt an.

Unsere Hilfsmittel hatten uns immer gute Dienste geleistet, aber jetzt konnte ich alles wegwerfen. Im anderen Teil von Ostpreußen, der damaligen Volksrepublik Polen angekommen, glaubten wir die Flucht gelungen. Deshalb bewegten wir uns ganz ungezwungen und frei im verwahrlosten Obstgarten hinter einem zerstörten

Haus. Wir hatten ja die UdSSR verlassen, unsere Glücksgefühle waren nicht zu beschreiben. Wir glaubten unsere Hauptaufgabe vollbracht. Die Flucht aus der UdSSR, die manchmal am sprichwörtlichen goldenen Faden gehangen hatte, war geglückt, die Strapazen vergessen. Es war ein unbeschreibliches Gefühl, aus der Kriegsgefangenschaft in der UdSSR entkommen zu sein. Ich dachte daran, wie mir Zweifel an unserem Fluchtplan gekommen waren, als der Kamerad nach seiner gescheiterten Flucht zerschlagen vor uns lag und der Lagerkommandant kläffte, jeder Versuch würde genauso enden wie dieser, jeder Ausbruch wäre zwecklos, bisher waren alle wieder gefasst worden. In unserer Baracke waren wir danach alle sehr niedergeschlagen gewesen.

Müssten wir also alles ertragen? Alle könnten doch nicht umkommen, auch wenn das Leichenkommando täglich die toten Gefangenen beseitigte.

Es würde doch noch ein Ende der Kriegsgefangenschaft geben, und zu Hause würde ein neues Leben beginnen.

Der Lagerkommandant hatte doch nicht recht gehabt: UNS war es gelungen, aus der UdSSR zu fliehen.

5. Ernüchterung

Wir waren richtig blauäugig und verhielten uns wie Anfänger. Nach dem Grenzübertritt hatten wir einen regelrechten „Blackout“. Schließlich war unsere Flucht noch nicht beendet, aber wir hatten niemals auch nur einen Gedanken daran verschwendet, wie es hinter der Grenze der UdSSR weitergehen würde. Wir hatten uns keine Vorsichtsmaßnahmen für das weitere Vorgehen in Polen und dann bis zur deutschen Grenze überlegt. Noch viel schlimmer: Wir hatten unsere Flucht gedanklich an der Grenze zur UdSSR beendet. Ich hatte sicherlich den weiteren Weg durch Polen bis zur deutschen Grenze verdrängt, anders kann ich mir diesen unverzeihlichen Fehler nicht erklären. Oder hatte ich noch darauf vertraut, dass wir nun deutsches Heimatland erreicht hatten und somit in der Freiheit angekommen waren?

Ich weiß es nicht. In der Ausbildung hatte ich gelernt, dass jeder Agent kleine und größere Fehler macht, die alle das Ende der Flucht oder des Einsatzes bedeuten können. Auf den Gedanken, dass es auch auf polnischer Seite Grenztruppen geben würde, die ihr Territorium bewachten, waren wir jedenfalls nicht gekommen. Es hätte uns klar sein müssen, dass jeder Nichteinheimische, der in Grenznähe angetroffen würde, verdächtig wäre und festgenommen und nach seiner Herkunft und dem Ziel seiner Reise befragt werden würde.

Es war klar und selbstverständlich, dass Unbefugte in Grenznähe nichts zu suchen hatten, und wir waren in den Augen der Grenzstreife solche Personen. Ich ignorierte alles, was ich einmal gelernt hatte.

Es war aber auch alles so angenehm nach dem gelungenen Grenzübertritt: herrliches Wetter, der Obstgarten mit den unreifen

Äpfeln, die wir sofort heißhungrig zu verschlingen begannen. Wir waren so fröhlich gestimmt wie lange nicht mehr. Dabei erinnerten wir uns lachend, wie es uns mehrmals gelungen war, durch List und Geschicklichkeit einer Gefangennahme zu entgehen. Willy freute sich, schon bald seinem Sohn Fritz alles erzählen zu können. Wir fühlten uns wie freie Bürger.

Plötzlich hörten wir eine barsche Stimme: Hinter uns stand ein polnischer Grenzsoldat, der uns mit schussbereitem Gewehr im Anschlag etwas zurief. Ich verstand seine Worte nicht, aber die Drohgebärde ließ vermuten, dass wir uns sofort ergeben sollten. Sicherlich reagierte ich nicht schnell genug auf seine Aufforderung. **Sein Gewehr traf mich ziemlich unsanft, sodass mein kleiner Finger durch den Gewehrkolben gebrochen wurde.** Dieses kleine Andenken kommt mir immer in Erinnerung, wenn ich meine rechte Hand anschaue; die Gesichtsblessuren und die Rippenschmerzen, die der Gewehrkolben ebenfalls verursachte, waren vergänglich. Also wieder in Gefangenschaft. Mit dem Gewehr im Rücken wurden wir zur nächsten Grenzwache abgeführt.

Auf dem Weg dahin kamen mir schon erste Gedanken über unser weiteres Vorgehen, um die erneute Gefangenschaft sofort zu beenden. Sollten wir einen Fluchtversuch wagen und den Grenzposten mit einem Trick entwaffnen? Ich verwarf diese Idee jedoch sofort wieder. Wir hatten es von Leningrad bis über die Grenze geschafft, ohne jemals Gewalt gegen andere anzuwenden, und dabei sollte es auch in Polen bleiben. Ich versuchte Willy auf unserem Weg leise klarzumachen, dass wir wieder Jugoslawen seien. Etwas anderes oder Besseres fiel mir in unserer Lage nicht ein. Was ging mir in dieser Situation nicht alles durch den Kopf? Ich erinnerte mich an unsere Fluchtstationen und konnte nicht glauben, dass das nun das Ende sein sollte.

Nach dem Eintreffen am Grenzstützpunkt der polnischen Armee

wurden wir zuerst einmal gründlich durchsucht. Das Ergebnis: Wir hatten nichts bei uns, was Rückschlüsse auf unsere Herkunft oder unsere Absicht gegeben hätte. Die Soldaten wussten nichts mit uns anzufangen, und wir bemerkten bald, dass ihr Offizier nicht anwesend war.

So wurden wir erst einmal im Keller eingesperrt. Damit war eine erneute Flucht erst einmal ausgeschlossen. Wir befanden uns in einem kleinen kalten Kellerraum, der nicht eben zum Träumen einlud. Es gab nur eine Pritsche, sonst nichts. Ich ärgerte mich nochmals maßlos, wie wir so dumm und unvorsichtig hatten sein können.

Sollte dieser „**Blackout**" wirklich das Ende unserer so gut geplanten und bisher so erfolgreichen Flucht sein?

Nein, jetzt nur nicht aufgeben, aber wie weiter?

Wir mussten die erneute Gefangenschaft erst einmal verinnerlichen. Im Augenblick waren wir zu niedergeschlagen. Aber wir mussten versuchen, einen Ausweg aus der selbst verschuldeten Lage zu finden.

So verbrachten wir die ersten Stunden im dunklen Keller und begannen, unser weiteres Vorgehen zu besprechen. Dabei machten wir uns keine gegenseitigen Vorwürfe, sondern suchten einzig und allein nach Auswegen aus unserer verfahrenen Lage. Es war nicht zu glauben, aber wir mussten über unsere eigene Dummheit dämlich lächeln. Wir beschlossen, wie folgt vorzugehen:

Zuerst mussten wir uns eine Legende für die zu erwartenden Verhöre zurechtlegen. Dabei wollten wir uns wieder als Jugoslawen ausgeben. Denn sich als Deutsche zu erkennen zu geben, die aus der russischen Kriegsgefangenschaft geflohen waren, schien uns nicht vorteilhaft. Deshalb wollten wir angeben, dass wir von Polen in die UdSSR und von dort nach Hause wollten … Uns fiel nichts Besseres ein. Wir konnten ja nicht die Wahrheit sagen, sonst würden wir Gefahr laufen, sofort zurückgeschickt zu werden. Sie würden sicherlich erst einmal unsere Angaben prüfen, und wir hätten Zeit gewonnen.

Nach der Gefangennahme bedeutete sofortiges Flüchten ohne Vorbereitung reinen Selbstmord.

Ohne Ortskenntnisse und ohne Plan wollten wir das nur in einer Notsituation in Erwägung ziehen, eine solche bestand aber gegenwärtig nicht. Wenn der richtige Zeitpunkt gekommen wäre, wollten wir eventuell auch unsere wahre Identität offenlegen. Ziel dieses Plans war es, eine Abschiebung nach Deutschland zu erreichen.

Zudem wollten wir die Routen für einen neuen Fluchtweg erkunden. Dafür käme nach ersten Einschätzungen folgender Weg infrage: von Bartenstein über Allenstein nach Posen und von dort nach Frankfurt/Oder. Das war sicherlich der kürzeste Weg bis zur Oder, aber ohne gute logistische Vorbereitung war er nicht realisierbar.

Die neue Gefangenschaft wollten wir notgedrungen für eine möglichst kurze Zeit ertragen und versuchen, uns für die noch bevorstehenden ungewissen Aufgaben zu kräftigen. Das Gelingen der Flucht oder der Abschiebung wollten wir dabei nie infrage stellen. Außerdem wollten wir zuversichtlich auf das reagieren, was uns jetzt bevorstehen würde. Eigentlich konnte es nicht schlimmer werden als das, was wir hinter uns gelassen hatten. In der verzweifelten Lage fanden wir Trost bei einem Sprichwort: „Die Hoffnung stirbt zuletzt." Wir werden schon eine Lösung finden, dachte ich.

Plötzlich hörten wir Schritte und die Tür wurde geöffnet. Zu unserer Überraschung ging es nicht zum Verhör, sondern wir bekamen etwas zu essen und Wasser zu trinken. Jetzt erst bemerkte ich, dass der Hunger durch unsere Gefangennahme verdrängt worden war. Es gab Gulasch mit Kartoffeln und einer schmackhaften Soße. Die Sorgen um die Zukunft waren bei so einem Essen erst einmal zweitrangig.

Gegen Abend wurden wir von zwei Soldaten nach oben ins Zimmer des Kommandanten zum Verhör geführt. Jetzt würde sich zeigen, wie unsere neu ausgedachte Legende ankommen würde. Bei unserer Geschichte spielten die Orte Braunsberg und Debrecin eine wichtige Rolle. Ehrlich gesagt war mir ziemlich mulmig zumute.

Bei unserer ersten Vernehmung gaben wir auf Russisch an, dass wir Kroaten, jetzt Jugoslawen, seien und dass wir über die UdSSR in unsere Heimat zurückwollten. Der Kommandant reagierte nur mit einem Kopfschütteln. Ich erklärte weiter: 1943 wurden wir zur Zwangsarbeit nach Deutschland gebracht, in Braunsberg, jetzt Braniewo, nicht weit von der russischen Grenze bekamen wir Arbeit in der Landwirtschaft, daher unsere gebrochenen Deutschkenntnisse. Nach Kriegsende wollten wir sofort zurück, aber Krankheit und Frauen hatten uns davon abgehalten, aus Liebe zu den Frauen hatten wir uns nicht sofort registrieren lassen. Jetzt allerdings wäre ein günstiger Zeitpunkt für die Rückkehr in die Heimat gekommen, denn die Frauen wurden nach Deutschland abgeschoben. Danach standen wir allein in Polen und wussten keinen Ausweg, deshalb kam uns die Idee, über die Grenze durch die UdSSR in die Heimat zu gelangen. Keiner glaubte uns das so richtig. Jetzt ging es wieder los: Name, Geburtstag, Geburtsort!

Ich war wieder Igor-Gregor Lutschenkow und Willy war Serge-Peter Kassey, beide kamen wir aus Zagreb.

Bei den weiteren Vernehmungen erfuhren wir, dass nach erkannten Grenzübertritten immer die UdSSR eine Anfrage an die polnische Seite richtete, ob diese in der angegebenen Zeit die Verbrecher gefasst und in Gewahrsam genommen hätte. Ihnen erschien es unwahrscheinlich, dass jemand unbemerkt die russische Grenze überschreiten konnte, sie sagten, dafür gebe es zu viele Fallen, die eine Flucht unmöglich machten. Es hatte noch keinen Grenzübertritt gegeben, bei dem nicht kurze Zeit später eine Anfrage erfolgt war und damit die Auslieferung vorgenommen wurde. Diese Verfahrensweise entsprach der Vereinbarung zwischen der UdSSR und der Volksrepublik Polen und war damit gesetzlich geregelt. Im Jahr 1945 kamen laufend solche Anfragen, in diesem Jahr nur einmal im April, wo aber auf ihrer Seite keiner ergriffen worden war.

Lächelnd bemerkte ein Anwesender, dass sie von den Russen nicht eben die beste Meinung hätten. Ob sie uns allerdings deswegen vielleicht nicht ausgeliefert hätten – wer weiß?

Nach dieser neuen Information kamen wir zu dem Schluss, dass eine Anfrage aus Leningrad anscheinend nicht vorliege. Sicherlich kamen Anfragen von Kriegsgefangenenlagern aus der Umgebung der Grenze, wie zum Beispiel aus Preußisch Eylau. Die Frauen hatten uns bei der Wegbeschreibung erzählt, dass in den Kasernen von Preußisch Eylau ein Internierungslager eingerichtet worden sei.

Also nicht weit von der Stelle unseres Grenzübertritts. Zum anderen war unsere Legende, wir wären Jugoslawen, nicht mehr haltbar. Wenn sie sich nach den Arbeitsplätzen erkundigen würden, die wir angegeben hätten, würden wir auffliegen. Deshalb beschlossen wir, bei der nächsten Vernehmung die Wahrheit über unsere Herkunft, Wehrmachtszugehörigkeit und die Flucht aus der UdSSR zu sagen. So wurde aus Igor wieder Gerhard aus Deutschland und aus Serge Willy aus Österreich.

Als wir am folgenden Tag zur Vernehmung geführt wurden, war mir doch etwas mulmig zumute. Wie würden die Polen die Wahrheit über unsere geglückte Flucht aus russischer Kriegsgefangenschaft aufnehmen? Was würde uns blühen, wenn sie erfahren würden, dass ich ein Deutscher und Willy ein Österreicher war?

Würden sie uns gar in die UdSSR abschieben? Was einem so alles durch den Kopf ging … Sollte etwa alles umsonst gewesen sein?

Als wir auf Deutsch von unserer geglückten Flucht aus der UdSSR erzählten, wollten uns der polnische Offizier und die weiteren im Raum anwesenden polnischen Soldaten zuerst nicht glauben. Sie lachten nur und meinten, da hätten wir uns ja wieder eine feine Geschichte ausgedacht. Sie drohten uns mit Strafen, wenn wir nicht endlich die Wahrheit sagen würden.

Immer wieder stellten sie die gleichen Fragen über Einzelheiten der Flucht, danach wurden wir getrennt und jeder einzeln verhört.

Aber da wir in den letzten Wochen das Gleiche erlebt hatten, konnten sie trotz der verschiedenen Verhörmethoden keine Widersprüche in unseren Aussagen feststellen.

Auch jetzt erinnerte ich mich wieder an meine Ausbildung in Moskau, wo wir die Annahme einer anderen Identität oft geübt hatten. Mir wurde klar, dass die Theorie die eine Seite war und die Praxis eine andere. Waren dann noch zwei Personen in die Legende verwickelt, wurde es noch viel schwieriger, die Aussagen ohne Widersprüche zu überstehen.

Was verspürten wir für eine Erleichterung, als uns mitgeteilt wurde, dass ein Zurückschicken in die Sowjetunion nicht erfolgen würde, weil wir die Ersten waren, denen die Flucht ohne Anfrage wegen Grenzverletzung von russischer Seite gelungen war. Die Polen würden also der russischen Seite nicht alle Vorfälle mitteilen, das beruhigte uns etwas. Es zeigte uns aber auch, dass das Verhältnis zur sowjetischen Seite doch nicht so gut war, wie ich angenommen hatte. Ich brauchte also nicht alles preiszugeben. In meinen Aussagen verschwieg ich meine Zeit, in der ich als „Kämpfer für den Frieden“ in Moskau ausgebildet worden war.

Alles brauchten sie nun auch nicht zu wissen, ich hatte mich doch verpflichtet, Stillschweigen zu bewahren.

In unser Kellerverlies bekamen wir nun eine zweite Pritsche und Decken, tagsüber durften wir uns unter Bewachung zeitweise in Haus und Hof bewegen.

Zuerst sollten wir zum Beispiel die Türschlösser in Ordnung bringen und die nötigen Schlüssel dazu anfertigen. Das war nicht einfach, denn es fehlte das nötige Werkzeug und Material. Aber nachdem die ersten Schlösser wieder funktionierten, wurden wir etwas besser behandelt. Diese Arbeit brachte uns auch auf etwas andere Gedanken, wir mussten nicht ständig an die Zukunft denken.

In der Zwischenzeit hatten wir auch herausgefunden, dass die Grenzwache sich im alten Gutshaus in der Nähe von Molwity (deutsch: Mollwitten) befand und noch sehr einfach ausgestattet war. Das Mobiliar stammte sicherlich zum größten Teil noch von den alten Besitzern, ein Anschluss an das Stromversorgungsnetz war noch nicht wieder vorhanden, also fand keine Versorgung aus dem öffentlichen Netz statt. Ein Notstromaggregat versorgte das Gutshaus stundenweise mit elektrischem Strom.

Der Grenzstützpunkt war mit 13 Grenzsoldaten besetzt. Im Schweinestall wurden sieben deutsche Frauen im Alter von 14 bis 55 Jahren gefangen gehalten. Sie wurden wie Sklavinnen behandelt und standen den Soldaten unabhängig vom Alter für Dienstleistungen aller Art zur Verfügung. Wir konnten nur heimlich mit ihnen sprechen. Was sie ertragen mussten, war grausam. Es erinnerte uns daran, was die Frauen in Königsberg erzählt hatten. Was mussten diese unbeteiligten Verliererinnen alles auf sich nehmen? Was hatten sie verbrochen, um ein solches Schicksal erleiden zu müssen? Erst während meiner Ausbildung bei Moskau war mir klar geworden, welchen Lügen der Propaganda auch ich aufgesessen war. Der Faschismus mit seiner Rassenideologie hatte den Zweiten Weltkrieg herbeigeführt. Das deutsche Volk hatte damit eine große Schuld auf sich geladen. Jetzt mussten viele Unschuldige, wie die Frauen hier oder in Königsberg, darunter leiden.

Ich glaube, ich hätte es mir nie verziehen, wenn wir dem Drängen der Frauen in Königsberg nachgegeben hätten, mit uns gemeinsam die Flucht fortzusetzen. Sie hätten durch meine Unachtsamkeit ein ungewisses Schicksal gehabt.

Wegen unserer Aussagen kannten die Polen auch unsere Berufsausbildung. Wieder einmal wurden wir aus unserem Kellerverlies geholt und bereiteten uns innerlich auf eine neue Vernehmung vor. Beim Kommandanten angekommen, durften wir uns setzen, und es gab etwas zu essen. Kurzzeitig hatte ich das Gefühl, dass sie uns laufen lassen wollten. Doch man hatte etwas anderes mit uns vor: Der Kommandant teilte uns mit, dass ihr Stützpunkt in Kürze ans Stromnetz angeschlossen werden würde, und fragte uns, ob wir ihm dabei helfen könnten. Ich sagte, ohne zu zögern, unsere Hilfe zu, aber ich müsse erst den Zustand der Hausanlage prüfen. Er zeigte uns die Hausanlagen, die zerstört waren, und wir sagten unsere Hilfe nochmals zu. Eine Beschäftigung in Gefangenschaft war immer mit Freiheiten verbunden, außerdem war unser Kellerquartier kein schöner Aufenthaltsort. Vielleicht könnten wir bei der Arbeit auch eine Fluchtmöglichkeit erkunden. So gingen wir also ans Werk.

Die Anlagen waren zum Teil herausgerissen, es war aber im Gehöft kein Elektromaterial vorhanden, um die Anlagen wieder für die Stromeinspeisung herzurichten. Nachdem ich die Anlagen inspiziert hatte, fertigte ich eine Aufstellung von benötigtem Material an. Ich machte den Vorschlag, dass wir die fehlenden Materialien in anderen leer stehenden Häusern suchen könnten. Dieser Vorschlag wurde angenommen. Unter starker Bewachung wurden wir zu leer stehenden Häusern gefahren, und innerhalb eines Tages hatte ich so viele Kabel, Sicherungen, Steckdosen und anderes Elektromaterial beisammen, dass ich mit der Montage im Grenzstützpunkt beginnen konnte.

Es war nicht einfach, in den leer stehenden Häusern das Elektromaterial abzuschrauben oder abzuschneiden, vor uns hatten schon andere geplündert, alles war zerwühlt, die Möbel zerbrochen und dem Verfall preisgegeben. Man konnte sich gar nicht vorstellen, dass hier bis vor Kurzem glückliche Familien ihre Heimat gehabt hatten, es stimmte einen so traurig, wie viel Elend der Krieg über die Bewohner gebracht hatte. Vielleicht war es auch gut, dass sie nicht mehr mit ansehen mussten, was aus ihren schönen Anwesen geworden war. Sie sollten die verlorene Heimat vielmehr in guter Erinnerung behalten. Welche Schicksale verbargen sich hinter diesen Ruinen, wo waren die Bewohner geblieben?

In den Wohnräumen eines großen Anwesens fanden wir Kleidungsstücke, die uns passten.

Wir fragten unseren Dolmetscher, ob wir einige für unseren Bedarf nutzen könnten. Er lachte uns aus, weil wir fragten. „Nehmt euch, was euch gefällt", wies er uns an. Wir fanden genug Kleidungsstücke in der richtigen Größe und zogen unsere verschwitzten russischen Uniformteile aus. Danach fühlten wir uns auf einmal wie Zivilisten und sauber, aber unter polnischer Bewachung. Ich war erst etwas bedrückt, weil ich einem Deutschen seine Kleidung gestohlen hatte. Aber gleichzeitig war es eine große Erleichterung, dass wir uns von den Kleidungsstücken und ich noch von den alten Latschen – Schuhen, die ich in russischer Kriegsgefangenschaft getragen hatte – befreien konnten.

So bestiegen wir in Zivilkleidung und mit dem Elektromaterial beladen unser Fahrzeug. Ich dachte, wenn wir jetzt fliehen würden, fallen wir neu eingekleidet nicht mehr auf. Aber die Zeit einer erneuten Flucht war noch nicht reif. Also begann der Alltag als Gefangener.

Die Elektroarbeiten konnten nun beginnen. Für mich waren es einfache Installationsarbeiten, und mit Willy hatte ich einen guten Helfer. Unsere Bewacher waren mit der Arbeit zufrieden, der Hauptanschluss war in kurzer Zeit gelegt. Zur Belohnung bekamen wir die gleiche Verpflegung wie die Soldaten und durften im Freien essen. Als wir die ersten Räume an die Stromversorgung angeschlossen hatten und die Provisorien langsam verschwanden, gab es ein kleines Festessen.

Ich spreche von einem Festessen, weil es das für uns war. Tatsächlich gab es nur einmal ausreichend und gutes Soldatenessen.

Es verging kein Tag, an dem wir uns keine Gedanken über unser weiteres Vorgehen machten. Wir hatten unseren Plan nicht aufgegeben, wenn nötig unsere Flucht fortzusetzen. Die Überlegungen gingen dahin, ein Fahrrad zu beschaffen, bis Allenstein zu radeln und danach per Bahn weiterzufahren. Oder noch besser: mit Auto oder Motorrad den gleichen Weg und weiter bis zur deutschen Grenze. Beim Grenzposten gab es einige Fahrzeuge, die dafür infrage kamen. Wir hatten aber noch eine andere Hoffnung: Wir würden auch nach Deutschland abgeschoben, wie so viele andere Deutsche, die hier lebten. Ein Vorgesetzter der Soldaten, der gut Deutsch sprach, gab uns zu verstehen, dass sie auf die Entscheidung aus Warschau warten würden, was mit uns geschehen sollte. Ihr Vorschlag lautete Abschiebung, denn wir waren ja für sie keine Soldaten mehr, sondern Deutsche auf polnischem Territorium, und diese hatten da nichts mehr zu suchen. Wir hofften also auf ein baldiges Ende der Inhaftierung. Danach ginge es ab über die Grenze, und damit hätte unsere Flucht ein Ende. Sollte das geschehen, wäre unsere Gefangennahme sogar ein Glücksfall gewesen.

Doch eines Abends kam die Überraschung: Der Vorgesetzte teilte uns mit, die Entscheidung über unseren weiteren Verbleib in Polen wäre gefallen. Am nächsten Morgen in aller Frühe würde die Überführung nach Warschau erfolgen. Auf unsere schüchterne Nachfrage, wo wir hinkämen, ins Kriegsgefangenenlager oder in Abschiebehaft, bekamen wir keine klare Antwort.

Er sagte etwas von Sicherheitsdienst, was wir nicht verstanden. Wir waren doch keine Geheimnisträger oder Kriegsverbrecher. Zu einer sofortigen Flucht war es jedoch zu spät. Der Übermittler der Botschaft bat uns, ihn nicht zu verraten, diese Mitteilung über unsere Verlegung hätte er uns damit nie gegeben. Was würde auf uns zukommen? Was sollte diese Geheimnistuerei? Die Ungewissheit war sehr groß, von unseren Bewachern bekamen wir auch keine weitere Auskunft über unsere Zukunft. Sicherlich wussten sie auch nicht Bescheid, sie hatten nur den Befehl bekommen, uns nach Warschau zu überführen. Eins aber war klar: ein Zurück in die UdSSR würde es nicht geben, dies war der einzige Lichtblick in unserer ungewissen Lage.

Frühmorgens wurden uns wie Schwerverbrechern Handfesseln angelegt, mit dem Auto ging es bis zur nächsten Bahnstation. Einige Minuten später kam ein Personenzug, in dem für uns ein Abteil reserviert war. Was für ein Luxus! Bisher kannten wir nur die Dächer der Waggons. Mit einer solchen Sonderbehandlung auf der Fahrt nach Warschau hatten wir nicht gerechnet. Wir waren doch nur einfache Kriegsgefangene auf der Flucht in die Freiheit. Zu allem Überfluss wurden uns auch noch die Handfesseln abgenommen.

Nach unserem Kellerverlies-Aufenthalt war die Fahrt sehr angenehm, sie führte durch schöne Landschaften, zuerst durch die Masuren, wo auch meine Ausbildung als Offiziersanwärter begonnen hatte, bis nach Olsztyn. In Olsztyn (deutsch: Allenstein) stiegen wir in den Zug nach Warschau.

Unser Dolmetscher, der uns auch bewachte, hatte uns zuvor deutlich gemacht, dass sie auf Fesseln verzichten würden, wenn wir nicht fliehen würden. Ohne zu zögern, gaben wir unser Ehrenwort, ohne Fesseln hatten wir es doch wesentlich angenehmer. Was für ein schönes Gefühl, wir konnten uns auf den Bahnhöfen, wo unser Zug für längere Zeit hielt, sogar frei bewegen. Wir hatten ja unser Ehrenwort gegeben, keine Fluchtversuche zu unternehmen. Wir fühlten uns deshalb wie freie Bürger, und unsere Umgebung hielt uns bestimmt für polnische Zivilisten. Es war alles so ungewohnt für uns, aber wir genossen die trügerische Freiheit in vollen Zügen. Wie schön müsste es sein, wenn wir nicht in Polen, sondern ich in Deutschland und Willy in Österreich wäre! Wir bewegten uns also wie unsere Mitreisenden, wollten ja nicht auffallen und genossen das Leben und Treiben auf dem Bahnsteig. Wir ahnten nur, wie schön es sein könnte, jetzt wirklich frei zu sein. Den Gedanken an eine Flucht konnte ich jedoch nicht verdrängen. Es war aber nur ein Traum, in Wahrheit hatten wir in diesem Moment keine Wahl. Es blieb uns nur die Hoffnung, unser Ziel, die Freiheit, irgendwann doch noch zu erreichen.

Allenstein weckte in mir viele Erinnerungen. Im Herbst 1943 war ich zusammen mit meinem Freund Karl-Heinz Kohl nach Allenstein zum Regiment 1 einberufen worden. Wir hatten noch einige Stunden Zeit bis zum vorgesehenen Antrittstermin in der Kaserne.

Diese Zeit nutzten wir, um in der Stadt einiges zu besichtigen. Zuerst suchten wir das Monument von „Nikolaus Kopernikus“. Es stand am Eingang zur Burg von Allenstein, dann ging es weiter zu verschiedenen Sehenswürdigkeiten, wie zum „Hohen Tor“, zum Rathaus und zur Jakobskirche, die das Stadtbild von Allenstein dominierte. Unserer Meinung nach war das eine sehr schöne Stadt. Die Zeit verging schnell. In der Kaserne wurden wir sofort militärisch empfangen, damit war das Zivilleben vorbei. Wir wurden nochmals ärztlich untersucht und eingekleidet, und der Drill begann. Nach wenigen Wochen Grundausbildung wurden wir auf „Volk, Führer und Vaterland“ vereidigt.

Aber was sah ich nun? Eine vom Krieg schwer getroffene Stadt. Was hatte sich in meiner Zeit als Soldat nicht alles ereignet, welches Schicksal hatte man selbst dabei genommen, wie viel Unglück hatte der verdammte Krieg über die Menschen gebracht? Ich war an die Stelle zurückgekehrt, an der ich zum ersten Mal eine Wehrmachtsuniform tragen musste. Jetzt war ich in Zivil gekleidet und polnischer Gefangener.

Auch im neuen Zug hatten wir ein Abteil für uns. Nie hätte ich mir damals vorstellen können, einmal als polnischer Gefangener die Schönheit der Landschaft zu erleben. Ich wollte aber jetzt die Fahrt so genießen, als wäre ich in Freiheit, und erfreute mich an den schönen Ansichten. Eins konnte ich mir jedoch nicht verkneifen: mir die Namen der Städte zu merken, die wir durchfuhren, zuerst Ostróda, dann Mława und Ciechanów, um nur einige zu nennen. Alles um uns herum war so friedlich und schön, die Bäume trugen Früchte, auf den Bahnhöfen sah man lachende Menschen, nur wir konnten daran nicht teilhaben. Zwar ging es uns im Vergleich zu unseren bisherigen Eisenbahnerlebnissen auf den Dächern des Zuges oder in dunklen Waggons als Schwarzfahrer viel besser, aber das war auch schon alles. Viel schöner wäre es gewesen, wenn wir nicht Gefangene, sondern normale Zivilisten gewesen wären wie die Menschen um uns herum. Aber dies war nur unsere Hoffnung auf Freiheit. Die Ungewissheit, was uns in Warschau erwarten würde, wurde immer quälender, je näher wir der Hauptstadt kamen.

Als unser Bewacher einmal unser Abteil mit der Mahnung verließ, in seiner Abwesenheit ja keinen Fluchtversuch zu unternehmen, nutzten wir die Gelegenheit, unsere Lage nüchtern zu analysieren. Zuerst hatten wir sehr unterschiedliche Ansichten, was eine erneute Flucht betraf. Willy war der Ansicht, dass sich eine solche Gelegenheit zum Abhauen so schnell nicht wieder bieten würde. Ich hielt dagegen, dass wir unser Ehrenwort gegeben hätten und sie uns ohnehin gleich wieder schnappen würden. Willy gab zurück, dass mir doch bisher immer etwas eingefallen sei. Doch unser Disput war schnell beendet, da unsere Aufseher zurückkehrten. Insgesamt einigten wir uns jedoch auf Folgendes:

Wir wollten die Gefangennahme in Polen nicht als Betriebsunfall, sondern als glückliche Fügung ansehen, die unsere Flucht zu einem guten Ende bringen würde.

Dafür hatten wir mehrere Gründe: Wir hatten uns auf eine Flucht durch Polen nicht vorbereitet. Wir hatten den günstigsten Weg zur Oder/Neiße-Grenze nicht in Erfahrung bringen können. Auch die Streckenführung der Eisenbahn war uns nicht bekannt, wir tippten aber auf Allenstein–Posen–Frankfurt/Oder. Wir verfügten über keinerlei geografische Kenntnisse des Weges nach Allenstein.

Also wäre die weitere Flucht in Polen mit sehr großer Ungewissheit verbunden gewesen. Wir hegten weiterhin die Hoffnung, in Warschau über Frankfurt/Oder abgeschoben zu werden. Sollte sich nach einiger Zeit keine Freilassung abzeichnen, wollten wir die schon wieder vorbereitete Flucht in die Tat umsetzen. Würde uns in Warschau allerdings ein neues Kriegsgefangenenlager erwarten, würden wir alles daransetzen, noch einmal zu fliehen. Nach Frankfurt/Oder würden wir mit dem Güterzug schnell gelangen.

Unser Bewacher befragte uns während der gesamten Fahrt immer wieder zu unserer Flucht aus sowjetischer Gefangenschaft. Er wollte alle Details wissen. Zwischen uns entstand ein Vertrauensverhältnis, und der Bewacher gab zu, kein Freund der Russen zu sein, denn sie hätten seine Familie aus ihrer Heimat vertrieben. Ihr neues Zuhause wäre jetzt im ehemaligen Pommern. Die Vertreibung würde er den Russen nie verzeihen, wo doch seine Eltern und die Generationen davor im Osten des alten Polens gemeinsam mit Russen gelebt hatten. Die Eisenbahnfahrt und unsere trügerische Freiheit würden bald zu Ende sein – was würde uns in Warschau, bei unserem ersten Besuch in der Hauptstadt Polens, erwarten? Würden wir abgeschoben, entlassen, oder ginge es in ein Kriegsgefangenenlager?

Wenn wir unbeobachtet waren, tauschten wir unsere Meinungen über unsere Zukunft aus. Vieles könnte man mit uns anstellen, nur eines nicht: zurück in ein Kriegsgefangenenlager. Denn dann gäbe es für uns nur eine Alternative: einen erneuten Fluchtversuch! Immer wieder stellten wir uns die Frage, warum man uns nach Warschau überführe. Doch dafür gab es keine Erklärung, und uns blieb nichts anderes übrig, als abzuwarten.

Erst spät am Abend kam unser Zug in Warschau an. Wir wurden von zwei Offizieren in Empfang genommen. Etwas abseits vom Hauptausgang stand ein Jeep mit Fahrer, der auf uns wartete, und ab ging die Fahrt in die ungewisse Zukunft. Während der Fahrt vom Bahnhof zu unserer neuen Unterkunft konnte ich nur wenig von Warschau erkennen. Auf einmal hielten wir vor einem Tor, die Offiziere zeigten Dokumente vor, und der Schlagbaum öffnete sich. Vor uns lag unsere neue Unterkunft, ein großes Bürogebäude, über 100 Meter lang und 6 Stockwerke hoch, mehr konnten wir nicht erkennen. Wir wurden aber nicht in einen Büroraum oder angenehmen Schlafraum geführt, sondern in den Keller des Hauses zu anderen Gefangenen. Es handelte sich also nicht nur um ein Bürohaus, wie es von außen den Anschein machte, sondern auch um ein Gefängnis. Nachdem wir die Weichsel nach meiner Meinung in Richtung Osten überquert hatten, machte die Stadt einen guten, kaum zerstörten Eindruck. Ich fragte einen der Offiziere, in welchem Stadtteil wir uns befänden. Er antwortete: „Praga." Wir mussten uns somit sicherlich östlich der Weichsel befinden.

Den Bemerkungen unserer Bewacher entnahmen wir zudem, dass es sich nicht um irgendein Gefängnis, sondern um das Staatssicherheitsgefängnis handelte, in dem wir gelandet waren. Warum waren wir bei der Staatssicherheit in Gewahrsam? Wir waren doch keine Staatsfeinde?!

Am nächsten Tag begannen die Verhöre. Jeder von uns wurde einzeln befragt. Ich wiederholte immer wieder das, was ich auch schon auf dem Gutshof der polnischen Grenzposten in Molwity ausgesagt hatte. Aber wieder wollte uns keiner glauben. Nach ihren Erkenntnissen wäre eine solche Flucht bisher noch keinem Kriegsgefangenen gelungen. Mir kamen die Verhörmethoden der Polen sehr bekannt vor. Bestimmt hatten sie eine Schulung bei den Russen erhalten, denn ihre Vorgehensweise entsprach exakt der, die ich während meiner Moskauer Ausbildungszeit kennengelernt hatte.

Zwei Stunden dauerte die erste Vernehmung, danach kam ein anderer Vernehmer mit dem Protokoll der ersten Befragung, und die gleichen Fragen wurden erneut gestellt, nur etwas härter, um etwaige Widersprüche in den Aussagen festzustellen. Obwohl mir nicht zum Lachen zumute war, musste ich innerlich doch grinsen. Wenn die wüssten, dass ich und woher ich ihre Methoden kannte! Sie machten ihre Sache sehr gut, suchten verzweifelt nach Widersprüchen, indem sie alle Details immer wieder hinterfragten. Aber auch andere Kleinigkeiten sollten wir ihnen genau erklären, zum Beispiel wie man sich mit einer losen Rasierklinge rasiert. Da blieb es nicht nur bei der Darlegung, sondern wir mussten es auch praktisch vorführen. Sie gaben uns eine Rasierklinge und einen kleinen Stock und staunten nicht schlecht. Offensichtlich hatten wir die Wahrheit gesagt. Für die Vorführung bekamen wir Beifall, und unser Verhältnis zu den vernehmenden Offizieren wurde besser.

Ein Detail der Flucht interessierte sie offenbar besonders: In welchen Städten und an welchen Bahnhöfen befanden sich die Kontrollpunkte des sowjetischen Militärs? Anhand der Kragenspiegel an den Uniformen hatten wir nämlich feststellen können, ob es Grenztruppen oder andere Einheiten waren, die da kontrollierten. Zur Überprüfung unserer Aussage wurden mir Bilder von russischen Soldaten verschiedener Einheiten vorgelegt. Danach musste ich schildern, wie die Kontrollen im Zug und an den Kontrollposten durchgeführt worden waren. Wenn ich unsere Reise auf den Dächern der Waggons beschrieb, erntete ich nur ungläubiges Kopfschütteln. Uns wurden auch Karten vorgelegt, um den genauen Standort der Kontrollpunkte einzuzeichnen, nach einigen Überlegungen erinnerte ich mich an die Namen der Bahnhöfe. Ich gab als ersten Daugavpils und als zweiten Valciunai an.

Nach diesen Angaben wurden wir zurück in unsere Zelle gebracht. Allerdings schenkten uns die Vernehmer noch ein Lächeln und merkten an, dass wir die Kontrollen ziemlich unverfroren gemeistert hätten. Einer der Offiziere sagte einmal, wenn wir eine Ausbildung als Agenten bekommen hätten, müssten unsere Lehrer aber gelobt werden. Da konnte ich insgeheim nur lächeln und hätte am liebsten gesagt: „Sie haben ja so recht!“ Aber ich verkniff mir, die Wahrheit zu sagen. Womöglich hätten sie sonst Interesse an mir gehabt, und das wollte ich unbedingt vermeiden. Ich war ein einfacher Kriegsgefangener, der nichts verbrochen hatte und nur nach Hause wollte. Auch die Taktik, sich die letzte angefahrene Station zu merken, verschaffte uns etwas Achtung. Es interessierte sie auch, wie wir in Leningrad vorgegangen waren, um nicht sofort wieder gefangen genommen zu werden. Der Trick mit dem Installationsmaterial schien sie zu beeindrucken. Die genaue Lage der Signaldrähte an der russischen Grenze mussten wir ebenfalls genau beschreiben, wie weit sie auseinanderlagen und in welchem Abstand vom Grenzzaun sie verliefen. Ob sie eine besondere Isolierung oder Befestigung gehabt hätten. Nur eins verschwieg ich im Verhör konsequent: meine Ausbildung zum „Kämpfer für den Frieden“ beim sowjetischen Geheimdienst. Ich hatte ja versprochen, Stillschweigen zu bewahren, und daran hielt ich mich auch. Sonst wurden wir aber gut behandelt. Was heißt schon gut? – Wir bekamen zu essen und wurden nicht gefoltert.

In den Verhören gaben wir immer wieder an, dass unser einziger Wunsch wäre, nach der Überwindung der Grenze UdSSR – Polen so schnell wie möglich nach Deutschland beziehungsweise Willy nach Österreich entlassen zu werden. Dann könnten wir endlich die Ungewissheit bei unseren lieben Angehörigen über unseren Verbleib nach Kriegsende mit einem glücklichen Wiedersehen beenden.

In dem Kellerraum waren wir mit weiteren zehn bis zwölf Gefangenen untergebracht, die Zahl änderte sich ständig. Immer kamen neue Häftlinge hinzu, und andere sahen wir nie wieder. Der Kellerraum hatte einen kalten Betonboten, damit war er nicht die angenehmste Ruhestätte, aber man musste bescheiden sein, denn die anderen Gefangenen hatten zum Teil ein noch schlimmeres Los zu ertragen: Einige kamen nach dem Verhör arg zerschlagen zurück. Wir waren völlig isoliert von den anderen Mitgefangenen, denn keiner sprach mit uns.

Ein Teil der Gefangenen trug auch noch Reste der Wehrmachtsuniform.

Sicherlich waren die meisten Wehrmachtsangehörige, die auf keinen Fall etwas mit uns Deutschen zu tun haben wollten. Sie zählten zu den Verlierern des Krieges. Vielleicht machten sie uns für ihr Schicksal verantwortlich. Ob sie zu Recht gefangen gehalten wurden, wussten wir nicht. Untereinander sprach man wenig, und wenn, dann nur polnisch.

Wir wurden von den anderen Gefangenen wie Aussätzige behandelt. Sie spuckten vor uns auf den Boden und machten Drohgebärden, wenn wir ihnen zu nahe kamen, aber dabei blieb es. Bei der Essensausgabe bekamen wir das, was sie uns übrig ließen. Sicherlich spürten sie auch, dass wir besser behandelt wurden, und wussten nicht warum. Auch trugen wir keine Wehrmachtsuniform mehr, sondern Zivilkleidung. Aber wir gewöhnten uns schnell an unsere Isolation, wir waren ja körperlich unversehrt und brauchten keine Hilfe.

Bei einem Verhör wurden wir unter anderem auch über Wehrmachtsfahrzeuge und Automarken ausgefragt, dabei zeigten die Vernehmenden großes Interesse an unseren technischen Kenntnissen. Beiläufig wurde auch über die Instandsetzung von Autos gesprochen und wie weit wir davon Ahnung hätten. Wir zeigten uns offen, einen Führerschein hatten wir früher schon erworben, aber unsere Kenntnisse bezogen sich hauptsächlich auf deutsche Autofabrikate.

Nach einigen Tagen wurden wir auf den Hof geführt. In einer Ecke standen einige alte deutsche, nicht mehr fahrtüchtige Autos der Marken Audi, Opel, Wanderer und Mercedes.

Jetzt verstanden wir, warum wir so eingehend zu unseren Automobil-Fachkenntnissen befragt worden waren. Wir sollten die im Hof stehenden Wagen begutachten und diese nach Möglichkeit recht schnell in einen fahrtüchtigen Zustand versetzen. Nach einer Besichtigung und Begutachtung ihres Zustandes sagte Willy, der als ehemaliger Obermaat der Marine viel mehr von Autos verstand als ich, wir könnten den Opel in Kürze wieder zum Laufen bringen, wenn man uns einige Ersatzteile besorgen könnte. Ein Ladegerät für die Batterie müsste auch beschafft werden. Willy hatte sich den Opel Olympia ausgesucht, denn mit diesem Typ war er früher schon oft gefahren, seine Technik wäre ihm vertraut. Am nächsten Tag wurden wir sehr früh in den Hof gebracht, wo schon ein amerikanisches Armeefahrzeug für uns bereitstand. Wir stiegen ein und fuhren unter Bewachung auf einen Autofriedhof. Dort suchten wir, was wir brauchten, und fanden es auch recht schnell. Unter Willys Anleitung bauten wir die benötigten Ersatzteile aus. Ich fand in einigen der Autos auch noch ein Batterieladegerät und einige Batterien, diese prüfte ich nach bestem Wissen und Gewissen auf Tauglichkeit. Nach zwei Tagen harter Arbeit im Hof der Verwaltung war es so weit: Willy verlangte Öl und Benzin zum Probestart und zur Probefahrt mit dem ersten instand gesetzten Auto. Die ersten Meter der Probefahrt führte Willy unter Beifall einiger Bewacher und ihrer Vorgesetzten im Hof durch. Willy erklärte, dass zu einer richtigen Probefahrt jedoch eine größere Strecke zurückgelegt werden müsste, denn dann wären sicherlich noch einige Nachstellungen an der Zündung nötig.

Wir durften diese Fahrt aber aus Sicherheitsgründen nicht gemeinsam durchführen. Willy fuhr mit einem unserer Bewacher, nach einer halben Stunde kam er zurück. Die Probefahrt war bestanden, danach erfolgte die Übergabe des Fahrzeuges an die polnischen Sicherheitsorgane.

Jetzt verbesserte sich unsere Lage etwas: Wir mussten nicht mehr nur im Keller sitzen, sondern durften im Freien arbeiten. Das war ein Lichtblick und stärkte unser Selbstbewusstsein. Willy durfte zur Beschaffung von Ersatzteilen auch andere Autofriedhöfe aufsuchen – natürlich nur unter strenger Bewachung. Er brachte auch immer etwas mit, was wir für uns gut gebrauchen konnten, zum Beispiel Messer, Gabel und Löffel. Aber die Ersatzteile waren natürlich das Wichtigste, um unsere Arbeit zügig fortführen zu können.

Es gab jetzt nur noch einen Gesprächsstoff zwischen uns: Werden wir abgeschoben, wenn unsere Arbeit abgeschlossen ist, oder kommen wir in ein Kriegsgefangenenlager für ehemalige deutsche Wehrmachtsangehörige?

Wir hatten uns natürlich gleich nach der Überstellung nach Warschau und nach den ersten Verhören auch Gedanken über eine mögliche erneute Flucht gemacht.

Aber unsere Kenntnisse in Bezug auf unseren Standort waren mehr als mangelhaft. Wir wussten nur so viel: Wir befanden uns in Warschau, Stadtteil Praga, östlich der Weichsel, und müssten zur Flucht zuerst die Weichsel überwinden.

Die Unkenntnis hinsichtlich unseres Standortes ließ uns fast verzweifeln, da eröffnete sich unverhofft eine neue Perspektive.

Im Hof neben dem Haupttor befand sich jetzt unser neuer Arbeitsort, wo wir die defekten Autos reparierten. Nur eine Schranke trennte uns von dem Fluchtweg, den wir nehmen müssten, um zu unserer „vierten" Flucht aufzubrechen. Jetzt beschäftigte uns nur noch eins: noch mehr Informationen zu sammeln, die der Fluchtvorbereitung dienen könnten. Willy musste dabei die wichtigste Aufgabe übernehmen und bei seinen Probefahrten und der Ersatzteilbeschaffung herausfinden, wo sich das Staatssicherheitsobjekt genau befand und wie wir von unserem Standort am schnellsten zu einer Weichselbrücke gelangen könnten.

Nachdem wir nach getaner Arbeit auf dem Hof wieder in den Keller gesperrt wurden, zogen wir uns in unsere Ecke zurück und zeichneten mit einem Holzstück unsere neu gewonnenen Erkenntnisse bezüglich des Fluchtweges auf den Boden. Dabei hielten wir immer wieder die Weichsel und die vermeintlichen Wege bis dorthin fest und änderten sie nach neuestem Wissensstand. Auch suchten wir nach dem Standort der Eisenbahnbrücke, wo wir unsere Flucht beginnen wollten. Es wurde über die Vor- und Nachteile der jeweils angedachten Fluchtmöglichkeiten gesprochen, ohne dass wir zu einem Ergebnis kamen. Aber wir kamen zu dem Schluss, dass es am besten wäre, über den Hof zu flüchten. Dabei spielte die Zeit, die uns dafür zur Verfügung stand, eine große Rolle. Wenn uns nichts mehr einfiel und bei den Gesprächen wieder einmal nichts Neues herauskam, wischten wir unsere Aufzeichnungen wieder weg. Die anderen Mitinsassen beachteten uns in unserer Ecke überhaupt nicht, für sie waren wir ja gar nicht anwesend. Nur unser Wissen über die Eisenbahnverbindungen nach Westen war noch sehr mangelhaft. Und das war entscheidend, denn nach unserer Meinung würde es uns nur per Bahn gelingen, Warschau zu verlassen. Willy sollte deshalb bei seinen Probefahrten nach Möglichkeit solche Strecken wählen, die uns Informationen über die Lage der Eisenbahnlinien einbrachten. Besonders wichtig war, in welche Richtung wir flüchten müssten, um die Eisenbahnbrücken über die Weichsel zu erreichen. Ich erinnere mich, wie Willy eines Abends erzählte, dass er bei der Probefahrt in eine falsche Richtung gefahren war, um unsere Wegstrecke zu erkunden. Wie hatte er das angestellt? Er hatte eine Panne vorgetäuscht und hatte den Wagen nach der Scheinreparatur in Richtung Weichsel gelenkt. Vor der Brücke stoppten ihn die Aufseher und verlangten, dass er umkehrte. Nun konnten wir die Strecke von unserem Gefängnis bis zur Weichsel erstmals genauer einschätzen.

Beim Gedankenaustausch und der Betrachtung der Skizzen auf dem Fußboden stellten wir fest, dass unsere „Unterlagen“ für unser Vorhaben schon sehr umfangreich waren. Und wir waren zuversichtlich, mit der richtigen Taktik und anhand unserer Kenntnisse die Straßen ausfindig machen zu können, die zur Weichsel führten. Wenn es nötig sein sollte, könnten wir die Flucht wagen, ohne wieder ergriffen zu werden. Die Gedanken an unsere Flucht ließen uns nicht mehr los: Wir hofften jedoch nach wie vor, abgeschoben zu werden, wenn die Polen unser Wissen abgeschöpft hatten. Es könnte aber auch sein, dass wir weiterhin als Automechaniker gebraucht würden, was wohl einen längeren Aufenthalt in Polen bedeuten würde. Die ständige Ungewissheit war sehr unangenehm und ließ unsere Fluchtpläne immer konkreter werden.

6. Flucht – Polen

Kleinen Bemerkungen unserer Aufseher konnten wir entnehmen, dass einer Überführung in ein Kriegsgefangenenlager bald nichts mehr im Weg stünde. Sobald genügend Fahrzeuge wieder fahrtüchtig seien, würden wir verlegt. Jetzt dauerten die Reparaturen auf einmal etwas länger, was nicht nur am Zustand der Fahrzeuge lag. Wir wollten etwas zusätzliche Zeit für unsere Fluchtvorbereitung gewinnen. Wir wirkten anscheinend auch sehr überzeugend, wenn wir die nun auftretenden technischen Schwierigkeiten zu erklären versuchten.

Die kleinen Bemerkungen der Polen waren für uns das ausschlaggebende Zeichen: Jetzt müssten wir fliehen. Denn eine solche Überführung ins Kriegsgefangenenlager, wie ich sie in Moskau nach meiner Agentenausbildung schon einmal erlebt hatte, wollte ich nicht noch einmal durchmachen.

Eine meiner Aufgaben bei der Fluchtvorbereitung war es, die genaue Situation am Ausgang des Gefängnisses zu erkunden. Der Hof, wo wir unsere Autoreparaturarbeiten durchführten, war tagsüber nur durch eine bewachte Schranke nach außen gesichert. Diese Schranke mussten wir unbemerkt überwinden, um unsere Flucht beginnen zu können. Ich beobachtete also genauestens die Bewachung, die Kontrollgänge der Soldaten und die Abläufe des Postenwechsels, um den günstigsten Zeitpunkt für ein Verlassen des Geländes auszuloten.

Ich hielt mich also immer, wenn sich die Gelegenheit dazu ergab, in der Nähe der Schranke auf. Dabei waren wir jedoch niemals zu zweit, denn das hätte bei dem Posten Verdacht erregen können. Ich zählte die Sekunden der einzelnen Postengänge und kam zu der Auffassung, dass es eine Schwachstelle gab, die wir ausnützen könnten. Der günstigste Zeitpunkt zur Flucht war nach unseren Berechnungen dann gegeben, wenn der Posten einen Kontrollgang zum Haupteingang in der Mitte des Gebäudes durchführte. Zur Durchführung des Kontrollganges musste er sich ungefähr 40 Sekunden von der Schranke entfernen. Diese Zeit musste reichen, um zur ersten Deckung, einer kleinen Kirche gegenüber dem Ausgang des Staatsgefängnisses, zu gelangen. Uns war klar, dass diesmal nur wenig Zeit vergehen würde, bis unser Verschwinden bemerkt werden würde. Und uns war auch klar, dass die Polen alles versuchen würden, um uns aufzuspüren. Schließlich waren sie Profis, die uns wieder einfangen wollten.

Auch diesmal galt es deshalb, alles so gut wie nur möglich vorzubereiten, um wieder erfolgreich zu sein. Immer wieder erörterten wir alle Möglichkeiten, wie und in welche Richtung die erneute Flucht erfolgen sollte. Nachdem wir unsere Erkenntnisse nochmals verglichen hatten, kamen wir zum Schluss, dass wir so schnell wie möglich das Weichselufer erreichen und dieses auf der Brücke überqueren mussten, um unseren Häschern zu entkommen. Erst dann würden wir uns Gedanken machen, wie wir die nächste Bahnlinie Richtung Heimat erreichen könnten. Wir wollten aber nicht länger reden und weitere Pläne schmieden, sondern den nächsten günstigen Fluchtzeitpunkt nutzen. Unsere Vorbereitung zur erneuten Flucht war damit abgeschlossen.

In den nächsten drei Tagen versuchten wir mehrmals, unseren Plan in die Tat umzusetzen, aber immer kam etwas dazwischen. Einmal wurden wir zu anderen Arbeiten eingeteilt, ein anderes Mal führte der Kontrollposten seine Kontrollgänge nicht so durch, wie es unser Zeitplan vorsah. Es war zum Verzweifeln, aber wir wollten auch nicht zu leichtsinnig sein.

Schließlich jedoch kam der Tag, an dem wir glaubten, dass sich unser Warten gelohnt hatte. Ich stand in der Nähe der Schranke, als sich der Wachposten auf seinen Kontrollgang in Richtung Haupteingang begab. Ich gab Willy unser vereinbartes Zeichen – wie schon beim Grenzübertritt schwenkte ich den Arm –, worauf er zu mir kam. Jetzt schnell handeln, aber auch nichts übereilen. Nun war der günstigste Zeitpunkt gekommen, um unsere Vorbereitungen zur Beendigung der 17-tägigen Gefangenschaft in die Tat umzusetzen. Nochmals ein kurzer Kontrollblick: Alles lief nach Plan, also allen Mut zusammennehmen und die Flucht aus Warschau beginnen. Zu welcher Fluchtvariante hatten wir uns entschlossen? Unsere erste Deckung wollten wir in 30 bis 35 Sekunden erreichen. Diese Zeit brauchte der Wachposten, um den Weg bis zum Haupteingang zurückzulegen, wo er sich umwendete.

In dieser Zeit mussten wir es ohne Deckung circa 80 Meter bis zur Kirche gegenüber schaffen. Um auf dem Kopfsteinpflaster keinen Lärm zu machen, wollten wir uns für die erste Strecke die Schuhe ausziehen. Außerdem durften keine Passanten in der Nähe sein, die unsere Flucht beobachten konnten. Auch durfte keine Person das Hauptgebäude in unsere Richtung verlassen. Einer von uns sollte den günstigsten Zeitpunkt für den Fluchtbeginn in Polen bestimmen. Wie oft hatten wir den Fluchtbeginn wieder abgebrochen? So auch heute, ich glaube, es war das fünfte Mal. Also knobelten wir – Brot, Papier und Schere. Ich gewann. Damit lag die Verantwortung für das Gelingen der neuerlichen Flucht bei mir. Dies war aber nach langen Überlegungen die einzig mögliche, wenn auch nicht ungefährliche Möglichkeit zur Flucht. Aber nur wer etwas riskiert, kann auch gewinnen. Wir erreichten also die Kirche, die uns Deckung bot, und zogen unsere Schuhe wieder an. Wir schauten noch einmal um die Ecke. Der Posten hatte noch nicht einmal den halben Weg zurückgelegt, also mussten wir weniger Zeit für den Weg benötigt haben, als wir eingeplant hatten. Zuerst konnten wir nicht den kürzesten Weg zur Weichsel wählen, sondern mussten erst circa 100 Meter gen Osten laufen, denn sonst wären wir in den Blickwinkel des Wachpostens geraten. Lieber einen Umweg wählen als gleich zu Beginn der Flucht ein Risiko eingehen.

Wir verspürten eine erste Erleichterung, als wir in eine Nebenstraße gelangten, die genau in unsere Richtung führte. Einige Warschauer, die uns begegneten, nahmen keinerlei Notiz von uns, sie hielten uns sicherlich für ihresgleichen, polnische Bürger, die ihren täglichen Pflichten nachgingen.

Nachdem bereits einige Nebenstraßen hinter uns lagen, fühlten wir uns schon wieder etwas sicherer. Danach erreichten wir die vorgesehene Hauptstraße, konnten aber in der Ferne auch schon unser erstes angepeiltes Ziel, die Weichselbrücke, ausmachen. Der Weg bis dahin kam uns allerdings sehr lang vor. Alles lief fast zu gut, wir bewegten uns zusammen mit den anderen Fußgängern und gaben acht, nur nicht auffallen. Deshalb gingen wir mal zwei Meter voneinander entfernt oder überholten einander, passten uns dabei aber immer den anderen Passanten an. Wir hatten das Gefühl, dass wir nicht als Flüchtlinge wahrgenommen wurden, und bewegten uns daher ungezwungener in der Menschentraube. Doch dann kamen einige Armeefahrzeuge vorbei und hielten am westlichen Ufer der Weichselbrücke. Die Soldaten, die den Fahrzeugen entstiegen waren, hatten viel mit der Errichtung einer Straßensperre zu tun. Zuerst begannen sie, die Autos zu durchsuchen, und es entstand ein Stau auf der Brücke. Die Unruhe ging auch auf die Fußgänger über, denn gleichzeitig führten sie Personenkontrollen bei jungen Männern durch. Mir war auf einmal sehr mulmig zumute, würde dies wieder einmal das Ende unserer Freiheit sein? Sollte unsere erneute Flucht schon so bald scheitern?

Aller Aufregung zum Trotz versuchten wir, ruhig zu bleiben,

und suchten nach einem Ausweg. Auf einmal bemerkten wir eine Fußgängertreppe, die vor Brückenende ans andere Ufer der Weichsel führte. Jetzt nur nicht in Hektik verfallen, sondern ganz unauffällig mit den anderen Fußgängern weitergehen. Diese letzten Meter bis zur Fußgängertreppe werde ich mein Leben lang nicht mehr vergessen! Es ging schließlich um das Gelingen der Flucht. Ein Scheitern hätte eine ungewisse Zukunft in erneuter Gefangenschaft bedeutet. Dann sahen wir, dass schon die ersten Männer am Brückenende kontrolliert wurden. Ich hatte aber nur den Fußgängerabgang im Blick und zählte die Meter, die uns noch davon trennten, um der Kontrolle zu entkommen. Wir erreichten die Treppe zur Weichsel, jetzt ließ auch die sehr starke Anspannung etwas nach. In fast normaler Schrittgeschwindigkeit stiegen wir die Treppe hinunter.

Wir hatten es wieder einmal geschafft, waren aber nur um Haaresbreite einer Festnahme entgangen. Als ich nochmals zurückblickte, bemerkte ich, dass einige Soldaten nun auch an der von uns benutzten Fußgängertreppe Personenkontrollen durchführten. Die Sicherheitskräfte schienen durch weitere Soldaten verstärkt worden zu sein, und die Einsatzleitung hatte sicherlich die Schwachstelle ihres Kontrollsystems am Ende der Brücke erkannt. Diese Erkenntnis kam aber Gott sei Dank zu spät. Wie doch manchmal wenige Sekunden die Lage oder über Schicksale entscheiden können!

Wir waren fürs Erste entwischt, jetzt nur nicht übermütig werden, wir waren noch nicht in Sicherheit.

Am westlichen Ufer der Weichsel angekommen, sahen wir überall nur Trümmer. Was für ein Gefühl, wieder einmal einer Inhaftierung entkommen zu sein. Doch diesmal hielt das Glücksgefühl nicht lange an, denn unsere Lage konnte nicht eben als rosig bezeichnet werden.

Nun galt es, die Situation, in der wir uns befanden, einzuschätzen und die weiteren Schritte unseres Vorgehens festzulegen. Eins war klar: Diesmal wurden wir von Profis gesucht. Willy wollte sofort weiter und den Weg zur Bahnstrecke nach Westen suchen, ich bestand aber darauf, sofort einen Unterschlupf zu suchen. Zuerst wollte er meine Argumente für ein schnelles Verstecken nicht akzeptieren, sah aber ein, dass die Polen sicherlich schon jenseits unseres jetzigen Standortes nach uns fahndeten.

Vor uns waren nur Ruinen zu sehen, eine einzige Trümmerlandschaft, kein bewohnbares Haus mehr, was hatte der Krieg nur für große Schäden in Warschau angerichtet! Es war furchtbar, diese Verwüstung zu erleben, hier hatten einmal Menschen in Frieden gelebt. Jetzt waren nur noch Schuttberge übrig. Für uns gab es aber die Hoffnung, in dieser unbewohnbaren Gegend ein Versteck zu finden.

Wir verständigten uns auf folgendes Vorgehen: Zuerst benötigten wir Stoffreste. Diese sollten dazu dienen, Fährtenhunde, sollten sie denn welche einsetzen, auf die falsche Spur zu locken. Die sehr ölverschmierten Stofffetzen sollten die Hunde von unserem Geruch ablenken, damit sie nicht anschlugen, wenn sie in unserer Nähe waren. Wir liefen durch die Trümmer, als suchten wir nach brauchbaren Gegenständen, in Wirklichkeit hielten wir jedoch Ausschau nach einem günstigen Versteck. Dabei versuchten wir, eine Stelle zu finden, wo wir von der Brücke aus nicht gesehen werden konnten. Hinter einem Steinhaufen vermuteten wir einen Kellereingang; nachdem wir einige Steine zur Seite geräumt hatten, konnten wir durch eine kleine Öffnung schlüpfen. Die Öffnung verkleinerten wir danach so weit, dass nur noch ein kleiner Sehschlitz übrig war, so konnten wir die Umgebung gut beobachten, und auch die Weichsel hatten wir im Blick. Nach Stunden vernahmen wir auf einmal Hundegebell, wir sahen Soldaten mit

Spürhunden, es wurde also auch mit Hunden nach uns gesucht. Jetzt nur keine Panik aufkommen lassen, wir mussten nur unseren Geruch etwas verändern. Zunächst verkleinerten wir die Öffnung noch weiter. Dann zogen wir nicht etwa die durch die Arbeit bei der Autoreparatur ölverschmierte Kleidung aus, sondern legten die Stoffreste, die wir gesammelt hatten, vor die kleine Öffnung. Die hatten wir zuvor benutzt, um die Steine und die Gegend vor unserem Verlies von unserem Körpergeruch zu befreien.

Dabei gingen wir so vor: Wir hatten versucht, uns zu erinnern, welchen Weg wir zu unserer Höhle genau gegangen waren und was wir dabei angefasst hatten.

Dann wischten wir alle fraglichen Stellen ab, um unsere Geruchsspuren zu beseitigen. Ich kam mir vor, als wäre ich Mitglied einer Putzbrigade. Als wir glaubten, alle Geruchsspuren beseitigt zu haben, zogen wir uns in unser neues Quartier zurück und verschlossen den Eingang mit den zuvor beiseitegelegten Stoffresten.

Was hatte ich in Moskau nicht alles gelernt, und bisher hatte ich den Lernstoff immer gut anzuwenden gewusst. Ich glaube, die Sicherung unseres Unterschlupfs war wie im Moskauer Lehrbuch erfolgt. Nach circa zwei Stunden war von den Hunden nichts mehr zu hören. Wir konnten die Kleidungsstücke wieder an uns nehmen. Ich verspürte zum ersten Mal seit unserer Flucht Angst, da ich keinen Ausweg sah, wie wir aus unserer „Keller-Falle" herauskommen könnten. Wir waren allein auf das Glück angewiesen, dass unsere Verfolger uns schon bald woanders suchen würden. Warum sollte nicht auch diesmal unsere Taktik zum Erfolg führen? Den Polen wollte ich auf keinen Fall noch einmal in die Hände fallen.

Die Anspannung ließ langsam nach, die Spüraktion mit den Hunden hatte uns doch mehr mitgenommen, als wir wahrhaben wollten. Dass unsere Flucht so schnell bemerkt werden würde, hatten wir jedenfalls nicht einkalkuliert. Gemäß unserer Planung waren wir unter Berücksichtigung der Fluchtstrecke davon ausgegangen, dass wir die Bahnanlagen erreichen könnten, bevor unsere Flucht bemerkt werden würde. Warum unser Fluchtversuch so schnell erkannt worden war, würden wir wohl nie erfahren.

Wie sagt man doch? Noch mal die Kurve gekratzt! Jetzt galt es, nach vorne zu blicken. Uns trennte nur noch eine gute Zugverbindung nach Frankfurt/Oder von der deutschen Heimat. Nach unseren Schätzungen betrug die Entfernung von Warschau nach Frankfurt/Oder sicherlich an die 450 Kilometer. Lachend meinte ich, das sei doch nur ein Katzensprung. „Es müsste schon mit dem Teufel zugehen, wenn wir das nicht schaffen würden."

Unser erstes Resümee: Der Fluchtbeginn war nicht so gut gelaufen, wie wir es gehofft hatten. In Leningrad hatte es besser funktioniert. Oder doch nicht? Wenn ich an die plötzlichen Personenkontrollen auf dem Bahnsteig dachte, die aus sicherer Entfernung zu beobachten waren, sah die Einschätzung wieder ganz anders aus.

Jetzt nur einen klaren Kopf bewahren und nicht übermütig werden. Vielmehr wollten wir noch vorsichtiger vorgehen, um unsere neue Freiheit auch zu behalten.

Willy wollte am liebsten sofort weiter, ich war der Meinung, dass wir zur Sicherheit wenigstens zwei Tage in unserem Versteck bleiben sollten, denn die Suche nach uns würde in der näheren Umgebung sicherlich intensiv fortgesetzt werden und wäre in Bahnhofsnähe wohl am stärksten. Den Polen war bestimmt klar, dass wir versuchen würden, per Bahn zu fliehen. Sie kannten unser Vorgehen ja aus den Verhören.

Ich hoffte nur, sie würden die Suche im direkten Umfeld bald verringern oder ganz einstellen. Schließlich hatten wir nichts verbrochen, was eine intensive Suche auf lange Zeit rechtfertigen würde. Außerdem hatten wir ihnen geholfen. Nun begannen wir damit, uns so gut wie nur möglich in unserer Kellerwohnung einzurichten. Willy hatte letztendlich seinen Standpunkt aufgegeben und gab mir recht. Aber auch mich schreckte der Gedanke an die Unannehmlichkeiten, noch längere Zeit in diesem dunklen, unangenehmen Verlies verbringen zu müssen. Deshalb wollte auch ich die Kellerruine recht schnell verlassen. Uns beiden war klar, dass die Zeit in dem Versteck keine angenehme werden würde.

In dieser Zeit diskutierten wir auch mehrmals, ob wir versuchen sollten, die 450 Kilometer als schwarze Passagiere auf einem Güterzug zurückzulegen. Oder ob wir das deutsche Zugpersonal, das Reparationsmaterial transportiert hatte und sich nun auf der Rückfahrt mit leeren Zügen befand, um Mitnahme bitten sollten. Wir konnten uns nicht endgültig entscheiden, würden es aber am besten finden, wenn das Zugpersonal deutsch wäre und wir offen sagen könnten, dass wir Flüchtlinge aus der UdSSR wären. Diese Variante hätte auch den Vorteil, dass man die Grenze wahrscheinlich mit dem Zugpersonal ohne große Schwierigkeiten überqueren könnte. Wir machten aus Langeweile auch Zahlenspiele: noch 450 Kilometer bis Frankfurt/Oder.

Bei einer Geschwindigkeit von 70 km/h würde die Fahrzeit 6,5 Stunden betragen, bei einer Geschwindigkeit von 40 km/h aber 11,25 Stunden. So wenige Stunden, und wir befänden uns in Freiheit. Eine Flucht auf Landwegen erschien uns zu unsicher. Haltezeiten hatten wir jedoch leider nicht eingerechnet!

Unser Gedankenaustausch drehte sich im Kreis, ich wollte mich ablenken. Dabei erinnerte ich mich an einen Spruch, der uns sicherlich weiterhelfen könnte, die Stimmung zu verbessern. „Man muss Schweres überlebt haben, um die Freude an den schönen Erlebnissen tief zu empfinden.“

Ich dachte an den Film „Immer nur Du“ mit Johannes Heesters

und den darin vorkommenden Schlager „Man müsste Klavier spielen können".

Als ich Willy dies vortrug, waren auf einmal die grauen Gedanken verschwunden, die uns so sehr bewegten. Willy kam der Film „Bel Ami" in den Sinn. Die Hauptrollen darin spielten, die Schauspieler Willi Forst, Olga Tschechowa und Ilse Werner. Nach einigen Überlegungen waren wir uns einig, dass der Schlager „Bei Dir war es immer so schön" der schönste im Film sei.

Es war schön zu spüren, dass es immer noch etwas gab, woran man sich in unangenehmen Augenblicken freuen konnte. Die Gegenwart holte mich bald wieder ein, ich fühlte mich aber wohler. Die Zuversicht, dass wir es schaffen würden, wurde wieder stärker.

Nachdem wir übereingekommen waren, unsere „Unterkunft" nicht so schnell zu verlassen, nahmen wir die „Räumlichkeiten" etwas genauer unter die Lupe und besprachen unser weiteres Vorgehen:

Zuerst stellten wir fest, dass wir uns gegenüber dem halb verhungerten Zustand in Leningrad jetzt in einer wesentlich besseren körperlichen Verfassung befanden. Zum anderen war der weitere Weg bis zur deutsch-polnischen Grenze klar vorgegeben. Die Verpflegung und Behandlung in Polen waren uns gut bekommen. Zudem hatten wir an Fluchtproviant gedacht, den wir von der täglichen Ration abgezweigt hatten und der aus trockenem Brot, Salz und etwas Käse bestand.

Die Untersuchung der Kellerruine ergab: Andere Räume, die man nur kriechend erreichen konnte, waren weitgehend verschüttet. Zumindest fanden wir einen zerbeulten Topf, einen Blechteller und einige Tuchfetzen.

Wir fragten uns, wie und in welchen Abständen unsere Umgebung kontrolliert werden würde, aber das konnten wir nicht beantworten.

Unsere Versorgung mit Wasser und Lebensmitteln würde maximal zwei bis drei Tage reichen, wenn nötig auch etwas länger. Wasser würden wir aus der Pfütze vor unserem Versteck mithilfe eines Tuches filtern, das war immer noch besser, als zu verdursten.

Während einer Wache hielt, konnte der andere versuchen zu schlafen. Auch wegen der Ratten war es ratsam, dass sich immer einer bewegte. Bei einer meiner Wachschichten fühlte ich mich auf einmal in unserer hilflosen Lage so verlassen wie noch nie. In dieser Gemütslage rief ich mir mein Versprechen, das ich nach unserer zweiten kurzen Gefangennahme hinter Juodsillai gegeben hatte, in Erinnerung: Als Erstes würde ich nach gelungener Flucht die Heimatkirche besuchen und Andacht halten. Dort würde ich den Ablauf der Flucht nochmals an mir vorbeiziehen lassen und mich für unser Glück bedanken. Denn ich glaube, es haben damals viele an Flucht gedacht, einige haben es versucht, aber nur wenigen ist sie geglückt. Und dazu würde auch ich zählen.

Was geht einem in einer solch erbärmlichen Lage nicht alles durch den Kopf? Auf einmal kamen mir mit einem leichten Lächeln Zitate von Platon[19] in Erinnerung:

„Wir leben nicht, um zu essen; wir essen, um zu leben."

„Wie zahlreich sind doch die Dinge, derer man nicht bedarf."

Ganz gleich, in welcher Lebenslage ich mich befinden würde, diese Zitate sollten mir eine Lebenshilfe bleiben. Sie sollten einen auch daran erinnern, wie wenig man zum Leben braucht.

Es war schon etwas riskant, aber das Wasser der Weichsel ließ uns überlegen, ob nicht einer einmal den Weg zum Fluss wagen sollte, um sich im Wasser zu erfrischen. Zu zweit wollten wir

19 Platon, 427–347 v. Chr.; griechischer Philosoph.

nicht losziehen, die Polen suchten schließlich zwei Flüchtige. Zur Absicherung dieses riskanten Vorhabens vereinbarten wir wieder die bereits zweimal angewandten Handzeichen, um den anderen rechtzeitig zu warnen. Was für ein Gefühl, am Ufer der Weichsel zu baden! Da ich alleine war, zog ich mich aus und genoss das Bad, der Wachposten auf der Brücke schaute aus der Ferne nur einmal kurz herüber. Gegen Abend des zweiten Tages, Willy hatte gerade Wache, weckte er mich unsanft und rief mir zu, dass Hunde zu sehen seien. Sofort dichteten wir den Sehschlitz zu unserem Schutz wie schon am Tag zuvor ab. Der Hundeführer begann erst circa 100 Meter hinter unserem Versteck mit der Suche. Unsere Gegend hatte er ja schon gestern abgesucht.

Am dritten Tag beobachteten wir, dass die Kontrollen auf der Brücke abgebrochen wurden – der erste Lichtblick für unser weiteres Vorgehen. Auch die unregelmäßigen Kontrollen am Ufergelände hörten auf. Uns war klar: Es war so gekommen, wie ich es vorausgesagt hatte. Die Suche nach uns im engeren Umfeld war eingestellt oder stark reduziert worden. Ich war mir noch unsicher, ob wir sofort aufbrechen oder noch etwas warten sollten.

Zu Willy sagte ich deshalb: „Wenn wir noch länger warten, müssten wir uns bald etwas zu essen suchen." Ich dachte dabei an die Tage, in denen ich in den Wäldern um Moskau das Überleben unter schwierigen Bedingungen trainierte: Maden, Rattenfleisch, Pflanzen, Proteine, Wasser filtern, ohne Rauch Feuer entfachten – man starb nicht davon, aber es waren keine guten Erinnerungen.

Schließlich fragte mich Willy, woher ich diese vielen Kenntnisse hätte. Ich gab an, neben vielen Klassikern alle Krimischmöker von John King und Jan Mayen und andere Spionagegeschichten gelesen zu haben. Auch alle Bücher von Karl May hätte ich besessen. Ob diese Bücher den Krieg überlebt hätten, könnte ich erst nach unserer Rückkehr sagen. Die darin geschilderten Situationen hätten meine Abenteuerlust geweckt und mir gleichzeitig Anregung gegeben, diese Dinge auch selbst auszuprobieren. Jetzt würde ich versuchen, diese Gedanken praxisbezogen anzuwenden. Von den Tipps in den Romanen, beispielsweise wie man sich in der Natur verhält, schien bei mir eine Menge hängen geblieben zu sein. Auch bei der Vorbereitung auf die Flucht und ihrem bisherigen Verlauf hatte uns dieses in der Praxis angewandte Wissen schon oft geholfen.

Ich hatte das ungute Gefühl, dass Willy mir meine Geschichten nicht mehr so recht abnahm. Aber ich wollte diesbezüglich nicht die Wahrheit sagen, und wir haben das Thema auch nie wieder angesprochen. Wäre es zu einer Vernehmung gekommen, hätte er vielleicht aus Versehen etwas gesagt, und ich wäre vielleicht verdächtigt worden, ein Spion zu sein. Wir wussten ja nicht, was uns noch bevorstand. Wieso also den Freund unnötig belasten?

Erst einen Tag später, als wir glaubten, die Luft wäre etwas „reiner", begannen wir, uns die Umgebung genauer anzusehen. Rechter Hand erkannten wir flussabwärts in der Ferne eine Eisenbahnbrücke.

So fassten wir den Entschluss, die Flucht zuerst am Ufer der Weichsel entlang Richtung Weichselbrücke fortzusetzen. Bis in die Nähe der Brücke wollten wir auch nicht gemeinsam gehen, sondern im Abstand von ungefähr 100 Metern hintereinander. Es wurden schließlich zwei gesucht, und bei den Vernehmungen hatten wir immer betont, dass wir alles gemeinsam unternehmen würden.

Sollte einer eine Gefahr erkennen, hatten wir ein Signal vereinbart. Der Hintere wollte laut husten, der Vordere würde die altbewährten Handzeichen geben. Ohne Zwischenfälle gelangten wir in die Nähe der Brücke. Ein Güterbahnhof war aber weit und breit nicht zu sehen. Wie weit würde der Güterbahnhof von der Weichsel entfernt sein? Wir hatten keine Ahnung. Nachdem wir die neue Situation bedacht hatten, zogen wir folgende Schlüsse: Erstens müsste der Güterbahnhof westwärts liegen, zweitens müssten die Züge auf der Brücke und in ihrer Umgebung langsam fahren. Deshalb wäre es bestimmt leichter, hier aufzusteigen, als im Stadtgebiet nach dem Güterbahnhof zu suchen. Also mussten wir bei der nächsten passenden Gelegenheit den Aufsprung wagen, obwohl wir dazu keine Lust verspürten. Doch nur so würden wir schnell weiterkommen, wir hatten schon genug Zeit verloren und würden weitere verlieren, wenn wir in fremder Umgebung nach einem Güterbahnhof suchen würden. Das Aufspringen ging bei der langsamen Fahrt des Zuges einfacher, als wir gedacht hatten, denn es war genügend Platz neben den Schienen vorhanden, um entsprechend zu beschleunigen. Als unser Zug seinen ersten Halt einlegte, hatten wir doch eine viel weitere Strecke zurückgelegt, als wir gedacht hatten, damit fühlten wir uns bestätigt. Diese Strecke durch die Stadt zu laufen, hätte viel mehr Zeit gekostet und wäre sicherlich auch sehr viel gefährlicher gewesen.

Auf dem Güterbahnhof sahen wir uns zuerst nach einem Versteck um, und nachdem wir einen ruhigen Ort gefunden hatten, beobachteten wir aus sicherer Entfernung das Geschehen auf dem Güterbahnhof. Wir besprachen das weitere Vorgehen:

Nachdem uns bewusst wurde, wie wenig Wissen wir über die weitere Fahrstrecke bis zur Grenze besaßen, gab es nur eine Lösung: Wir mussten die 450 Kilometer bis zur Grenze mithilfe deutscher Bahnbeamter zurücklegen. Deshalb mussten wir nun eine deutsche Zugbesatzung finden, die uns über die Grenze bringen würde. Natürlich hatten wir auch unsere Zweifel, ob sich jemand einem Fremden gegenüber auf ein solches Abenteuer einlassen würde.

Als wir einen Güterzug mit nicht beladenen Waggons und deutschem Kennzeichen entdeckten, schöpften wir jedoch neue Hoffnung. Der Zugführer war schnell gefunden, wir stellten uns vor und baten um Mitfahrt bis über die Grenze. Auf seine Frage, woher wir kämen, gab ich an, dass wir nichts verbrochen hätten, sondern nur aus einem Kriegsgefangenenlager geflohen waren und nun so schnell wie möglich zurück nach Deutschland, zu unseren Familien wollten. Er antwortete mit einem klaren „Nein". Wir versuchten ihn noch umzustimmen, doch er blieb bei seiner harschen Ablehnung. Zuletzt drohte er uns sogar mit einer Anzeige, wenn wir nicht sofort verschwänden. Dieser Aufforderung kamen wir natürlich unverzüglich und ohne ein Wort der Widerrede nach. Wir waren aber sehr enttäuscht vom Verhalten des Zugführers. Hatten wir uns einem Wunschdenken hingegeben, weil wir keinen anderen Einfall gehabt hatten?

Aus unserem Versteck beobachteten wir die einfahrenden Züge. Ein weiterer Versuch bei einem anderen Zugführer war genauso erfolglos. Der erklärte uns aber wenigstens sein Verhalten: Sie hätten Vereinbarungen unterschrieben und dürften daher keinen Fremden mitnehmen. Jede Zuwiderhandlung würde bestraft. „Ich würde euch gerne helfen", fügte er allerdings noch an und gab uns etwas von der Verpflegung des Zugpersonals mit. Außerdem wünschte er uns viel Glück für unseren Weg in die Heimat.

So vergingen viele Stunden. Wir überlegten hin und her, ob wir so weitermachen oder uns lieber einen Schlafplatz suchen sollten. Aber eigentlich gab es darüber keine Diskussion: Wir würden weitermachen, bis uns ein Zugführer erlaubte, auf seinem Zug mitzufahren. Nach unserer Auffassung müsste es doch Deutsche geben, die den Mut hätten, Flüchtlingen zu helfen.

Auf einmal sahen wir wieder einen Güterzug mit nicht beladenen Waggons und deutschem Kennzeichen. Diesmal hofften wir, mehr Glück zu haben als bisher. Allerdings hatten die Ablehnungen der vorigen Lokführer unseren Optimismus doch erheblich gedämpft. Also starteten wir einen neuen Versuch: Sollte dieser wieder fehlschlagen, wollten wir als blinde Passagiere mitfahren, auch wenn wir nicht wussten, wie sich die Situation an der Grenze gestalten würde.

Wir beschlossen, den Weg zum Güterzug getrennt zu gehen, um nicht weiter aufzufallen. Ich erreichte den Zug als Erster. Der Zugführer war gerade dabei, mit seinen Mitarbeitern eine kleine Mahlzeit einzunehmen. Nachdem auch Willy eingetroffen war, baten wir darum, bis nach Deutschland mitfahren zu dürfen. Wieder war die Antwort ein klares „Nein". Auch alles Zureden und die Schilderung unserer Lage halfen nichts. Der Heizer versuchte zu vermitteln. Nachdem er sich mit dem Rest der Kollegen abgestimmt hatte, gab der Zugführer schließlich nach.

Wir wussten gar nicht, wie wir dem Zugpersonal danken sollten. Wir verspürten solche Freude! Damit könnte unsere Flucht doch noch gelingen. Zunächst erklärte uns der Lokführer, dass sich zu unserer und ihrer Sicherheit keine Fremden im Zug aufhalten dürften. Wenn sie mit blinden Passagieren erwischt werden sollten, würden sie sofort entlassen und verhaftet. Wir konnten uns sehr gut in ihre Lage versetzen, aber was bedeutete das: Sollte dies ein Rückzieher sein?

In unserer Verzweiflung schilderten wir weitere Einzelheiten aus den Tagen unserer Flucht und nahmen das Personal so für uns ein. Daraufhin bekamen wir vom Zugpersonal genaue Instruktionen, wie wir uns auf der Fahrt zu verhalten hätten. Jede Anweisung wäre ohne Widerspruch zu befolgen. Auf dem Zug gäbe es nur einen Chef. Jedem von uns wurde nach kurzer Einweisung seine Aufgabe zugeteilt.

Ab sofort waren wir Mitglieder der Besatzung des Güterzuges und erhielten Eisenbahneruniformen.

Ich fuhr als Bremser mit Jacke und Mütze; Willy als Hilfsheizer in Arbeitskleidung. Dann nahmen wir Fahrt Richtung Heimat. Es war nicht zu glauben! Wir fuhren über Kutno–Konin und Poznań. In Poznań machten wir nochmals länger Station. Bei dieser Gelegenheit mussten wir dem Zugpersonal noch weitere Fragen über unsere Flucht beantworten. Die Besatzung des Zuges konnte unsere Schilderungen teilweise nicht glauben und wollte weitere Details wissen, so wurden wir zu einer kleinen verschworenen Gemeinschaft. Beim letzten Halt vor der deutsch-polnischen Grenze erhielten wir nochmals genaue Anweisungen, wie wir uns beim Grenzübergang in Slubice – Frankfurt/Oder verhalten sollten. Dies sei sehr wichtig, denn sie wollten keinen Ärger beim Grenzübertritt bekommen, und wir wollten alles tun, um nicht erkannt zu werden.

Es war eine regelrechte Lehrstunde, die wir da erteilt bekamen. Uns wurde genauestens erläutert, wie wir uns bei den Kontrollen an der Staatsgrenze zu verhalten hätten. Die Eisenbahner hatten durch ihre vielen Fahrten schon Erfahrung und kannten jede Einzelheit bei den Durchsuchungen des Zuges. Wir konnten noch viel lernen, und uns wurde klar, dass wir bei der bisherigen Flucht absolut richtig gehandelt hatten, indem wir keinen öffentlichen Grenzübergang benutzt hatten. Einen Bahngrenzübergang als Schwarzfahrer zu passieren, wäre uns nach unserem jetzigen Stand wahrscheinlich nicht gelungen. Denn die Kontrollen, die uns an der polnisch-deutschen Grenze erwarten würden, waren mit den bisherigen Kontrollen überhaupt nicht zu vergleichen.

Was würde sich an der Grenze abspielen? Würde ich die guten Ratschläge des Zugführers alle einhalten können?

Doch so kurz vor dem Ziel wollte ich nicht fahrlässig werden, sondern selbstbewusst auftreten. Die Tür von meinem Bremserhäuschen hatte ich geöffnet, auf der Treppe sitzend genoss ich die

Bilder der vorbeiziehenden Wälder und Felder, für mich waren sie die ersten Vorboten eines Lebens in Freiheit. Alles um mich war so friedlich, ich stellte mir zum ersten Mal seit Beginn unserer Flucht vor, wie schön es sein würde, ohne Angst vor einer erneuten Gefangennahme zu leben und die Tage unbeschwert bei den Lieben zu Hause zu verbringen.

Wie oft hatte ich mir in den letzten Wochen gesagt: „Die Hoffnung stirbt zuletzt." Diese Hoffnung könnte jetzt Wirklichkeit werden, es war fast nicht zu glauben. Aber auch auf diesem letzten Wegstück durften wir nicht übermütig werden. Lieber an etwas anderes denken und im Vorbeifahren die Natur genießen.

In einigen Stunden oder weniger würde ich wieder in Deutschland sein. Was für ein Deutschland würde mich da erwarten, ein Deutschland mit einer Besatzungsmacht? Ich konnte und wollte es selbst so kurz vor dem Ziel einfach nicht begreifen, die Strapazen sollten sich gelohnt haben. Aber noch war es nicht geschafft. Die Hinweise, die wir bekommen hatten, waren die eine Seite. Aber was erwartete uns beim Grenzübertritt tatsächlich?

Es verlief an der Grenze genau so, wie es uns unsere Freunde, das Zugpersonal, beschrieben hatten. Der Zug hielt am Grenzkontrollposten. Links und rechts am Bahnsteig standen Soldaten und kontrollierten unter dem Zug. Danach wurde auch zwischen und in den Waggons alles genau unter die Lupe genommen. Ich schaute aus meinem Bremserhäuschen lächelnd diesen Kontrollen zu, öffnete sogar die Tür, um zu zeigen, dass ich mich allein in meinem Dienstsitz befand. Ich war sehr aufgeregt bei dem Kontrollvorgang, musste aber äußerlich sehr ruhig bleiben, vor allem gegenüber den russischen Grenzsoldaten. Ich wechselte einige scherzhafte Worte mit dem Russen, die er auch mit einem Lächeln quittierte.

Das war sehr leichtsinnig, aber ich konnte nicht anders. Die polnischen Zöllner suchten nur nach Schmugglerware, indem sie sich zum Beispiel in meinem Bremserhäuschen die Sitzbank öffnen ließen, aber sonst nahmen sie keine weiteren Kontrollen vor. Auch ihnen gegenüber war ich hilfsbereit und lächelte vertrauensvoll. Was ging einem in so einer Situation nicht alles durch den Kopf? Nur nicht auffallen, sich nichts anmerken lassen. Vor wenigen Tagen waren wir noch in polnischer Gefangenschaft gewesen. Die Flucht war so gut wie gelungen, wir mussten nur noch diese Grenzkontrolle überstehen.

Auf einmal überkamen mich unangenehme Erinnerungen an die Gefangennahme durch polnische Grenzer. Als ich die Sitzbank wieder in Ordnung brachte, klemmte ich mir ungeschickterweise die rechte Hand. Durch die Schmerzen im kleinen Finger, der nie richtig ausgeheilt war, wurden die damaligen Erlebnisse sofort wieder lebendig. Wenn ich heute über den Finger streife, tut er zwar nicht mehr weh, aber man fühlt, dass er nie richtig zusammengewachsen ist.

Meine Tarnung als Bahnangestellter gab mir die nötige Sicherheit, die Prozedur ohne Angst zu überstehen. Klar fanden sie bei uns keine Schmuggelware, und auf den Gedanken, dass wir die Schmuggelware sein könnten, kamen sie Gott sei Dank nicht. Die Ermahnungen und Verhaltenshinweise, die uns in Poznań vom Zugpersonal gegeben worden waren, hatten somit ihre Früchte getragen, und wir wurden nicht entdeckt. Dank unserer guten Tarnung und Unverfrorenheit.

Schon bald setzte sich der kontrollierte Zug in Bewegung und wir überquerten die Oder.

7. Zurück in Deutschland

Als wir über die Oder fuhren, konnte ich es noch gar nicht richtig glauben: wieder eine Grenze überschritten, aber diesmal die richtige. Jetzt brauchte ich nicht mehr zu fliehen. Ich hatte mir im Vorfeld viele Gedanken über die Flucht gemacht. Dass wir das Gebiet der Kriegsgefangenschaft aber so einfach und unbeschwert verlassen könnten, hätte ich mir nie träumen lassen. So schaute ich verträumt und halb abwesend in das Wasser der Oder: Das war also die neue Grenze Deutschlands.

In Frankfurt/Oder angekommen, wurde der Zug doch noch mal kontrolliert, aber man suchte unter den Waggons nach blinden Passagieren. Doch wir hatten nichts zu befürchten: Ich war ja genau wie Willy noch Mitarbeiter der Bahn und wirkte mit der ausgeliehenen Bekleidung sicherlich wie ein echter Bahnbeamter nach langer Reise.

Was für ein Gefühl, ich kann es kaum beschreiben: Wir waren über 2000 Kilometer geflohen, wir hatten es geschafft! Beim ersten Halt auf freier Strecke kam Willy zu mir ins Bremserhäuschen und wir fielen uns vor Rührung in die Arme. Zuerst fanden wir keine Worte, denn die Erleichterung, endlich auf deutschem Boden zu sein, war zu groß. Unser erstes Gespräch, das wir in Deutschland führten, handelte nicht mehr davon, welches Fluchtziel wir als Nächstes in Angriff nehmen müssten.

Jetzt ging es allein darum, wie wir so schnell wie nur möglich nach Hause kämen, neue Papiere bekämen und Arbeit fänden. Der Zugführer hatte Willy geraten, zuerst nach Saalfeld in Thüringen zu fahren und von dort eine Zugverbindung nach Wien zu finden. Von Saalfeld waren es noch circa 20 Kilometer bis zur Grenze nach Probstzella in Westdeutschland. Er bekam auch noch den Hinweis, nicht den Zug über die Grenze zu benutzen, denn dieser wäre sehr stark bewacht. Einheimische könnten ihm bei der Grenzüberquerung sicherlich gute Dienste leisten. Willy bedankte sich für die Hilfe und versprach, diesen Vorschlag zu befolgen. Dazu bekam er vom Zugpersonal noch eine genaue Wegbeschreibung und Verhaltenshinweise für den Grenzübergang.

Wir hatten in den Wochen zuvor schon oft über unsere Zukunft in Freiheit gesprochen. Willy wollte einen Installationsbetrieb aufbauen, ich sollte mitkommen und könnte ein guter Österreicher werden. Das war aber alles so ungewiss, deshalb schlug ich vor, es zunächst in meiner Heimat zu versuchen. Willy wollte aber unter keinen Umständen seine Frau und Sohn Fritz warten lassen. Für ihn stand fest, dass er sofort nach Wien musste. Daraufhin wagte ich noch einen Vorstoß: Wir könnten zuerst zu meinen Eltern fahren, und dann würde ich entscheiden, was ich machen würde. Zuerst war Willy fast einverstanden, aber dann kamen ihm Bedenken: einmal die sowjetische Besatzungsmacht, dann ein Österreicher.

Wir könnten auffallen, zwei ohne Entlassungspapiere in einer Kleinstadt … Welche Legende sollten wir uns da wieder ausdenken?

Sollte ich wirklich den Weg ins Ungewisse wagen, denn Wien war ja auch von den Siegermächten besetzt … Es gab ja sowohl in Deutschland als auch in Österreich noch Besatzungsmächte, die das Leben mitbestimmten. Ich war sehr unschlüssig und wollte nach den Strapazen der vergangenen Wochen einfach nur etwas Ruhe und Geborgenheit.

Die Eltern und die vertraute Heimat wiederzusehen war mir letztlich wichtiger. Mich schreckte die neuerliche Ungewissheit, die mich in der Fremde sicherlich erwartete. Deshalb fassten wir den Entschluss, uns zu trennen. Den Rest des Heimweges würde jeder für sich alleine gehen. Wir versprachen jedoch, sofort ein Lebenszeichen, einen kurzen Brief, zu senden, in dem wir, ohne auf unsere Flucht einzugehen, bestätigten, zu Hause angekommen zu sein. Der Partner sollte die Gewissheit haben, dass sich der andere auch wirklich gesund bei seinen Lieben befand.

Willy schwärmte dabei wieder einmal von seinem Sohn Fritz und seiner Frau. Es war ergreifend, wie lieb er von seiner Familie und seinen Angehörigen sprach. Das hatte er auf unserem beschwerlichen Weg immer wieder gemacht. Erst nach und nach realisierten wir, dass wir uns nun überall in unserer Heimatsprache verständigen konnten. Daraufhin benahmen wir uns ungezwungener, brauchten keine neue Legende zu erfinden. Auch die Angst, gefasst zu werden und für die nächsten Jahre in russischen oder polnischen Gefängnissen zu landen, war verflogen. Auf einmal bekam ich ein beklemmendes Gefühl: Hatte ich nicht schon einmal, beim Grenzübergang von der UdSSR nach Polen, geglaubt, das Ziel wäre erreicht? Damals wurden wir unvorsichtig, was schlimme Folgen hatte. Erst wenn ich wieder einen deutschen Personalausweis besaß, würde ich in der Freiheit angekommen sein, bis dahin musste ich vorsichtig sein.

Beim nächsten Halt auf deutschem Boden in Fürstenberg bedankten wir uns sehr herzlich beim Zugpersonal für die Gefahr, die es auf sich genommen hatte, um uns zu helfen. Die Zugbegleiter waren die wahren Helden, sie hatten aus Nächstenliebe geholfen, ohne auf Gegenleistung zu hoffen. Für unseren weiteren Weg gaben sie uns sogar noch etwas Proviant mit. So viel Entgegenkommen hatten wir nicht für möglich gehalten. Der Zugführer erklärte dazu: „Ihr seht so verhungert aus und könnt nach euren Strapazen sicherlich noch eine kleine Unterstützung auf den letzten Kilometern bis nach Hause vertragen."

Den anderen Lokführern, die uns eine Mitfahrt verweigert hatten, konnte man auch nicht böse sein. Sie taten nur, was man ihnen befohlen hatte. Sicherlich hatten sie Angst vor Repressalien der Besatzungsmacht. Der Verlust des sicheren Arbeitsplatzes wäre dann wohl nur das kleinere Übel gewesen. Aber es gab eben immer noch Menschen mit Zivilcourage, so wie unsere Helfer. Sie hatten uns nicht verraten, was sehr ehrenhaft war, denn nach ihren Vorschriften hätten sie die polnischen Sicherheitskräfte informieren müssen. Unsere Helfer teilten uns erst jetzt, hinter der Grenze in Fürstenberg, mit, dass sie in Warschau einen entsprechenden Hinweis von polnischen Bahnbeamten bekommen hätten. Zwei deutsche Kriegsverbrecher, die ihre Haftstrafe noch nicht abgesessen hatten, wären aus einem Gefängnis geflohen. Jeder, der etwas Verdächtiges bemerken sollte, hätte dies sofort den nächsten polnischen Bahnbeamten oder den Milizionären melden müssen.

Dazu lieferte der Armeeangehörige eine Kurzbeschreibung: Die Schwerverbrecher trügen graue Anzüge und hätten kurz geschnittenes Haar wie Gefangene.

Was waren wir nur für Schwerverbrecher – wir wollten doch nur unsere Kriegsgefangenschaft beenden und hatten dabei niemandem auch nur ein Haar gekrümmt. Unser Zugführer hatte die Nachfrage des Soldaten, ob ihm etwas aufgefallen sei, verneint, damit gab sich der Milizionär zufrieden. Aber er merkte noch an, dass sie am nächsten Tag Bilder und eine genaue Beschreibung der Täter bekämen. Es lief mir eiskalt den Rücken runter, für kurze Zeit waren wir sprachlos. Wie mutig waren unser Zugführer und das Zugpersonal, als sie uns trotz dieser Informationen halfen, wie selbstlos, dass sie uns vorher nichts gesagt hatten.

Ihre Erklärung lautete: Sie wollten uns nicht beunruhigen und hielten es für besser, uns erst in Deutschland aufzuklären. Der Zugführer fügte noch mit einem Augenzwinkern an: Wenn man öfter kleine Geschäfte mit den Grenzern und Milizionären machen würde, dann würde man auch bevorzugt behandelt. Er handelte nach der Maxime „Leben und leben lassen".

Nun ging die Fahrt weiter Richtung Berlin. Bei einem kurzen Halt in Berlin-Köpenick ertönte das verabredete Signal, das dreimalige Pfeifen der Dampfsirene. Wir mussten den Zug und die Besatzung nun endgültig verlassen, denn unser Güterzug beendete seine Fahrt auf einem bewachten Berliner Güterbahnhof. Das Zugpersonal hatte uns deshalb gebeten, den Zug vor dieser Endstation zu verlassen, was wir natürlich taten. Nicht, ohne uns vorher herzlich verabschiedet, bedankt und die Bahnuniform sowie die Mütze zurückgegeben zu haben.

Jetzt waren wir wieder alleine, auf dem Bahnhof Berlin-Köpenick, nochmals besprachen wir unsere jeweiligen Reiserouten, wir hatten viel Zeit, um unsere Gedanken auszutauschen. Diesmal standen wir aber nicht unter dem Druck, Gejagte oder Kriegsgefangene zu sein. Wir waren lediglich Bürger ohne Ausweis und Mittel auf einem Bahnhof in Berlin. So auf einer Bank zu sitzen – davon hatten wir vor nicht allzu langer Zeit geträumt. Berlin kannten wir beide nicht, deshalb fragten wir nach dem Weg zum Anhalter Bahnhof. Das fiel uns erst gar nicht so leicht, ich musste mich erst langsam wieder daran gewöhnen, mich etwas ungezwungener zu bewegen. Die Fahrt mit der Straßenbahn und U-Bahn war unproblematisch, aber das letzte Stück des Weges führte uns durch eine Trümmerlandschaft. Wir konnten es nicht glauben: Dies waren also die verheerenden Auswirkungen des unsinnigen Krieges, überall kleine Schmalspurbahnen zur Schuttabfuhr und viele Frauen, die Trümmer beseitigten. Die Unsinnigkeit des Krieges wurde uns bei diesem Anblick wieder bewusst.

Wie würde es in unseren Heimatorten nach dem Krieg wohl aussehen, waren dort auch solche Verwüstungen zu erwarten, wie ich sie jetzt gesehen hatte?

Am Anhalter Bahnhof stellten wir fest, dass dies nicht der günstigste Ort war, um Berlin zu verlassen, denn es gab unserer Meinung nach zu viele Kontrollen im Bahnbereich. Diese Kontrollen wollten wir auf jeden Fall vermeiden, außerdem glaubten wir uns in einem Güterzug besser aufgehoben. Nachdem wir einige Ortskundige befragt hatten, hatten wir den für uns günstigsten Abfahrtsort herausgefunden. Nun galt es, den Weg zum Betriebsbahnhof Rummelsburg zu finden. Also weiter zu diesem neuen Bahnhof. Auf den langen Irrwegen durch die zerbombte und zerschossene Stadt mussten wir immer wieder Passanten nach dem richtigen Weg zu unserem Güterbahnhof fragen. Doch nach einigen Umwegen erreichten wir auch diesen Bahnhof. Um ihn betreten zu können, wandten wir die gleiche Taktik an, die wir schon in Leningrad ausprobiert hatten. Zuerst die Lage prüfen, durch ein Loch im Zaun schlüpfen und sich wie Bahnarbeiter verhalten. Danach mussten wir nur noch den Güterzug finden, der uns in die gewünschte Richtung bringen würde. Willy kommentierte unser Vorgehen mit den Worten: „Die Katze lässt das Mausen nicht." Es war nicht einfach, aber für uns Profis kein Hindernis, den richtigen Güterzug zu finden. Die Situation war mit Leningrad natürlich überhaupt nicht zu vergleichen, wir waren doch freie Bürger im eigenen Land, aber noch ohne Papiere. Ich fragte sogar einen Bahnarbeiter, welcher Zug in die von uns gewünschte Richtung fahren würde. Er gab uns einen Tipp und sagte nur: „Ihr seid nicht die Ersten, die Geld sparen wollen, viel Glück." Einen solchen Service hätten wir uns für die Flucht auch gewünscht. Wir fanden unseren Güterzug dank der vorzüglichen Hilfe auf Anhieb. Zur Sicherheit fragten wir sogar noch den Zugführer, ob er auch wirklich Richtung Halle fahren würde. Die Antwort lautete, es ginge nach Erfurt. Nun mussten wir nur noch in einem Waggon Platz nehmen. Es war nicht sehr bequem, aber das machte uns nichts aus, diese Fahrweise waren wir ja schon gewöhnt. Und da begann auch schon die Abfahrt Richtung wirkliche Freiheit. Ich konnte es nicht lassen: Ich musste mir immer die angefahrenen Bahnhöfe merken, dies hatte uns schon zweimal geholfen, einer Gefangennahme zu entgehen. Jetzt war es nur mehr Zeitvertreib. Auf einmal durchfuhren wir den Bahnhof Luckenwalde, ein gutes Zeichen, wir waren im richtigen Zug in der richtigen Richtung.

Nach einem Meinungsaustausch entschlossen wir uns für den weiteren Weg nach Hause, uns doch noch einmal Legenden bis zur Entlassung auszudenken.

In der sowjetischen Zone hatten wir ähnliche Legenden gehabt, Willy wollte nur eine andere Stadt als Kriegsgefangenenlager in Polen angeben. In Westdeutschland könnte sich Willy als Ostflüchtling ausgeben. In Österreich wäre er dann Heimkehrer, dem die Papiere gestohlen wurden.

Der nächste große Bahnhof war Dessau. Jetzt galt es, Abschied zu nehmen von meinem lieben Mitstreiter und Freund Willy, denn in Bitterfeld wollte ich den Zug verlassen, um mich dann allein nach Leipzig durchzuschlagen. Diese restliche gemeinsame Zeit verbrachten wir damit, lachend die schwierigen Abschnitte unserer Flucht zu rekapitulieren. Wir stellten beide fest, dass wir bei unserem ungewissen Vorhaben großes Glück gehabt hatten. Aber es war nicht nur Glück, wir hatten auch fast immer überlegt gehandelt, sonst hätte es kein Happy End gegeben. Nie haben wir den Glauben an den Erfolg unseres Tuns verloren, nie aufgegeben, immer nach Auswegen gesucht und welche gefunden. Was für ein Abschied! Die vielen gemeinsamen Erlebnisse würden uns für immer unvergessen bleiben, wir hatten unser Ziel fast erreicht. Wir fielen uns zum zweiten Mal und sicherlich nicht zum letzten

Mal glücklich in die Arme, ich war gerührt und vor Aufregung den Tränen nahe.

Wir überprüften nochmals die ausgetauschten Adressen und versprachen, sofort einander zu schreiben, sobald wir bei unseren Angehörigen angelangt waren.

Sollte es ein Abschied für immer sein? Wenn ja, dann würden die gemeinsamen, nicht immer leichten, aber auch schönen Tage uns im weiteren Leben verbinden. Eine solche Gemeinsamkeit würden wir bestimmt so bald nicht wieder erleben. Darin sollte ich recht behalten, bis ich gemeinsam mit meiner lieben Frau so viel Schönes erlebte.

Ab jetzt ging jeder wieder seiner eigenen Wege, Willy fuhr mit unserem Glückszug weiter in seine Heimat Österreich. Ich musste ein letztes Mal versuchen, ohne Geld, Papiere und Fahrschein das Endziel meiner Flucht zu erreichen. Mein Weg führte mich zunächst in die zerstörte Bahnhofshalle von Bitterfeld, dabei bemerkte ich Fahrscheinkontrollen. Ich entschloss mich, auch weiterhin im Güterzug zu fahren, um keine neuen Schwierigkeiten zu bekommen. Erst einmal musste ich herausfinden, auf welchen Gleisen die Güterzüge in Richtung Leipzig fuhren. Das war gar nicht so einfach, aber nach langem Suchen fand ich die Gleisanlagen und einen abfahrbereiten Zug. Die Fahrt bis zum Leipziger Güterbahnhof glich einem Katzensprung, wenn ich an die bisher zurückgelegten Entfernungen dachte. In Leipzig wollte ich die Fahrt vom Bayrischen Bahnhof aus fortsetzen. Den Weg kannte ich sehr gut aus meiner Ingenieurschulzeit. Aber was ich jetzt vorfand, übertraf alle meine Vorstellungen: Ich befand mich in einer Trümmerlandschaft und versuchte mehr schlecht als recht, mir einen Weg durch den Schutt zu bahnen. Ich fand den Bayrischen Bahnhof nicht sofort, obwohl ich ortskundig war. Wo war mein schönes Leipzig geblieben, mein schöner Augustusplatz? Ich blieb stehen und versuchte mir vorzustellen, wie schön es hier gewesen war, wie geschäftig das Treiben. Am Platz hatte es ein Automaten-Selbstbedienungsgeschäft gegeben: ein neues, günstiges Lokal, in dem ich in der Freizeit so gerne eine Kleinigkeit gegessen hatte. Hier hatte es damals noch Essen ohne Essensmarken gegeben, über die meine Mutter immer streng waltete. Ich konnte als hungriger Student also nur ohne Marken essen. Nie hätte ich mir träumen lassen, einmal all das zerstört vorzufinden. Nur schnell weg von hier, dachte ich. Doch auch von der Windmühlenstraße mit den vielen schönen Geschäften war nur mehr ein einziger Trümmerhaufen übrig. Als ich am Bayrischen Bahnhof angekommen war, bemerkte ich sofort, dass man die Bahnsteige nur mit gültiger Fahrkarte erreichen konnte. Diese wurden vom Fahrkartenkontrolleur entwertet.

Ohne Zahlungsmittel blieb mir nur noch Schwarzfahren, und was dabei zu beachten war, beherrschte ich nun durch und durch. Ich bahnte mir meinen Weg durch die Trümmer und erreichte den Bahnsteig von der anderen Seite. Ich setzte mich auf eine Bank und wartete auf den Personenzug in Richtung Altenburg. Nach der Ankunft meines Zuges stieg ich ein und fuhr ab. So erreichte ich am Abend des 23. August 1946, ohne einem Kontrolleur zu begegnen, nach einer guten halben Stunde meinen Heimatort.

Ich verließ den Bahnhof aber nicht über die Schalterhalle, sondern an der Lokomotive vorbei Richtung Bahnhofstraße. Diesen Weg hatte ich auch schon früher als Abkürzung benutzt, jetzt aber wollte ich nur einer etwaigen Kontrolle entgehen. Was würde mich jetzt erwarten? Ich hatte Herzklopfen und wurde unsicher. Wie sollte ich mich verhalten, wie würde ich in wenigen Minuten aufgenommen, waren alle meine Lieben noch gesund? Vom Bahnhof nach Hause hatte ich es nicht weit, ungefähr 300 Meter waren es bis zur Bahnhofstraße, wo wir wohnten. Als ich näher kam, erkannte ich mein Zimmer. Das Haus war durch Kriegseinwirkung zerstört, aber noch bewohnt. Als ich das Haus betrat, kam mir der Eigentümer entgegen und bat mich in seine Wohnung. Er teilte mir mit, dass meine Eltern jetzt bei meiner Großmutter wohnten. Auf meine Nachfrage, wie es seinem Sohn ginge, der sechs Jahre älter war als ich und als nicht wehrfähig galt – er litt an einer nicht näher bekannten Krankheit und hinkte –, brachen er und seine Frau in Tränen aus. Er war Anfang 1945 als letzte Reserve doch noch in den Krieg gezogen, wohin, wussten sie nicht. Kurz nach Kriegsende erhielten sie die Mitteilung, ihr Sohn wäre als Bewacher in einem Konzentrationslager bei der Befreiung umgekommen. Ich konnte nicht an mich halten und erzählte ihnen einiges aus meiner Kriegsgefangenschaft.

Nachdem ich gut bewirtet worden war, machte ich mich auf den Weg zu meinen Lieben. Nach fünf Minuten erreichte ich die Anna-Seghers-Straße und war am Haus meiner Großmutter angekommen.

Was sich jetzt abspielte, kann ich nicht so einfach wiedergeben: Da es spät am Abend war, waren die Tür und die Fensterläden schon geschlossen. Durch die Läden konnte ich aber sehen, dass in der großen Stube noch Licht brannte. Nachdem ich geklopft hatte, kam mein Onkel zur Tür und fragte, wer denn da wäre. Ich antwortete: „Gerhard." Wahrscheinlich fühlte er sich veralbert und erwiderte gereizt: „Der kommt erst in zwei Jahren wieder." Mit diesen Worten ging er zurück in die Stube. Daraufhin klopfte ich erneut, diesmal stärker, und rief ihn an. Sicherlich hatte er mich an der Stimme erkannt, und die Tür öffnete sich. Er sah mich an, als wäre ich ein Hirngespinst. Erst als der Schock nachließ, rief er nach Großmutter, Vater und Mutter. Sie kamen herbei, sahen mich und waren sprachlos: Vor ihnen stand ein junger Mann, der nach seiner schweren Verwundung zwei Tage zu Hause gewesen war und danach als in Ostpreußen vermisst galt.

Was sich ereignete, nachdem sich die Starre gelöst hatte, kann man nicht beschreiben. Man muss es erlebt haben: Im Grunde stand ein Totgeglaubter, ein Wiederauferstandener, vor ihnen.

Sie umarmten und drückten mich an sich. Der verlorene Sohn war heimgekehrt, mir kam dabei das Bild von Rembrandt in den Sinn, das die Ankunft eines Sohnes beim Vater zeigt.

Ich glaube, es gab 1934 auch einen Film: „Der verlorene Sohn" mit Luis Trenker. Nur kehrte ich nicht reumütig zurück, sondern es war eine unverhoffte, herzliche Wiedervereinigung, die wir erlebten. Ich brauchte nicht viel zu erzählen, alle freuten sich nur, dass ich den Krieg überlebt hatte. Sie gingen davon aus, dass ich aus russischer Kriegsgefangenschaft entlassen worden war. Ich war sicherlich ziemlich verdreckt, deshalb wurde Wasser aufgesetzt und die altbekannte Badewanne geholt. Wie waren meine Eltern besorgt um mich! Sie suchten schon nach Wäsche und Kleidung für mich.

Nachdem sich meine Mutter etwas beruhigt hatte, erzählte sie unter Tränen, dass sie gerade eben eine Wahrsagerin aufgesucht hatte, um etwas über meinen Verbleib in Erfahrung zu bringen. So hatte sie nach langem Warten Ende Juli endlich einen Termin bekommen. Sie hoffte, von der weisen Frau eine gute und verlässliche Auskunft über meinen Verbleib zu bekommen. Folgendes wurde ihr geweissagt: Ihr Sohn lebe noch in Gefangenschaft, er habe eine schwere Zeit hinter sich gebracht. Im Moment gehe es ihm den Umständen entsprechend nicht schlecht, aber es würde noch viel Zeit vergehen, bis sie mich wiedersehen würde. Meine Mutter sollte in einem Jahr wiederkommen, dann könnte die Wahrsagerin etwas Genaueres vorhersagen, das Ende der Gefangenschaft wäre zum jetzigen Zeitpunkt noch nicht abschätzbar. Es war unglaublich, aber wenige Tage später stand ich vor der Haustür.

Nachdem ich gebadet hatte und saubere Wäsche anhatte, fühlte ich mich wie neugeboren. Zur Feier meiner Rückkehr wurde noch eine Flasche Wein getrunken. Als ich erwähnte, dass ich noch zwei Familien in Zwenkau in den nächsten Tagen die frohe Botschaft zu übermitteln hätte, dass ihre Söhne am Leben wären, und zwar in Leningrad, sprachen wir über deren Befinden. Es war schon lange nach Mitternacht, als wir uns erschöpft, aber froh zur Ruhe begaben. Für mich war in der Zwischenzeit im Erdgeschoss eine kleine Kammer zum Schlafen hergerichtet worden. Vor dem Einschlafen dachte ich darüber nach, dass sich im Haus meiner Großmutter viel verändert hatte. Meine Eltern wohnten im ersten Stock. Mein Onkel gab Klavier- und Orgelunterricht und war, wie ich mitbekommen hatte, auch noch Chorleiter. Die sogenannte große Stube war sein Unterrichtsraum. Ich erinnerte mich, dass alle Nichten und Neffen schon von klein auf bei ihm Klavier spielen lernen mussten. Ich hatte sogar schon mit acht Jahren einen Auftritt im neuen schwarzen Anzug vor gut 200 Zuschauern im Kinotheater. Es lief alles gut, und ich bekam Applaus, aber meine Karriere als Pianist war mit diesem Auftritt beendet. Für das Konzert hatte ich jede Menge geübt, aber danach hatte ich keine Lust mehr auf das tägliche Musizieren. Es gab so viel anderes, was mir viel mehr Freude machte: Ich baute mir lieber einen Radioapparat aus Spulen oder trieb Sport.

Am nächsten Morgen erwachte ich das erste Mal in Freiheit, allerdings ohne Willy. Ich fragte mich, wie weit er wohl schon gekommen wäre. Hatte er die Grenze zu Westdeutschland oder zu Österreich schon hinter sich? Auf einmal war alles wieder so normal: Nachdem ich meine Morgentoilette beendet hatte, war der Frühstückstisch schon gedeckt. Der erträumte Frieden und die Freiheit waren so etwas Schönes und nun eingekehrt. Für den Nachmittag wurden noch die anderen am Ort ansässigen Familienangehörigen zu einem Wiedersehenstreffen eingeladen.

Alle kamen, um meine Rückkehr zu feiern, es war eigentlich keine Feier, sondern eher ein Austausch von Neuigkeiten. Die gute Nachricht: Eine Enkelin hatte geheiratet, und der Nachwuchs war schon unterwegs. Man erzählte mir, wie es sich unter der Besatzungsmacht lebte und wie sich langsam alles normalisierte. Hauptthema aber waren meine Erlebnisse im Krieg und als Kriegsgefangener in Moskau und Leningrad. Ich fragte, wer denn sonst aus der Kriegsgefangenschaft zurückgekehrt wäre, wer gefallen, vermisst oder durch Verwundung behindert war.

Wir gedachten ihrer, nachdem die Namen nochmals genannt worden waren.

Ich hatte viele Freunde aus meiner Kindheit verloren. Ich wurde etwas melancholisch, wenn ich daran dachte, wie viele für „Führer und Vaterland" ihr junges Leben hatten lassen müssen. Ihre Angehörigen konnten sich nicht zur Feier der Wiederheimkehr ihres Sohnes treffen. Sie waren in ihrer Trauer allein; ich nahm mir vor, die betroffenen Eltern schon bald zu besuchen. Unter denen, die schon aus der Kriegsgefangenschaft entlassen worden waren, befand sich auch mein bester Freund, Winfried Kummer. Um der Einberufung zuvorzukommen und selbst etwas Einfluss auf die Waffengattung zu nehmen, bei welcher Einheit man landen würde, hatte er sich entschlossen, Panzerfahrer bei der Waffen-SS zu werden. Er bedauerte mich, wenn ich einfacher Infanterist werden würde. Vor Jahren hatten wir als Klassenkameraden so manche Streiche ausgeheckt.

Über meine Flucht brauchte ich nicht zu sprechen, und alle freuten sich, dass es den zwei Besagten aus Zwenkau in Gefangenschaft den Umständen entsprechend gut ginge und sie sicherlich auch bald nach Hause kämen. Meine Großmutter hatte einen ihrer sehr schmackhaften Kuchen gebacken, der mich an meine Kindheit erinnerte.

Dazu wurde ein Kaffeeersatzgetränk gereicht, doch in dieser angenehmen Atmosphäre schmeckte alles vorzüglich. Das schöne Wiedersehen mit den Lieben ging viel zu schnell zu Ende.

Die Flucht würde mein Geheimnis bleiben, denn ich wollte ja meine Existenz in der sowjetischen Besatzungszone aufbauen. Von meiner Ausbildung zum Agenten habe ich bis nach der Wende niemandem etwas gesagt, es war mein Geheimnis bis 1990. Bei meiner Entlassung hatte ich mich verpflichtet, Stillschweigen über meine Ausbildung zu bewahren.

Bei Zuwiderhandlung drohten lange Haftstrafen. Ich wohnte in der sowjetischen Besatzungszone, deshalb wollte ich meine Angehörigen nicht mit diesem Teil meiner Vergangenheit belasten. Denn wie leicht könnte einer unbeabsichtigt von der gelungenen Flucht etwas an Unbefugte preisgeben. Es reichte ja schon, was ich über meine Kriegserlebnisse und Verwundung von mir gegeben hatte.

Am nächsten Tag nahm ich meine alten Dokumente, mein Arbeitsbuch, die Geburtsurkunde und andere Unterlagen, um mich im Rathaus als Rückkehrer anzumelden, denn ich brauchte einen Personalausweis und die Verpflegungskarte. Erst dann wäre ich wieder ein vollwertiges Mitglied der neuen Gesellschaft. Die meisten Beamten, denen ich begegnete, kannte ich vom Sehen, nur nicht als Beamte des Staatsapparats. Sie waren vor Kriegsende anderen Berufen nachgegangen. Die Beamten vor Kriegsende waren sicherlich Mitglieder der NSDAP gewesen und übten jetzt bestimmt eine andere Tätigkeit aus.

Die Beamten waren allesamt sehr freundlich, verstanden mein Anliegen, nur helfen konnten sie mir nicht. So erfuhr ich: Nur wenn der sowjetische Stadtkommandant eine schriftliche Genehmigung gab und ein Entlassungspapier vorliegen würde, dürften sie Personalausweise ausstellen. Ausnahmen würden auch bei ortsbekannten Bürgern nicht gemacht, denn die Befehle der Besatzungsmacht waren Gesetzen gleichbedeutend, und die durften nicht hintergangen werden. Es hatte sich in dieser Hinsicht nichts geändert: Gesetz war Gesetz, und das war auch einzuhalten.

Ich war sehr enttäuscht von diesem Verhalten der neuen Staatsdiener. Es war alles so wie vorher: Gegebene Anweisungen der Obrigkeit wurden genau nach Vorschrift erfüllt, nur handelte es sich diesmal um Befehle der Besatzungsmacht. Vor dem Zugführer, der uns in Warschau so uneigennützig geholfen hatte, hatte ich große Achtung. Denn er hatte nicht „Dienst nach Vorschrift" gemacht, sondern uns in einer sehr schwierigen Situation geholfen. Seine Entscheidung, uns zu transportieren, hätte für ihn sicherlich schwerwiegende Folgen gehabt. Schlimmere Folgen als die Ausstellung meines neuen Ausweises ohne die nötigen Entlassungspapiere.

Wie sollte es nun weitergehen? Was musste ich anstellen, um den notwendigen Entlassungsschein aus der Wehrmacht zu bekommen? Es blieb mir nichts anderes übrig, als zum sowjetischen Stadtkommandanten zu gehen und mein Anliegen vorzutragen.

Ich war mir darüber im Klaren, dass meine Legende beim Stadtkommandanten hieb- und stichfest sein musste. Bei dem Gedanken, die sowjetische Dienststelle aufzusuchen, war mir etwas mulmig zumute, doch mir blieb keine Wahl. Die Nacht davor schlief ich sehr unruhig, immer wieder fragte ich mich, ob es nicht vernünftiger gewesen wäre, mit Willy nach Österreich zu gehen.

Doch ich stand zu meinem Entschluss, in meine Heimat zurückzukehren. Diese letzte Hürde musste ich noch überwinden, um ein neues Leben in Freiheit beginnen zu können.

Am Nachmittag führte mein erster Weg zur sowjetischen Kriegskommandantur der Stadt. Am Eingang empfing mich ein sowjetischer Soldat mit Maschinenpistole. Dieser Anblick weckte keine angenehmen Erinnerungen, die letzte Begegnung mit sowjetischen Soldaten hatte ich bei unserer zweiten Ergreifung auf der Flucht, wo ich mich mit Willy auf Jugoslawisch hatte unterhalten müssen, und vor Kurzem hatte ich mit einem an der deutsch-polnischen Grenze geschäkert.

Jetzt nur nicht sentimental werden und versagen, ich war doch ein freier Bürger dieses Landes. Nachdem ich lange hatte warten müssen, wurde ich in das Zimmer eines Offiziers geführt. Er fragte mich nach meinem Anliegen, ich antwortete wahrheitsgemäß: „Ich benötige Ihre Unterschrift auf einem Entlassungspapier." Das könnte nach Auskunft der Stadtverwaltung hier ausgestellt werden. Die Dolmetscherin übersetzte mein Anliegen, ergänzend zeigte ich noch meine alten Unterlagen wie den alten Arbeitsausweis. Sie verlangte jedoch meine Entlassungspapiere aus der Armee. Als ich wiederum erklärte, ich hätte keine Entlassungspapiere, wurde ich komisch angesehen. Ohne weitere Fragen verschwanden beide. Mir war etwas unheimlich zumute, allein im Raum, an der Tür ein bewaffneter Soldat und an der Wand Bilder von Stalin: Wie würde es weitergehen, sollte etwa alles vergeblich gewesen sein?

Nach einer für mich sehr langen erneuten Wartezeit wurde ich zum Stadtkommandanten vorgelassen. Was für eine Erleichterung, jetzt würde ich sicherlich mein Dokument bekommen. Ich zeigte meine alten Unterlagen aus der Vorkriegszeit, die meine Eltern gerettet hatten. Aus diesen ging hervor, dass ich bis zu meiner Einberufung in der Stadt gelebt hatte. Ich wollte jetzt nur noch das Schriftstück mit seiner Unterschrift, um an neue Papiere zu gelangen. Er fragte mich jedoch in einem Kommandoton, wie bei einer Vernehmung, barsch nach meinen Entlassungspapieren. Die alten

Unterlagen interessierten ihn nicht. Der Kommandant konnte nicht verstehen, wie ich ohne Entlassungspapiere hier ankommen könnte. Ich machte ihm klar, dass ich aus polnischer Kriegsgefangenschaft käme, wir waren abgeschoben worden wie viele andere Deutsche, ohne Entlassungspapiere oder andere Gegenstände. Ich schilderte ihm, wie unser Lager in Glogau langsam aufgelöst worden war: Alle paar Tage fuhr ein Lkw ins Lager, vorher hatten sich die aufgerufenen Gefangenen im Hof einzufinden. Voll beladen mit Häftlingen verließ der Lkw das Lager. Eines Tages war auch ich an der Reihe, es hieß aufsteigen, und ab ging die Fahrt ins Ungewisse, die nach einigen Stunden zu Ende war. Wir wurden in einen vorbeiziehenden Flüchtlingstreck, der sich in Richtung Flussbrücke bewegte, eingereiht, so gelangte ich als einer von vielen Vertriebenen nach Deutschland. Als wir in Frankfurt/Oder angekommen waren, sollten wir sofort zur Registrierung in das Auffanglager für entlassene Kriegsgefangene. Vom Lagerleben in Kriegsgefangenschaft hatte ich aber genug, ich hatte nur noch den einen Wunsch – so schnell wie möglich nach Hause zu gelangen. Ich nahm den nächsten Zug Richtung Berlin. In Berlin besuchte ich noch die Eltern eines alten Freundes aus meiner Schulzeit in der Nähe des Anhalter Bahnhofes. Es war ein freudiges Wiedersehen, nur ihr Sohn Siegfried befand sich noch in amerikanischer Gefangenschaft. Doch sie hofften auf baldige Heimkehr. Meiner Bitte nach Unterstützung für meine Heimfahrt kamen sie gern nach. Damit konnte ich mir eine Fahrkarte kaufen, und da wäre ich nun. Nun wurde ich erst richtig vernommen, denn der Anhalter Bahnhof befand sich im Westsektor. Aber ich wiederholte konsequent meine Legende über meine Kriegsgefangenschaft in Polen. Ich hatte die Stadt Glogau als Stadt meiner Gefangenschaft ausgewählt, denn dort war ich nach meiner Schwerstverwundung im Lazarett gelandet.

Durch diesen Umstand kannte ich die Lage der Stadt und ihre Umgebung gut und konnte sie genau beschreiben. Und der Kommandant stellte mir die Frage, auf die ich gewartet und mich gut vorbereitet hatte. Er wollte genaue Details, wo und wie die Gefangennahme erfolgt wäre.

Dazu gab ich folgende Erklärung ab: Als die Front bei Allenstein nach den russischen Angriffen zusammenbrach, befanden wir uns nicht mehr in einer Einheit, sondern allein auf uns gestellt, also versprengt in einem Waldstück. Wir waren drei versprengte Wehrmachtsangehörige, die sich nicht kannten und die der Zufall zusammengeführt hatte. Wir wollten nicht in Gefangenschaft, weshalb wir uns im nahe gelegenen Wald versteckten. Aus unserem Versteck beobachteten wir die Truppenbewegung der sowjetischen Armee. Die kam aber nicht in unsere Nähe. Einer von uns kannte die Gegend ziemlich genau und führte uns aus dem Waldstück tiefer in die Masurischen Wälder. In der Nähe des Dorfes Jegun, das von den Bewohnern verlassen worden war, fanden wir das, was wir brauchten. Zuerst einmal Zivilkleider für uns, zum anderen wurde alles an Essbarem, was die Bewohner zurückgelassen hatten, verpackt und auf einen kleinen Handwagen geladen. Mit diesen Vorräten verschwanden wir in das nahe gelegene Waldstück, in dem wir uns einen kleinen Unterschlupf errichteten. Von einem Baum aus konnten wir die Umgebung in den nächsten Monaten gut beobachten.

Es entwickelte sich ein regelrechtes Lagerleben mit genauen Regeln und gelegentlichen Streifzügen in die Umgebung, um unsere Vorräte aufzufüllen. Das wurde jedoch immer schwieriger und unser Schicksal ungewisser. Danach stellten wir Überlegungen an, ob es eine Möglichkeit gäbe, uns zur Oder durchzuschlagen. So vergingen einige Monate, der Krieg schien zu Ende. Und als wir polnische Soldaten sahen, ergaben wir uns.

Zuerst Verhöre: Wir mussten die Arme heben, und es wurde geprüft, ob wir Angehörige der Waffen-SS waren: Ergebnis negativ. Ich konnte den Vorgang genau schildern, denn nach meiner Gefangennahme vor Königsberg hatte ich genau dies erlebt. Nach einem kurzen Gefängnisaufenthalt in Allenstein wurde ich in ein Kriegsgefangenenlager nahe Glogau überführt. Der Kommandant schüttelte ungläubig den Kopf, aber ich konnte nichts Besseres und Glaubwürdigeres vortragen.

Der Offizier schickte mich mit der Aufforderung nach Hause, am nächsten Nachmittag nochmals zu erscheinen, er müsse meine Angaben überprüfen. Was wollte ich nun machen? Nach Österreich zu Willy oder in den Westen fliehen? Ich traf die Entscheidung, am nächsten Tag wieder hinzugehen und bei meiner Aussage über meine Abschiebung aus Polen zu bleiben. Denn meine Eltern konnte ich nicht allein lassen, sie brauchten Hilfe und Unterstützung.

Die wenigen Stunden, die ich bis jetzt in meinem neuen Zuhause verbracht hatte, gaben mir ein Gefühl der Freiheit und Geborgenheit.

Ich begann, mich heimisch zu fühlen, und wollte nicht wieder weg. Mein sehr kleines Zimmer zählte nicht mehr als zweieinhalb Quadratmeter, aber das reichte mir, ich fühlte mich im Kreis meiner Familie wohl.

Und ich bemerkte, dass sich meine Eltern auf meine Unterstützung bei der Bewältigung der Tagesaufgaben freuten. Denn ich begann ihnen in den wenigen Stunden schon einige schwere Arbeiten abzunehmen. Deshalb beschloss ich, in ihrer Nähe zu bleiben. Welchen Weg ich später gehen würde, könnte ich dann entscheiden. Ich würde mich aber sofort, wenn alles erledigt sein würde, umsehen, was es schon wieder an Möglichkeiten der Freizeitbeschäftigung gäbe. Die Zukunft würde sicherlich noch manche Überraschung für mich bereithaben.

Am nächsten Tag ging ich mit etwas gemischten Gefühlen zur Ortskommandantur. Der Kommandant sah mich an und sagte, er könnte mir keine Entlassungspapiere ausstellen, da meine Aussagen nochmals überprüft werden müssten. Deshalb hätte ich mich zur Quarantäne und Registrierung nach Hoyerswerda zu begeben.

Mit Marschbefehl und zum ersten Mal seit langer Zeit mit einem Fahrschein fuhr ich nach Hoyerswerda und landete im Kriegsgefangenenlager Nr. 2 der sowjetischen Besatzungszone. Zuerst erfolgte eine ärztliche Untersuchung. Der Arzt stellte bei mir Unterernährung und Wasser in den Beinen fest. Ich erhielt eine Essensmarke, die mich berechtigte, vierzehn Tage eine Zusatzverpflegung bei der Essenausgabe zu erhalten.

Meine Aussagen vor dem Stadtkommandanten waren sicherlich auch dem neuen Kommandanten zugetragen worden, das zeigten mir seine Fragen. Deshalb gab ich bei den Vernehmungen auch immer die gleichen Antworten, damit sich keine Widersprüche ergaben. Meine Unterbringung erfolgte jetzt in einer der Baracken, wo ich die vierzehn Tage Quarantäne absitzen musste. Wir konnten das Lager zu bestimmten Zeiten verlassen. Was war das für ein schönes Gefühl – ich konnte mich mit anderen frei bewegen! Mit einigen hatte ich mich bekannt gemacht, so erkundeten wir gemeinsam die Umgebung des Lagers und erfreuten uns an unserer wiedergewonnenen Freiheit. Um uns auf unser Leben in der neuen Gesellschaft vorzubereiten, wurden wir täglich geschult. Wie waren wir verdummt worden! Jetzt begriff ich langsam, dass der Faschismus vernichtet werden musste, damit wir wieder in Freiheit leben konnten.

Viele der Mitgefangenen, die alle bei den Amerikanern oder Engländern in Gefangenschaft geraten waren, erzählten immer wieder Erlebnisse aus dem Krieg oder der Gefangenschaft. Einige gaben zum Besten, wie es ihnen geglückt war, der russischen Gefangenschaft zu entkommen, indem ihre Einheit sich zur rechten Zeit nach Westen verzogen hatte. Dies war für sie eine bewundernswerte Heldentat. Ich blieb zurückhaltend und konnte daran nichts Besonderes finden, außer dass sie so die Chance gehabt hatten, den Krieg schneller und gesund zu überleben.

Die Unsinnigkeit des Krieges und unsere eigenen Erfahrungen waren natürlich ebenso Gesprächsstoff. Ich hatte das Gefühl, dass der Krieg uns geprägt und seine Spuren bei jedem von uns hinterlassen hatte. Ich selbst war nicht mehr der Unbeschwerte, dem alles so leichtfiel. Diese schwere Zeit war bei allen ein Teil der Jugend geworden, die schönen, unschuldigen Jahre waren unwiederbringlich vorbei. Wie sollte es mit uns weitergehen? Alles war so ungewiss, aber wir alle hofften auf eine friedliche Zukunft, auch unter fremder Besatzung. Wenn wir über die neuen Grenzen im Osten sprachen, waren viele der Meinung, dass sich dies schon in den nächsten Jahren zu unseren Gunsten regeln würde. Diejenigen, die schon Familie und Kinder hatten, wünschten sich und ihren Angehörigen eine Zukunft ohne Krieg. Sie freuten sich, endlich mit ihren Lieben zusammen sein zu können.

Gab es eine Garantie, nicht mehr durch neue falsche Ideen verführt zu werden? Diese Frage stellten wir uns oft. Wir sprachen dabei auch viel über die Geschichte vergangener Kriege, soweit wir darüber etwas erfahren oder gelesen hatten. Eins wurde mir im Austausch der Gedanken klar: Kriege waren immer Glaubenskriege, es ging um die Verteidigung von Herrschaftsansprüchen oder die Erweiterung von Macht und Territorium. Ich dachte an Kant, der im Gespräch mit Lampe zu der Erkenntnis kommt: Der alte Lampe muss einen Gott haben, sonst kann er nicht glücklich sein – der Mensch soll aber schon auf Erden glücklich sein, das sagt die reine Vernunft.

Damit unterscheidet Kant zwischen theoretischer und praktischer Vernunft. Kant bewies, dass die Menschen von den Dingen, wie sie an und für sich sind, nichts wissen, sondern dass wir nur insofern etwas von ihnen wissen, als wir sie in unserem Geiste reflektieren.[20]

Heine, dessen Werke ich in Moskau verschlungen hatte, war sehr skeptisch, was den Lauf der deutschen Geschichte betraf. Das zeigt folgendes Zitat:

„Der Gedanke geht der That voraus, wie der Blitz dem Donner. Der deutsche Donner ist freilich auch ein Deutscher und ist nicht sehr gelenkig, und kommt etwas langsam herangerollt; aber kommen wird er, und wenn Ihr es einst krachen hört, wie es noch niemals in der Weltgeschichte gekracht hat, so wißt: der deutsche Donner hat endlich sein Ziel erreicht."[21]

Sollte das, was wir in der Gegenwart erlebt hatten, dieser Donner sein? Dann müssten bei den Deutschen nun die richtigen Schlussfolgerungen gezogen werden. Was und wem sollte man glauben, was würden die Siegermächte noch alles mit den Verlierern anstellen?

Ich hatte auf der Fahrt nach Hoyerswerda gesehen, wie auch an Hauptstrecken das zweite Gleis demontiert wurde. Also wurden nicht nur Industrieanlagen, sondern auch Bahnschienen als Reparationsleistungen in die UdSSR gebracht.

Liegt es in der Natur des Menschen, dass sie sich gern von Heilsversprechern und utopischen Vorstellungen verführen lassen? Die Mahner werden als Feinde der jeweilig Herrschenden kaltgestellt oder beseitigt.

Waren oder sind wir nicht auch verführt worden? Gehorchten wir, weil es befohlen war? Wie viel Mut mussten die Offiziere vom 17. Juli 1944 gehabt haben, als sie Gehorsam und Treue hinter sich ließen?

---

20 Immanuel Kant, Kritik der praktischen Vernunft.

21 Heinrich Heine, Zur Geschichte und Philosophie der Deutschen, 3. Buch.

Die vielen Ungerechtigkeiten, die wir in der Gefangenschaft erlebt hatten, ließen uns zweifeln, dass sich der Mensch ändern würde. Jeder kämpft ums eigene Überleben oder ist einer Glaubensrichtung oder Ideologie unterworfen. Bei allen Diskussionen waren wir uns einig: Es darf keinen Krieg mehr geben, und wir müssen mit unseren Erfahrungen dazu beitragen, dass die braune Macht uns nie wieder beherrscht. Wir dürften unser Schicksal jetzt nicht denen überlassen, die uns ins Unglück gestürzt hatten, sondern mussten versuchen, etwas Besseres aufzubauen und mitzugestalten.

Für uns war es eine gute Nachricht, dass es seit dem 14. August 1946 eine neue Verfassung für Berlin gab. Könnte es nicht bald auch eine für ganz Deutschland geben? Man sollte Kants Worte beherzigen: „Handle so, dass die Maxime deines Willens jederzeit zugleich als Prinzip einer allgemeinen Gesetzgebung gelten könne."

In den letzten Tagen der Quarantänezeit wurde ich immer unruhiger, die Anspannung der vergangenen Wochen hatte doch ihre Spuren hinterlassen. Auf einmal hatte ich Zeit, mir erste Gedanken über meine Zukunft zu machen.

Sollte ich mich in meinem alten Betrieb um Arbeit bewerben, brauchten sie Arbeitskräfte? Oder sollte ich doch lieber bei „Siemens & Halske" in München oder gar bei „Brown, Boveri & Söhne" in der Schweiz nachfragen? Ich dachte an diese Betriebe, weil ich ihre elektrischen Anlagen von meiner Ausbildung her gut kannte. Ich kam aber immer mehr zu der Auffassung, dass ich meine Eltern in der schweren Nachkriegszeit unterstützen musste. Deshalb wollte ich in ihrer Umgebung bleiben.

Am 8. September 1946 wurden beim Frühappell Namen verlesen. Als auch mein Name aufgerufen wurde, zuckte ich zusammen, und die Alarmglocken läuteten. Nachdem 60 Namen genannt waren und wir vortreten mussten, wurden wir aufgefordert, uns zur Entlassung auf der Schreibstube zu melden. Mir fiel ein Stein vom Herzen. Sollte dies wirklich das Ende vom Aufenthalt in Kriegsgefangenenlagern sein?

Obwohl die übergebene Bescheinigung als Entlassungstag den 10. September 1946 nennt, wurden wir wegen Überbelegung schon am 8. September nach Hause geschickt.

Damit war die Quarantäne vorfristig überstanden, und die Alarmglocken konnten verhallen.

In der Bescheinigung zur Demobilisierung steht: „Er wurde ärztlich untersucht und hat eine 14-tägige Quarantäne hinter sich, ist tatsächlich gesund und ist demobilisiert aus der Armee. Er begibt sich zur Verfügung nach dem ständigen Wohnort Zwenkau. Unterschrift: Kommandant des Durchgangslagers 2“.

Die Entlassungsbescheinigung berechtigte gleichzeitig zur Fahrt in den ständigen Wohnort. Als ich auf der Fahrt im Zug einmal meine Fahrtberechtigung dem Kontrolleur vorzeigen musste, musste ich lächeln, denn ich brauchte mich das erste Mal nicht vor dem Schaffner zu verstecken.

In Zwenkau führte mich mein Weg nochmals zum russischen Stadtkommandanten. Er war auf einmal sehr freundlich, fragte nur, wie ich den Weg von Hoyerswerda so schnell geschafft hätte. Meine Erklärung dazu nahm er lächelnd zur Kenntnis. Er übergab mir noch eine Bescheinigung für die Stadtverwaltung, dort wurden mir der erste vorläufige Personalausweis und die wichtigen Lebensmittelkarten ausgehändigt.

Nach der Übergabe der Unterlagen wurde ich noch zum Amtsvorsteher gebeten. Er sagte, er freue sich darüber, wieder einen Heimkehrer begrüßen zu können. Danach unterbreitete er mir Vorschläge verschiedener Arbeitsmöglichkeiten. Einmal suchten sie Neulehrer, denn ein Teil der vor 1945 tätigen Lehrer war wegen Parteizugehörigkeit entlassen worden.

Sein zweiter Vorschlag war die Wismut[22]. Ich fragte nach, da ich das Unternehmen nicht kannte. Der Beamte konnte mir keine genaue Antwort geben, nur dass es sich um Bergbau im Erzgebirge handelte. Ich bedankte mich höflich und versicherte ihm, es mir zu überlegen. Ich erwähnte aber auch, dass ich es zudem im Benzinwerk Böhlen versuchen wollte.

Damit war ich mit dem 10. September nicht länger deutscher Wehrmachtsangehöriger und auch kein Kriegsgefangener der Sowjetunion mehr.

Ich hatte meinen Traum, wie man so schön sagt, „mit viel Glück und Gottvertrauen" wahr gemacht. Ich war Zivilist, was für ein Gefühl! Ich glaubte, nun, mit 21 Jahren, wieder selbst über mein Schicksal entscheiden zu können.

Ich hatte mir ja nach der Hälfte des Fluchtweges eines geschworen: Wenn uns die Flucht gelingen sollte, würde ich in meinem Heimatort als Erstes an einem Gottesdienst teilnehmen. Ich war nie strenggläubig, aber ich beneidete alle, die einen Glauben hatten, denn es lebte sich sicherlich leichter. Man hinterfragt nicht alles, ist nicht immer der „ungläubige Thomas", der in der Wunde stochert.

Deshalb begab ich mich nach meiner Rückkehr aus der Quarantäne als Erstes in die Kirche, um mein Versprechen in stiller Andacht einzulösen. In der Kirche umgab mich Stille, die Augen blieben an der lebensgroßen Kreuzigungsgruppe hängen, die auch den am Kreuz sterbenden Jesus zeigte. Durch die einfallenden Sonnenstrahlen war das Kreuz von Licht umflutet. Ich verspürte auf einmal, dass das Leben stärker war als der Tod, dem ich schon

22 Sowjetische Aktiengesellschaft für Uranabbau.

einige Male so nah gewesen war. Ich kann es nicht genau beschreiben, aber ich verspürte eine innerliche Ruhe und fühlte mich geborgen.

In dieser so andächtigen Stille erklangen auf einmal Orgeltöne, jetzt umflutete mich auch noch Musik. Es war das Largo aus „Xerxes“[23] von Friedrich Händel. Mein Onkel, der auch mein Klavierlehrer war, spielte es auf dem Klavier und später auch auf der Heimorgel. Der klangvolle Rhythmus des Largos oder doch Larghettos[24] und seine einfache Harmonik in F-Dur hat mich schon immer gefesselt.

Diese schöne tragende Melodie traf das Gefühl, das mich in diesem Augenblick bewegte. Ich fühlte mich geborgen und dachte etwas lächelnd, dass ich versucht hatte, einige Takte davon zu spielen. Langsam kehrte ich in die Wirklichkeit zurück, und ich verließ innerlich gestärkt das Gotteshaus. Dies war der Abschluss und der Höhepunkt meiner persönlichen Odyssee. Wie hatten wir, Willy und ich, das alles geschafft? Es war wie ein Wunder, deshalb dankte ich dem Schöpfer.

Ich habe mir die vielen Varianten dieses Stückes in den vergangenen Jahren immer wieder vorgespielt. Alle waren angenehm anzuhören, aber auch sehr unterschiedlich in ihrer Interpretation, ob Orgel und Cello oder Orgel und Klavier, Orchester, Gesang etc.

Auch die unterschiedlichen weltlichen und kirchlichen Texte zeigen, wie viele Künstler sich der Melodie bedienten. Die bekannteste Übersetzung aus dem Lateinischen lautet wie folgt:

---

23 Achämenidischer Großkönig, 519–465 v. Chr. Oper 15.04.1738. Uraufführung unter dem Titel „Serse“.

24 Das Larghetto ist etwas schneller als das Largo.

Ombra mai fu[25]

Laub so zart und schön
meiner geliebten Platane,
möge das Schicksal dir leuchten.
Möge es Donner, Blitzen und Stürmen
niemals gelingen, deinen lieblichen Frieden zu stören,
noch dich wie ein raubgieriges Monster entweihen.

Niemals gab es einen Schatten von irgendeiner Pflanze, der angenehmer, lieblicher oder sanfter war.

Ausschnitte:
kirchliche Anlässe
Gott unser Licht,
der du die Liebe heißt
und allen Huld erweist,
verlass uns nicht.

Hochzeitstext
Freude und Glück
Wende zu jeder Zeit
Beiden in Dankbarkeit
Aufwärts den Blick.

Nun begann der Alltag. Ich versuchte, wieder dort anzufangen, wo ich meine Lehre als Elektriker frühzeitig zur Aufnahme des Studiums beendet hatte.

Die Vorschläge des Amtsleiters wollte ich nicht annehmen. Zur Wismut konnte ich nicht, denn ich wollte mein neues Zuhause nicht sofort wieder aufgeben. Neulehrer kam auch nicht infrage, denn ich wollte in meinem erlernten Beruf arbeiten.

So nahm ich Rücksprache mit dem Leiter der Elektroabteilung, Herrn Lutz, und dem Leiter der Personalabteilung und wurde wieder eingestellt.

---

25 Niemals gab es so einen Schatten.

Am 1. Oktober 1946 war mein erster Arbeitstag. Was für eine Überraschung: Alle meinen früheren Lehrmeister und Gesellen hatten den Krieg als unabkömmliche Personen für die Kriegswirtschaft überstanden und waren jetzt meine alten und neuen Arbeitskollegen. Aus der „Brabag Böhlen" war 1945 die „Sowjetische Aktiengesellschaft – Benzinwerk Böhlen" geworden und somit Eigentum der UdSSR. Sowjetische Aktiengesellschaften waren die wenigen Großbetriebe, die nicht als Reparationsleistungen demontiert wurden, da deren Produktion überwiegend als Reparationsleistung in die Sowjetunion abtransportiert wurde oder zur Versorgung der Besatzungsarmee diente.

Diese Betriebe waren Eigentum der UdSSR. Unser Hauptprodukt war Fliegerbenzin. Der Betrieb wurde von sowjetischen Direktoren geleitet, die sich aber im öffentlichen Auftreten sehr zurückhielten, sie überließen den operativen Betrieb den deutschen Direktoren. Die letzten sowjetischen Aktiengesellschaften (SAG) wurden Anfang 1954 Eigentum der DDR.

Nachdem ich in verantwortlicher Funktion war, besuchte mich nach einer größeren Störung ein älterer Deutscher. Er stellte sich vor und sagte, er ermittle im Falle der aufgetretenen Störung im Auftrag des sowjetischen Generaldirektors und sei ihm direkt unterstellt.

Seine Aufgabe war es, bei Betriebsstörungen immer die Ursache herauszufinden. Seine erste Feststellung lautete, dass es Sabotage gewesen sein könnte, weshalb er mir Material bezüglich der Störung vorlegte. Er erzählte, dass er die Jahre des Faschismus in der Sowjetunion verbracht hatte. Meiner Meinung nach sprach er perfekt Russisch. Ich konnte ihn mir gut im Krasnogorsker Lager 27/3 im Kursantenbereich vorstellen, wo er sich frei bewegen konnte und auf seine Heimkehr wartete.

Ich hatte die unschöne Aufgabe, ihm den Hergang aus meiner

Sicht aufzuzeigen. Meist handelte es sich um Nachwirkungen von den Bombardierungen. Splitter hatten die Isolation der Kabel oder der Motoren beschädigt, was nur notdürftig repariert worden war, oder aber es ging schlicht um Materialermüdung. Er war schwer, ihn davon zu überzeugen, dass keine Sabotage vorlag, aber es gelang mir immer, ihn zu besänftigen. Es waren Schäden, die noch von den Bombensplittern herrührten oder auf Materialermüdung beruhten. Ich machte ihm deutlich, dass die nötigen Ersatzteile nur aus den alten Stammbetrieben im Westen zu beschaffen wären. Damit hatte ich einen Helfer beim Tausch Ware gegen Ware.

Wenn ich Bereitschaft hatte, wurde ich bei Großstörungen telefonisch unterrichtet.

Wenn keine Lösung des technischen Problems aus der Ferne möglich war, stand schon wenig später ein Auto vor der Tür, damit ich den Schaden vor Ort beheben konnte. Bei einer Großstörung, die durch einen Kabelschaden um Mitternacht eintrat, war einmal die gesamte Benzinproduktion unterbrochen. Stundenlang hatten wir versucht, danach die Stromversorgung wiederaufzubauen.

Da kam frühmorgens der sowjetische Generaldirektor mit seinem gesamten Anhang wütend in die Schaltzentrale. Sein Auftreten erinnerte mich auf einmal an den Lagerkommandanten in Leningrad, als ein Geflüchteter zurückgebracht wurde und er uns klarmachte, wer die Macht über uns hatte.

Ich hatte jetzt keinerlei Hemmungen und sagte dem Generaldirektor, dass wir die Kabelstörung weitgehend behoben hätten und im Augenblick dabei wären, das Werk wieder schrittweise anzufahren. Da sich der Anfahrprozess um die Zeit verzögerte, in der ich keine Schaltbefehle geben konnte, bat ich ihn, die Schaltwarte zu verlassen.

Er war auf einmal ganz ruhig und sagte, er wolle sich nur überzeugen, dass seine Befehle durchgeführt würden. Als er den Eindruck hatte, dass wir die Abläufe beherrschen würden, verließ er die Schaltwarte mit der Bemerkung, die Produktionsaufnahme kurzfristig zu gewährleisten.

In diesem Moment dachte ich lächelnd, dass unsere Begegnung sicherlich nicht so glimpflich ausgegangen wäre, wenn er von unserer Flucht aus russischer Kriegsgefangenschaft im Herbst 1946 gewusst hätte.

Über meine Arbeit in dieser Zeit möchte ich nur sagen, dass sie mich forderte, wie ich es bisher nicht gekannt hatte. Ich war auf einmal wieder Vorgesetzter und musste täglich beweisen, dass ich in der Lage war, technische und organisatorische Entscheidungen richtig zu treffen und Verantwortung zu übernehmen.

Die schwere Zeit außerhalb meiner Arbeit prägte mich ebenfalls. Man brauchte nicht viel, um halbwegs glücklich in Freiheit zu leben. Ich hatte erlebt, was es bedeutete, hinter Gittern gefangen zu sein und unwürdig behandelt zu werden. Die Umstände waren noch sehr ärmlich, ein Hering reichte für die ganze Familie. Getreideähren oder Kartoffellesen war für meine Mutter selbstverständlich. Das erste Paar Arbeitsschuhe, das ich vom Betrieb bekam, waren auch meine Sonntagsschuhe. Um Geld für den Kaninchen-Schlachter zu sparen, überwand ich mich und übernahm diese Aufgabe, auch wenn ich dabei ein gewisses Unwohlsein nie ablegen konnte.

Ich habe auch einige nicht ganz legale Sachen getan. Ein Mitschüler, Hans Brotkorb, hatte die Gärtnerei von seinen Eltern geerbt und lebte von den Erträgen sehr gut. Gemeinsam mit Winfried Kummer, der auch schon aus amerikanischer Kriegsgefangenschaft heimgekehrt war, wollte ich Hans um einige Kohlköpfe bitten. Bei unserem Besuch lachte er uns aus und sagte, dass er doch kein Versorgungsunternehmen sei. Unverrichteter Dinge verließen wir also etwas verbittert seine Gärtnerei.

Den Rückweg nahmen wir nicht direkt in die Stadt, sondern suchten das Weißkohlfeld. Es war in der Nähe des Bahndammes, wo sich auch ein Weg Richtung Stadt befand. Nun saßen wir dort bedeppert zusammen. Schulbekanntschaft und gemeinsame Streiche waren noch keine Garantie, sich auch in schweren Zeiten zu unterstützen.

Er konnte von uns keine Gegenleistung für seinen Kohl erwarten; wir waren für ihn nur Bettler, die er wohlwollend empfangen hatte. Also wieder einmal ein hungriger Abend.

Ich wollte mich nicht geschlagen geben und suchte nach einem Weg, wie wir zu den gut gewachsenen Kohlköpfen kommen könnten. Ich machte folgenden Vorschlag: Nachts würden wir die Bewachung des Feldes und seine Umgebung prüfen, um den günstigsten Zeitpunkt der Selbstversorgung festzulegen. Doch ich hatte auf einmal Bedenken, etwas Ungerechtes zu tun, etwas zu stehlen, auch wenn es nur Mundraub war. Wieso kamen mir auf einmal diese Bedenken wegen eines kleinen Gesetzesverstoßes? Da Willy und ich ums nackte Überleben gekämpft hatten, hatten wir nie solche Gedanken gehabt. Wir hatten ein Recht auf unsere Freiheit und hatten alles gewagt, um diese zu erlangen.

Sollten wir für ein paar Kohlköpfe in Konflikt mit dem Gesetz kommen? Wenn wir den Plan durchführen würden, müsste es so gut vorbereitet sein, als ob wir unsere Flucht vorbereiten würden. Nur dann würden Wilfried und ich Erfolg haben.

In den nächsten Nächten prüften wir die Lage vor Ort. Dabei kamen wir zu dem Entschluss, dass der günstigste Ausgangspunkt unserer Aktion der Bahndamm sei; der richtige Zeitpunkt nachts zwei bis drei Uhr. Es war doch nicht so einfach, die vielen Kohlköpfe schnell abzuschneiden.

Mit unseren guten scharfen Messern waren unter starker Anstrengung unsere Säcke aber doch recht schnell mit Kohlköpfen gefüllt. Als wir sie auf die Schulter nahmen, merkte ich, dass die geklaute Last schwerer als gedacht war, weshalb auf dem Heimweg einige Ruhepausen eingelegt werden mussten.

Der Heimweg wurde auch unter Berücksichtigung der Wohnbebauung festgelegt. Da Winfrieds Heimweg nochmals so lang war wie meiner, wurde vereinbart, seinen Anteil bei mir zwischenzulagern. Die Gefahr, mit so einem schweren Sack erkannt zu werden, war einfach zu groß. Winfried nahm daher nur einen Beutel Kohlköpfe zum Sofortverbrauch mit.

Der Gedanke an Willy beschäftigte mich sehr, denn er hatte noch einmal eine Grenze überwinden müssen, um seine Heimat Österreich zu erreichen. Ich glaubte fest daran, dass er gut angekommen war.

Deshalb freute ich mich sehr, als ich von meinem ehemaligen Mitgefangenen und treuen Fluchtgefährten eine Antwort auf meinen Brief erhielt. Er schrieb, dass er gut bei seiner Frau und seinem Sohn Fritz in Wien angekommen sei.

Er war gerade dabei, einen Installationsbetrieb neu zu gründen, und hatte schon erste Aufträge. Dies war eine große Erleichterung für mich, denn nun hatte ich die Gewissheit, dass wir beide heil angekommen waren. Unsere gemeinsamen Erlebnisse würden uns immer verbinden.

Ich hatte mir vorgenommen, im Sommer 1948 meinen Urlaub zu nutzen, um Willy in Wien zu besuchen.

Dazu musste ich von der sowjetischen Zone in die amerikanische überwechseln. Ich wollte so schnell wie möglich aufbrechen, denn die Nachrichten, die man im westlichen Rundfunk hörte, ließen nicht darauf schließen, dass es bald ein geeintes Deutschland geben würde.

Ich hatte von einer Sechs-Mächte-Konferenz in London über

die Zukunft Deutschlands gehört, die seit Februar mit Unterbrechungen tagte und am 2. Juni 1948 endete. Einige behaupteten, die Ergebnisse würden zur Spaltung Deutschlands führen. Seit dem 3. April gab es den Marshallplan. Der sowjetische Vertreter hatte den Kontrollrat verlassen. Man ging davon aus, dass es kein geeintes Deutschland mehr geben würde, wenn jetzt noch eine neue Währung eingeführt würde. Der Leiter der Elektroabteilung, Herr Lutz, fuhr regelmäßig mit einem großen Lkw und Anhänger in den Westen, von ihm bekam ich erste Tipps über die Lage an der Grenze. Seine nächste Fahrt in den Westen stand am Dienstag, den 8. Juni 1948, an. Als er von der Ernsthaftigkeit meines Vorhabens, meinen Kriegskameraden in Wien zu besuchen, überzeugt war, machte er mir den Vorschlag, mich bei seiner nächsten Fahrt in den Westen bis zur Grenze in Probstzella mitzunehmen. Damit brauchte ich mich nicht nach einer Fahrverbindung bis zur innerdeutschen Grenze zu bemühen. Ich hatte mir schon einen Eisenbahnfahrplan beschafft, Stand Febr. 1946. Es war komisch, in Deutschland nur einen Fahrplan in kyrillischer Schrift zu bekommen.

СХЕМАТИЧЕСКАЯ КАРТА ПАССАЖИРСКОГО ДВИЖЕНИЯ ПО ЖЕЛЕЗНЫМ ДОРОГАМ В СОВЕТСКОИ ОННОЙ ЗОНЕ ГЕРМАНИИ[26]

Meine Vorgesetzten hatten aus Vorkriegszeiten noch sehr gute Kontakte zu Firmen wie AEG, Siemens und anderen in Westdeutschland. Was uns fehlte, waren Verträge und Geld, um von diesen Firmen die dringend benötigten Ersatzteile zur Aufrechterhaltung der Produktion zu erhalten. Also wurde ein Weg gefun-

26 Schematische Karte des Passagierverkehrs der Eisenbahnverbindungen in der sowjetischen Zone in Deutschland.

den, um sich die Ersatzteile anderweitig zu beschaffen. Es entwickelte sich ein reger Tauschhandel mit chemischen Erzeugnissen unserer Produktion und Ersatzteilen derjenigen Firmen, die uns schon vor dem Krieg beliefert hatten. Vor jeder Fahrt wurden die Wunschlisten ausgetauscht, und beide Seiten versuchten, einen guten Gegenwert zu erhalten. Es gab natürlich auch persönliche Wünsche der sowjetischen Leitung und ihrer Frauen, die auf jeden Fall vorrangig erfüllt werden mussten. Ich freute mich sehr über das Vertrauen, das ich erhalten hatte, denn damit war der Weg bis zur deutsch-deutschen Grenze geklärt.

Er vertraute mir wohl, weil ich als sein Stellvertreter die gleiche Materialbeschaffung wie er durchführte, nur in Westberlin, insbesondere bei der AEG in der Brunnenstraße und bei Siemens in der Nonnendammallee.

In dieser Zeit wurde eben, wenn man etwas zu bieten hatte, Ware gegen Ware getauscht. So war Weichmacher bei der Fertigung von Elektrokabeln in Westberlin schwer zu beschaffen.

Wir konnten diesen als Nebenprodukt aus unserer Produktion jederzeit in den gewünschten Mengen liefern.[27]

Es war eine angenehme Fahrt, in Saalfeld legten wir eine längere Pause ein, denn der Grenzübertritt hatte zu einem bestimmten Zeitpunkt zu erfolgen, den die sowjetischen Direktoren unseres Werkes mit dem russischen Grenzoffizier festgelegt hatten. Für mich war die Fahrt allerdings kurz vor der Grenze zu Ende.

Ich wusste, dass mein Chef ein Schreiben vom sowjetischen Generaldirektor besaß und eine kleine oder größere Aufmerksamkeit für den diensthabenden Offizier. An der Grenze pünktlich angekommen, zeigte mein Vorgesetzter das Schreiben und übergab das Geschenk dem sowjetischen Offizier. Dieser gab daraufhin dem

27 Der Zusatz von Weichmachern (chemischer Stoff) verleiht dem von Natur aus harten Grundstoff plastische Eigenschaften.

Wachpersonal ein Zeichen, und der Schlagbaum wurde ohne weitere Kontrolle geöffnet. Die Dienstfahrt konnte also weitergehen.

Ich versuchte nun, die Grenzanlagen in dem bergigen Gelände zu umgehen. Doch das war schwieriger, als ich gedacht hatte. Aber auch andere wollten illegal über die Grenze, darunter auch Einheimische, die sich als Schmuggler betätigten. So hatten wir gute Führer, die uns sicher nach Westdeutschland brachten. Mein Weg führte mich zurück zur Bahnstrecke, wo ich in einer Kurve auf einen Güterzug aufsprang und so wie in alten Zeiten nach Lichtenfels gelangte.

Als Schwarzfahrer fuhr ich mit einigen Unterbrechungen, um dem Fahrkartenkontrolleur zu entgehen, nach Passau. Das gelang nicht immer, aber ich war ja ein armer Ostflüchtling, der zu Verwandten nach Passau fahren wollte. Mit dieser Notlüge bekam ich bei zwei Kontrollen sogar noch Hinweise, was die besten Bahnverbindungen betraf, die ich dankbar annahm, ohne etwas zu bezahlen. Einige Fahrgäste gaben mir sogar von ihren Essensvorräten ab und fragten, was mich zur Flucht bewegt hatte. Ich gab ausweichende Antworten, und wenn sie noch weiter drängten, gab ich an, erst darüber sprechen zu wollen, wenn auch meine Frau hier wäre. Damit stieß ich immer auf Verständnis.

Ich konnte ihnen doch nicht sagen, dass es mir gut ginge. Ich hatte eine Arbeitsstelle, die mich voll ausfüllte. In der Freizeit konnte ich allen Vergnügungen nachgehen, so wie ich wollte. Ich nahm auch ein Jahr lang Klavierunterricht bei meinem Onkel Kurt. Es war nicht leicht, aber sobald sich die ersten Erfolge einstellten, hatte man Freude am Spielen. Der Onkel war von meinen Fortschritten überrascht, denn als Kind hatte ich überhaupt keine Lust zum Üben gehabt. Nach einem Jahr hatte ich meine begrenzten Fähigkeiten erkannt und schlagartig aufgehört. Den Klaviersessel habe ich noch heute als Andenken in der Wohnung.

Am meisten engagierte ich mich beim Wiederaufbau des Sportvereins. Es gab pro Sportart nur wenige Jugendliche, deshalb musste man sich in allen Sportarten betätigen, ob man wollte oder nicht (Boxen, Ringen, Handball, Fußball, Turnen und Leichtathletik). Ich habe auch noch folgende Urkunde: 8. August 1948 – Sportwoche der Sportgemeinschaft Böhlener Werke; 1. Sieger im 1500-Meter-Lauf.

Wie ich mich letztlich wegen Willy entscheiden würde, stand auf einem ganz anderen Blatt. Ich hatte mich während des gesamten Aufenthalts im Westen nicht als Fremder gefühlt. Um mich herum waren alles Landsleute, vor denen man sich nicht verstecken musste.

Wenn sie merkten, dass man Hilfe benötigte, bekam man sie.

Auf dem Bahnhof von Passau angekommen, versuchte ich als Erstes in Erfahrung zu bringen, wo der Übergang zur Grenze nach Österreich war und welcher Weg dort hinführte. Die angesprochenen Personen gaben mir folgende Auskunft: Ich sollte der Regensburger Straße bis zum Zentrum folgen, dann weiter bis zur Marienbrücke über den Inn und weiter die Wiener Straße zum Grenzübergang. Ob der Grenzübergang Freinberger Straße in der Nähe offen wäre, wussten sie jedoch nicht genau.

Nach einigen Umwegen hatte ich das Donauufer erreicht. Mittlerweile war es Abend geworden, ein Grenzübertritt kam an diesem Tag nicht mehr infrage. Also suchte ich mir eine Übernachtungsmöglichkeit. Die Schlafstelle fand ich in einem Holzschuppen, was nicht sehr komfortabel, aber trocken und etwas geschützt war. Nun befand ich mich wieder an einer Grenze, aber es fühlte sich seltsam an. Ich hatte ja Ausweispapiere der Ostzone, aber doch kamen mir vor dem Einschlafen erste Zweifel, ob mein Vorhaben nicht unüberlegt war. An der Grenze zu Österreich sah ich auf der einen Seite die Donau und auf der anderen die Berge.

Mir wurde klar, dass ich nur mit Ortskenntnissen und nach längerer Vorbereitung über die Grenze und dann nach Wien käme. Ich hatte noch in Erfahrung gebracht, dass ich, um nach Wien zu gelangen, nach dem amerikanischen in den sowjetischen Sektor wechseln musste. Ein Reisender, den ich nach dem Weg gefragt hatte, erzählte mir von unangenehmen Vorfällen im sowjetischen Sektor. Er sprach sogar von Verschleppungen.

Sollte ich mich nochmals in eine solche Gefahr begeben, nachdem wir die Flucht aus der UdSSR überstanden hatten? Ich verbrachte noch lange Zeit in der Nähe der Grenze zu Österreich. Aber mein Mut, den Grenzübertritt zu wagen, schwand immer mehr, wenn ich an etwaige Folgen bei einer Kontrolle im sowjetischen Sektor nachdachte. Eine glaubhafte Legende konnte und wollte ich mir auch nicht ausdenken. Ich hatte ja gelernt, dass man wissen musste, was einen erwarten würde. Ich hatte aber keine Ahnung, was hinter dem Schlagbaum passieren würde.

Ich hatte nur meinen DDR-Pass, bei jeder Kontrolle könnte ich festgenommen werden. Wer würde mir glauben, dass ich nur mal einige Tage zu Besuch nach Wien wollte? Ich hatte gehört, dass man wegen solcher Vergehen jahrelange Strafen in der UdSSR abzusitzen hatte. Und dahin zurück wollte ich auf keinen Fall. Sollte man glauben, ich sei ein Spion, käme es nur noch schlimmer.

Ich hatte schon einen großen Teil meines Urlaubes verbraucht und sah keine Möglichkeit, die Grenze schnell und ohne Gefahr für mich zu überwinden und Wien sicher zu erreichen. So brach ich den Versuch, meinen treuen Weggefährten zu besuchen, ab. Eine Flucht kann man nur durchführen und die Strapazen überstehen, wenn man keinen anderen Ausweg sieht und eine Gefahr für das eigene Leben besteht. Diesmal war es nur abenteuerlich, nicht einmal das, es sollte ja nur ein Besuch bei meinem treuen Fluchtgefährten und Freund sein.

Dafür sollte man sich nicht unnötig in Gefahr begeben, noch dazu in einem fremden Land. Ich trat den Rückweg an und war mehr als resigniert: Wie viel Aufwand und Kraft hatte ich in die Vorbereitung gesteckt, wie oft hatte ich unser Wiedersehen vor Augen gehabt? Ich hätte Willys Familie kennenlernen können, nochmals mit ihm über die Gefahren reden, die wir gemeinsam überstanden hatten. Ich wog alles ab, aber ich glaubte, das Richtige zu tun.

Trotzdem blieben letzte Zweifel. Schweren Herzens beschloss ich, das Vorhaben abzubrechen. Ich hatte mich doch so darauf gefreut, nicht nur Willy wiederzusehen, sondern auch seine Frau und den Sohn Fritz persönlich kennenzulernen.

Beim Schreiben erinnerte ich mich an folgende Zeilen aus einem Werk von Conrad Lorenz, wo er die Dehumanisierung der Gesellschaft untersucht.

Ein Wolf darf nicht ohne Rücksicht auf Witterungseinflüsse in der kältesten Sturmnacht des polaren Winters auf Jagd gehen und riskieren, dass er mit einer erfrorenen Zehe für eine Mahlzeit zahlen muss.

Es könnten allerdings Umstände eintreten, unter denen es ratsam ist, ein solches Risiko einzugehen, etwa dann, wenn das Raubtier am verhungern ist und alles auf eine Karte setzen muss, um zu überleben.[28]

Unsere Flucht war so ein Umstand, wo es ums Überleben ging. Ich wollte kein Risiko eingehen. Ich überlegte mir, wie ich die

28 Konrad Lorenz, Die Todsünden der zivilisierten Menschheit, S. 41.

restlichen Tage meines Urlaubes in Westdeutschland verbringen könnte, und kam zu dem Schluss, mich langsam wieder Richtung Probstzella und Heimat zu bewegen und dabei die schöne Landschaft etwas kennenzulernen.

Zuerst hatte ich das Glück, nach kurzer Zeit an einer Tankstelle eine Fahrgelegenheit zu finden. Der nette Pkw-Fahrer nahm mich ohne große Worte bis nach Regensburg mit. Dort verbrachte ich die Nacht in der Jugendherberge, am nächsten Tag besichtigte ich die Stadt.

Auf diese Weise vergingen mehrere Tage, bis ich wieder in Probstzella angelangt war. Den Weg über die Grenze kannte ich ja schon von meinem ersten illegalen Grenzübertritt. Ich konnte fast den gleichen Weg auch zurück nehmen. Dabei kamen mir unangenehme Erinnerungen an vergangene Erlebnisse: Unter welchen Schwierigkeiten waren unsere Grenzübertritte UdSSR – Polen und Polen – Deutschland erfolgt! Wie leicht war es hingegen jetzt, viele benutzten diese Wege, die regelrecht ausgetreten waren. Ohne weitere Zwischenfälle war ich wieder im Osten.

Als ich wieder zu Hause war und Winfried traf, fragte er mich, warum ich nicht im Westen geblieben wäre. Ich fragte zurück, warum er denn aus amerikanischer Kriegsgefangenschaft nach seiner Entlassung zurückgekommen wäre. Er meinte, dass er zuerst seine Familie wiedersehen wollte und jetzt hier eine Perspektive hätte. Warum sollte er seine Arbeitsstelle verlassen, arbeiten müsste er doch überall, außerdem würde er bald seine Meisterprüfung ablegen. Er bat mich, ihm auch diesmal bei einigen theoretischen Fragen zur Prüfungsvorbereitung zu helfen. Außerdem hätte er hier seine Eltern und Geschwister, und seit Kurzem eine Freundin und Freunde wie mich. Schließlich fiel ihm auf, dass ich seine Frage noch nicht beantwortet hatte. Ich erwiderte: „Mich erfüllt meine berufliche Aufgabe mehr als genug, das Arbeitsklima ist gut. Du als Vorarbeiter im Kabelnetz hast ja einmal gesagt, ich sei ein angenehmer Kumpel als Vorgesetzter, der sich aber auch durchsetzen kann, wenn es nötig ist. Ich werde mich sicherlich auch einmal beruflich verändern, aber das braucht nicht der Westen zu sein. Nach Feierabend gibt es so viele Möglichkeiten, den privaten Interessen nachzugehen. Du weißt ja selbst, was wir machen, um die wiedergewonnene Freiheit unbeschwert zu genießen. Die Lebensverhältnisse verbessern sich auch langsam, was wollen wir noch mehr? Und auch ich bin hier im Kreise meiner Lieben." Wir sahen unsere Zukunft hier, aufgebaut wurde im ganzen Deutschland. Nach unserem Gespräch besuchte er seine Freundin Elfriede, kurze Zeit später waren sie eine Familie.

Die Familie von Werner Becker kannte ich schon jahrelang, ich hatte mit dem Vater beruflich öfter zu tun und gemeinsam technische Probleme zu lösen.

Werners jüngerem Bruder gab ich Nachhilfeunterricht in Mathematik. So hatte ich die Familie auch schon vor der Einberufung öfter zu Hause besucht.

Nur wenige Tage nach meiner Entlassung aus der Wehrmacht und dem Erhalt meines Personalausweises und der Verpflegungskarten suchte ich die Eltern von Werner Becker auf.

Sie freuten sich, mich wiederzusehen, aber noch viel größer war die Freude, als ich ihnen die gute Nachricht überbrachte, dass ihr Sohn noch lebte, und zwar im Kriegsgefangenenlager in Leningrad. Sie brachen in Tränen aus, denn sie hatten nur eine Vermisstenmeldung erhalten und das Schlimmste für ihren Sohn befürchtet. Ich musste immer wieder Einzelheiten über Werner und das Lagerleben erzählen. Ich konnte ehrlich berichten, dass es ihm der Lage entsprechend im Lager nicht schlecht ging.

Werner war von den Arbeitseinsätzen befreit und genoss bei den sowjetischen Offizieren großes Ansehen. Werner hatte nämlich eine besondere Gabe: Er konnte nicht nur sehr gute Porträts von den russischen Offizieren malen, sondern auch hervorragende Karikaturen zeichnen, was ihm eine Sonderstellung im Lager einbrachte. Werner war als Künstler gefragt. Ich musste immer wieder über den Alltag von Werner berichten. Sie waren nur traurig, dass Werner nicht schon mit mir in der Heimat angekommen war. Da ich ihnen nichts von meiner gelungenen Flucht erzählen konnte, gab ich vor, durch meine Erkrankung frühzeitiger entlassen worden zu sein. Auch die Eltern von meinem Klassenkameraden Karl-Heinz Pfund besuchte ich. Sie freuten sich fast ebenso wie die Beckers über das erste Lebenszeichen von Karl-Heinz. Ich teilte ihnen mit, dass er großes Glück gehabt hätte, denn er wäre in der Fischfangbrigade als Vorarbeiter in Zivilkleidung tätig (die Fischer konnten doch nicht in Wehrmachtsuniform in die Ostsee ausfahren). Damit hätte er eine Sonderstellung und keine Verpflegungsprobleme. Der Hauptanteil des Fanges ging natürlich an die Familien der Lagerleitung. Ein kleiner Beifang konnte aber schon mal ins Lager gelangen, davon hatte auch ich einige Mal profitiert.

Werner Becker und Karl-Heinz Pfund kehrten im Herbst 1950 aus der Gefangenschaft zurück. Mit Werner Becker war ich vom ersten Tag seiner Heimkehr wieder sehr eng befreundet. Er erzählte mir, was sich nach meiner Flucht mit Willy im Lager abgespielt hatte. Nach der Rückkehr der Arbeitskommandos wurden die Kolonnen nicht aufgelöst, sondern mussten in Reih und Glied stehen bleiben. Der Kommandant erklärte: „Ihr bleibt so lange stehen, bis die Flüchtlinge gefasst sind, und es gibt kein Essen.“ So standen sie, bis die Ersten umfielen. Nach Stunden wurde von einem Offizier eine Predigt gehalten. Er teilte mit, dass die Geflohenen noch nicht gefasst wären, aber mit Sicherheit gefunden würden.

Die Flüchtlinge hätten sich schuldig gemacht, sie wollten ihre

Vergehen am russischen Volk nicht durch Arbeit wiedergutmachen. Dafür würden sie bestraft werden. Danach durften alle wegtreten.

Vier Wochen später wurde beim Appell bekannt gegeben, dass die Flüchtlinge Willy Denk und Gerhard Lützkendorf bei der Festnahme fliehen wollten und dabei erschossen wurden. So erginge es allen Feinden der Sowjetunion.

Werner sagte, dass er sehr traurig gewesen war und sich vorgenommen hatte, meine Eltern von meinem Schicksal zu unterrichten. Als er in Zwenkau ankam, erzählten ihm seine Eltern von meinem Besuch. Bei unserem ersten Treffen lachten wir uns beide an, ich war wiederauferstanden. Er wollte etwas über die Flucht wissen, ich erzählte vom Beginn und deren Ende, aber dann sprachen wir über vieles andere und über unsere Zukunftspläne. Über die gelungene Flucht wollten wir später reden, doch wir kamen nicht dazu, weil bei unseren Unternehmungen aktuelle Tagesfragen wichtiger waren und wir unsere Freiheit genießen wollten.

Nach diesem ersten Treffen unternahmen wir vieles gemeinsam, meistens zu dritt, denn Alfred Jens war auch heimgekehrt. Über den Krieg und die Kriegsgefangenschaft wurde fast nie ein Wort verloren, sicherlich wollten wir nicht mehr an diese Zeit erinnert werden, oder wir verdrängten sie unwissentlich. Wir verpassten keine Opernaufführung in Leipzig und genossen bei Tanzvergnügen und angenehmer Begleitung schöne Stunden. Unser Stammlokale waren Auerbachs Keller und die Femina-Tanzstätte.

Auerbachs Keller ist durch Goethes Faust und seine Bilder davon mit dem Ritt auf dem Fass weltberühmt. Rechts daneben befand sich eine Etage höher die Femina, also lagen beide Vergnügungsorte eng zusammen.

Aber dann lernte Werner die Liebe seines Lebens kennen, und wir waren nicht mehr so gefragt. Er bekam 1952 eine Tochter, und ich besuchte die Familie oft. Er hatte mir viel über sein neues Wirken als Karikaturist zu erzählen, denn er hatte sein Hobby zum Beruf gemacht. Diese Begabung hatte sich schon in der Kriegsgefangenschaft gezeigt, dort hatte ich ihm geraten, seine Begabung im Leben nach der Gefangenschaft zu nutzen. Als ich die Familie meines Freundes anlässlich der Leipziger Messe 1964 mit meinem Sohn in der schönen neuen Wohnung am Georgenring aufsuchte, öffnete seine Frau, neben ihr die kleine Tochter.

Im Wohnzimmer überbrachte sie mir die traurige Nachricht: Werner war an Krebs gestorben. Ich erfuhr, dass Werner schon länger sehr krank gewesen war, aber keinen, auch mich nicht, mit seiner Krankheit belasten wollte.

Seine Frau sagte mir noch unter Tränen, sie hätten in ihrem letzten gemeinsamen Jahr alles sehr bewusst genossen, so war dieses letzte auch ihr schönstes Jahr. Wir trauerten gemeinsam um Werner und tauschten Erinnerungen aus.

Von Werner hatte ich erfahren, dass auch Karl-Heinz Pfund mit dem gleichen Transport wie er aus der Gefangenschaft entlassen worden war. 1971, anlässlich eines Klassentreffens, trafen wir uns und ließen dabei die Erlebnisse im Lager nochmals Revue passieren.

Es wurde ein langes Gespräch, jeder hatte andere Erinnerungen, aber in einem waren wir uns einig: Es war unmenschlich, was wir erlebt hatten. Als ich ihm meine Beweggründe zur Flucht erklärte, hatte er vollstes Verständnis für unser Tun.

Aber als ich ihm Einzelheiten über die gelungene Flucht erzählte, wollte er vieles nicht glauben. Kopfschüttelnd sagte er: „Ihr habt mehr als nur Glück gehabt, ihr müsst nicht nur einen Schutzengel gehabt haben.“ Bei unserem Gespräch bestätigte er, was mir schon Werner Becker erzählt hatte.

Im Lager wurde circa vier Wochen nach unserer Flucht bei einem Appell Folgendes mitgeteilt: Die beiden vor Wochen Geflohenen wären nicht weit gekommen. Bei der Ergreifung leisteten sie Widerstand und wollten flüchten. Dabei erlagen beide ihren Schussverletzungen. Damit sollte allen Gefangenen nochmals deutlich gemacht werden, dass jeder Fluchtversuch scheiterte und jeden ins persönliche Unglück führte.

Nur Willy und ich, die 1946 geflüchteten Kriegsgefangenen aus Leningrad, die auf der Flucht an ihren Schussverletzungen erlegen sein sollten, hatten schon im Herbst des Jahres 1946 ihre Kriegsgefangenschaft selbst beendet.

Wenn ich nach so langer Zeit an diese Aktion vor 64 Jahren zurückdenke, kann ich es fast nicht glauben, wie leichtsinnig wir unser Leben aufs Spiel gesetzt hatten. Ich muss doch sehr verzweifelt gewesen sein und die Gefahren für das eigene Leben vollkommen ausgeblendet haben. Es hatte nichts mit Mut zu tun, sondern es war Verzweiflung, die uns trieb.

Die Ereignisse werden mich auch in meinem weiteren Leben begleiten. Es vergeht fast kein Tag, an dem ich mich nicht an die eine oder andere der geschilderten Begebenheiten erinnere, denn ein großer Teil der nicht leichten, aber sehr lehrreichen Erlebnisse bleibt im Gedächtnis fest verankert. Die Ereignisse dieser Tage haben mich für das weitere Leben geprägt.

Ich fühlte mich wie einer, der eine lange Reise in eine unwirtliche Fremde überstanden hatte und nun froh darüber war, wieder zu Hause, in angenehmer Atmosphäre und vertrauter Umgebung zu sein. Dazu hatte ich eine Beschäftigung gefunden, die mich voll forderte. Jetzt wollte ich nicht mehr alles glauben, sondern hinterfragen und dann entscheiden. Ich versuchte, die mir gestellte Aufgabe so gut und gewissenhaft zu erfüllen, dass ich damit auch kleine Veränderungen zum Guten erreichte.

Immer wieder sagte ich mir, ich hatte viel erleiden und ertragen müssen, aber wie viele hätten noch viel Schlimmeres erlebt oder unter Qualen nicht überlebt. Auch heute gibt es auf der Welt täglich Ungerechtigkeiten gegen Andersdenkende oder kriegerische Auseinandersetzungen.

Eines habe ich gelernt: Man sollte sich nicht so wichtig nehmen, alle sind ersetzbar. Die Gutmenschen werden die Welt bestimmt nicht verbessern.

Die bekannten Philosophen, Dichter und Literaten haben so viel Schönes und Richtiges geschrieben, nur eins nicht erkannt: Das Wesen der Menschen kann nicht verändert werden. Wie gerne habe ich Goethes Faust gelesen, wie viel Lebensweisheit steckt darin. Deshalb sollte man bescheiden sein und sich jeden Tag im Klaren darüber sein, vieles überlebt zu haben.

Um zu überleben, hatte ich mich damals entschlossen zu fliehen. Der Gedanke reifte in mir und wurde immer dringlicher, je mehr sich mein Gesundheitszustand verschlechterte. Die Gedanken an eine Flucht waren das eine, aber die Durchführung etwas anderes.

Wenn man Rückschau hält, hat sich eine Lebensweisheit bestätigt: „Nur was begonnen wird, kann auch beendet werden."

Die Ausbildung als „Kämpfer für den Frieden" in einer Einheit der sowjetischen Armee oder des Geheimdienstes hat mir viel gegeben: Zum einen herrschten dort relativ gute Bedingungen, zum anderen war diese Zeit meiner Meinung nach die Voraussetzung, dass ich so logisch, zielstrebig und unerschrocken die Flucht vorbereiten konnte. Ohne das in der Ausbildung erworbene Wissen wäre ich auf der Flucht sicherlich sehr oft ins Straucheln geraten.

Eine gewissenhafte und gute Vorbereitung ist auch sehr wichtig, um eine Chance auf Erfolg zu haben. Trotz allem gab es noch so viele nicht voraussehbare Ereignisse während der Flucht. Es ist nur gut, dass man nicht alle Gefahren vorausahnen kann. Auch wenn der Erfolg nicht absehbar ist, der Glaube an das Gelingen setzt ungeahnte Kräfte frei, man darf nicht alles dem Zufall überlassen.

Nur eine gute Strategie und nüchternes Denken führten zum Erfolg. Wir mussten während der Flucht nicht einmal Gewalt anwenden. Aber mit List und etwas Unverfrorenheit konnten die schwierigsten Situationen gemeistert werden. Ich habe gelernt, dass ein Mensch nur sehr wenig zum Überleben braucht. Wir hatten nie Zweifel am Gelingen unseres Vorhabens.

Und ich muss mich bei Willy bedanken! Nur unser gemeinsames Planen und Handeln führte zum Erfolg. Wenn ich nach so vielen Jahren an die Ereignisse zurückdenke, kann ich manchmal nicht glauben, dass wirklich ich derjenige war, der all das erlebt hat!

Anhang

91519

Приемный пункт
Военнопленных немцев № 2
СВА ФЗ Саксония

„ " 10.9. 1946 г.

Удостоверение

Дано Lützkendorf
Gerhard

в том, что он прибыл на приемный пункт военнопленных № 2 СВА ФЗ Саксония „26." August 1946 г., демобилизован из Армии, прошел медицинский осмотр, санитарную обработку, четырнадцатидневный карантин, действительно здоров и направляется по месту жительства

в распоряжение
Zwenkau

Начальник Приемного Пункта № 2

7843. 50000. 7.46 - 05

Durchgangslager
für deutsche Kriegsgefangene Nr. 2
SMA im Bundesland Sachsen

am 10.9. 1946

Bescheinigung

Herr Lützendorf
Gerhard

war im Kriegsgefangenenlager Nr. 2 der SMA im Bundesland Sachsen am 26. August 1946. Er wurde ärztlich untersucht und hat eine 14tägige Quarantäne hinter sich, ist tatsächlich gesund und ist demobilisiert aus der Armee. Er begibt sich zur Verfügung nach dem ständigen Wohnort

Zwenkau

Kommandant des Durchgangslagers Nr. 2

Bescheinigung:
Quarantäne: 26.08. bis 10.09.1946
Kriegsgefangenenlager der SMA Nr. 2

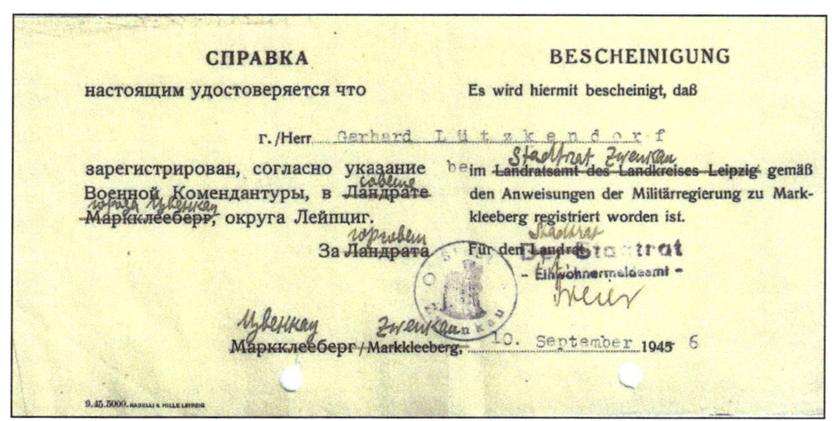

СПРАВКА

настоящим удостоверяется что

г./Herr Gerhard Lützkendorf

зарегистрирован, согласно указание Военной Комендантуры, в ~~Ландрате~~ совете ~~Маркклееберг~~ города Цвенкау, округа Лейпциг.

За ~~Ландрата~~ горсовета

BESCHEINIGUNG

Es wird hiermit bescheinigt, daß

im ~~Landratsamt des Landkreises Leipzig~~ Stadtrat Zwenkau gemäß den Anweisungen der Militärregierung zu Markkleeberg registriert worden ist.

Für den ~~Landrat~~ Stadtrat

Der Stadtrat
– Einwohnermeldeamt –

~~Маркклееберг~~ Цвенкау / ~~Markkleeberg~~ Zwenkau, 10. September 194~~5~~ 6

9.45.5000.

Bescheinigung:
Registrierung am 10.09.1946 im Einwohnermeldeamt

Sportwoche

der Sportgemeinschaft BÖHLENER WERKE

1. Sieger im 1500 m Lauf

Gerhard Lützkendorf

FDJ SPORTGEMEINSCHAFT ZWENKAU

4.58,0 Min.

Böhlen, den 8.8.1948

SPORTGEMEINSCHAFT BÖHLENER WERKE

Sportwoche 1948: 1500-Meter-Lauf

Autor im Jahre 1944